HISTOIRE

DE LA VIE ET DES OUVRAGES

DE

FRANÇOIS BACON,

BARON DE VERULAM ET VICOMTE DE SAINT-ALBAN,

SUIVIE

DE QUELQUES-UNS DE SES ÉCRITS,

TRADUITS POUR LA PREMIÈRE FOIS EN FRANÇAIS,

PAR J. B. DE VAUZELLES,

CONSEILLER A LA COUR ROYALE D'ORLÉANS.

> La raison. . . . . . .
> Fait au sommet des airs, en déployant ses ailes,
> De son divin flambeau jaillir trois étincelles :
> Aux bords de la Gironde, en des vallons fleuris,
> L'une alla de Montaigne échauffer les écrits;
> La seconde à Florence éclaira Galilée;
> Sur le rivage anglais la troisième envolée,
> Brilloit devant Bacon dans le nouveau chemin,
> Où ce profond penseur guida l'esprit humain.
> M. J. CHÉNIER, *La Bataviade*, chant I.

TOME PREMIER.

PARIS,

Chez F. G. LEVRAULT, rue de la Harpe, n.º 81;
STRASBOURG, même maison, rue des Juifs, n.º 33.

1833.

HISTOIRE
DE LA VIE ET DES OUVRAGES

DE

FRANÇOIS BACON.

STRASBOURG, de l'imprimerie de F. G. LEVRAULT,

AVERTISSEMENT.

A life of lord Francis Bacon is still a desideratum *in english litterature.*
    Biogr. Dict. by *Alex. Chalmers*, 1812.
Une vie de François Bacon est encore un *desideratum* de la littérature anglaise.

Depuis douze ans, le goût des connaissances sérieuses et des graves méditations semble s'être emparé de tous les esprits. En France comme en Allemagne une sorte de prédilection entraîne la jeunesse vers les études philosophiques, trop long-temps négligées. Au milieu de ce mouvement qu'il faut encourager, des écrivains d'une imagination hardie et brillante s'efforcent de faire revivre l'*idéalisme* de quelques philosophes tant anciens que modernes, pour le substituer au *sensualisme*[1]*,* qui, il y a cent ans, a pris possession

---

1. On appelle indistinctement, à tort ou à raison, *sensualistes*, tous ceux qui professent que *sans les sens nous n'aurions aucune idée*, soit qu'ils pensent que nous recevons passivement nos idées des sens, soit qu'ils admettent que nous les faisons nous-mêmes avec nos sensations, à l'aide des facultés de notre entendement et de notre volonté, ou même qu'ils ajoutent, avec M. Laromiguière, aux sensations considérées comme matériaux de nos idées, trois ordres particuliers de sentimens que les sensations précèdent, mais n'engendrent pas.

de nos écoles presque sans conteste, et depuis s'y est paisiblement maintenu. C'est ainsi que nous avons vu le plus jeune de nos professeurs, et pourtant l'un des plus recommandables par son savoir, ses talens et surtout son caractère, entreprendre de rajeunir Platon, Proclus et Descartes, en les mettant, par des traductions ou des éditions nouvelles, à la portée d'un plus grand nombre de lecteurs; c'est, suivant nous, un service éminent qu'il a rendu à l'érudition et à la littérature, bien plus qu'à la philosophie. Nous pensons même que ces publications ne seraient pas sans danger pour cette dernière, si elles ne devaient nécessairement faire naître chez les adversaires des doctrines qu'on veut rétablir, l'idée de raffermir par les mêmes moyens les bases de celles qu'on veut renverser. Heureusement nous sommes arrivés à une époque de paix et de tolérance, où l'amour de la vérité, qui anime également les partisans des deux opinions, leur fait applaudir sans distinction à tout ce qui peut intéresser cette même vérité. Une lutte philosophique n'en est pas moins engagée; et puisque les idéalistes viennent de se ranger autour de leurs maîtres les plus illustres, il convient que les sensualistes se rallient de leur côté sous les bannières de leurs chefs. Les grands noms ne nous manqueront pas non plus. Le premier en gloire comme en date chez les modernes, est sans contredit celui de Bacon, le restaurateur, s'il n'est le père de la philosophie expérimentale. On ne nous contestera pas, je pense, le droit d'opposer ce grand homme à Descartes, pour l'élévation du génie et l'étendue des connaissances, et à Platon, pour cette magnificence de style, ce prestige d'un langage poétique, qui souvent chez d'autres décèle l'ambition d'être admiré, et non le désir plus modeste d'avoir raison.

Nous avons donc entrepris de faire pour Bacon ce que M. Cousin vient d'exécuter pour Platon et Descartes. Mais avant de traduire des écrits qu'on cite, ou plutôt qu'on invoque trop souvent sur parole[1], nous avons cru de-

---

1. Les ouvrages de Bacon sont très-peu lus; mais ceux de Descartes, de Leibnitz et de Newton ne le sont pas davantage, avec cette différence, qu'il est donné à un petit nombre de personnes d'entendre la plupart de ceux-ci, tandis que le langage du philosophe anglais, n'étant jamais hérissé de calculs, est à la portée de tout le monde. Combien de gens de lettres ne connaissent eux-mêmes Bacon que par l'infidèle quoique élégante Analyse de Deleyre. Cette indifférence a une cause que Diderot a signalée au mot *Encyclopédie*, dans l'ouvrage qui porte ce titre. « Il est des auteurs, dit-il, trop forts pour le « temps où ils ont paru, ce qui fait qu'ils sont peu lus, peu

voir faire connaître la personne de l'auteur. C'est pourquoi nous publions d'abord l'histoire de sa vie et de ses ouvrages, sauf à donner ensuite la traduction de ceux-ci, pour peu que nous parvenions à faire passer chez nos lecteurs l'admiration que ces belles productions nous inspirent. Cependant nous ferons suivre dès à présent cette histoire de quelques opuscules, qui n'ont point encore été traduits dans notre langue, et qui, relatifs aux événemens contemporains de Bacon, pourront être considérés comme les pièces justificatives de notre récit.

Il existait déjà plusieurs biographies de Bacon; la première est celle que William Raw-

---

« entendus, peu goûtés, et qu'ils demeurent obscurs jusqu'à
« ce que le siècle qu'ils ont devancé soit écoulé, et que le
« siècle dont ils sont avant qu'il soit arrivé, les ait atteints
« et rende enfin justice à leur mérite. » Tel fut le chancelier
Bacon; depuis l'apparition de l'Encyclopédie on a plus feuilleté
ce profond auteur qu'il ne l'avait jamais été. Nous sommes
cependant encore bien loin de sentir toute l'importance de
ses ouvrages; les esprits ne sont pas assez avancés; il y a trop
peu de personnes en état de s'élever à la hauteur de ses méditations, et peut-être le nombre n'en deviendra-t-il jamais plus
grand. Qui sait si les *Cogitata et visa*, le *De augmentis* et le
Novum organum ne sont pas trop au-dessus de la portée
moyenne de l'esprit humain, pour devenir dans aucun siècle
une lecture facile et commune : c'est au temps à éclaircir ce
doute.

ley, son ancien chapelain et son éditeur, a placée à la tête de ses œuvres. Quoique intéressante à plusieurs égards, elle est trop peu détaillée et a été trop évidemment dictée par la reconnaissance et une aveugle admiration. Le *Baconiana* du docteur Tenison, malgré les documens précieux qu'il renferme, ne peut être considéré comme une histoire. On peut en dire autant des judicieuses recherches de Robert Stephens et du docteur Shaw. La vie composée par David Mallet pour l'édition des œuvres de Bacon, qui parut en 1740, est sans contredit la meilleure, quoiqu'on puisse lui reprocher plusieurs inexactitudes et des omissions encore plus nombreuses. Elle se ressent aussi trop souvent des préoccupations philosophiques qu'on s'étonne peu de rencontrer chez le disciple et l'éditeur de milord Bolimbrocke. Quant à l'article *Bacon* de la Biographie britannique, par Carteret, ce n'est qu'un recueil indigeste de matériaux utiles sans doute, mais auxquels manque la forme convenable, et qui d'ailleurs sont loin d'être complets. Nous ne dirons rien des biographies postérieures, qui n'ont fait que répéter les précédentes, et dans lesquelles on ne trouve le résultat d'aucunes recherches nouvelles.

Il nous reste à rendre compte de notre propre travail ; le lecteur jugera s'il doit le préférer à celui de nos devanciers : en le supposant meilleur, ceux-ci auront toujours sur nous l'incontestable mérite d'avoir frayé la route et rassemblé une grande partie des matériaux que nous avons mis en œuvre.

Nous commençons par donner une notice bibliographique, qui satisfera, nous l'espérons, ceux qui aiment à connaître toutes les éditions des œuvres d'un auteur. Nous n'avons épargné ni peines, ni soins, pour la rendre aussi complète que possible et lui prêter au moins l'attrait de la curiosité, seul genre d'intérêt dont un pareil travail soit susceptible.

Quelques écrivains ont élevé des doutes sur la place que plusieurs ouvrages de Bacon doivent occuper dans le vaste plan qu'il a tracé pour la restauration des sciences, et se sont plaints que, par suite de ces doutes, l'enchaînement de ses travaux est difficile à saisir. M. de Tracy, entre autres, a critiqué le classement qu'en ont fait les éditeurs. Il a très-bien démêlé qu'un assez grand nombre d'opuscules, que les éditeurs rattachent arbitrairement à la troisième et à la quatrième partie de la grande instauration, en sont tout-à-fait indépendans, et doivent être rangés parmi ceux que Bacon appelait ses *impetus philosophici*, ébauches et essais qui composent, à proprement parler, son porte-feuille. Pour faire cesser cette confusion, nous avons dressé une liste complète des différens écrits de Bacon dans l'ordre et sous la date de l'année où ils nous ont paru avoir été composés ou publiés, suivant que diverses circonstances nous en ont fourni l'indication plus ou moins précise : tantôt c'est Bacon lui-même qui établit l'antériorité d'un de ses ouvrages, en le citant dans un postérieur, tantôt c'est un événement contemporain, tantôt une correspondance qui en détermine la date. Ainsi, par exemple, en 1616, une lettre d'Italie, en annonçant à Bacon que Galilée vient de réfuter sa dissertation *De fluxu et refluxu maris*, prouve que les éditeurs ont eu tort de considérer cet opuscule comme appartenant à la quatrième partie de son grand ouvrage, qui n'a été commencé qu'après 1620. Cet anachronisme, et d'autres du même genre, répondent au reproche qu'on a fait à Bacon, d'avoir été infidèle dans la pratique à une méthode et à des procédés qu'il n'a définitivement exposés que plus tard dans son *Novum organum*.

Mais l'ordre chronologique ne jette pas

seulement de la clarté sur l'enchaînement logique des travaux de notre auteur, il en jette encore sur plusieurs événemens de sa vie. Il prévient des erreurs du genre de celle qu'a commise M. de Tracy, lorsque, dans le discours préliminaire de sa Logique[1], il a fait dire à William Rawley, que Bacon a rédigé et publié, à l'âge de dix-huit ans, le programme et la première ébauche de son *De augmentis*. On voit, en consultant les dates, que Bacon avait au moins vingt-cinq ans, non pas lorsqu'il publia, mais lorsqu'il rédigea la première ébauche, non du *De augmentis*, mais de l'ensemble de la *grande instauration*. Dans le passage auquel M. de Tracy fait allusion, Bacon parle seulement des dix-huit ans qui se sont écoulés depuis 1605, époque où avait paru le traité *Of the proficience and advencement of learning divine ad human* jusqu'à 1623, où parut le *De augmentis*, qui n'est autre chose que ce premier traité refondu.[2]

---

[1]. Édition in-18, 1825, tom. Ier, pag. 78.

[2]. Voici le passage de Rawley : *Tractatum istum de dignitate et augmentis scientiarum, ante annos octodecim, edidit dominatio sua, lingua patria, in duos tantummodo libros distributum.*

Voyez l'avis au lecteur, placé par Rawley en tête du *De augmentis*.

L'ordre chronologique a d'ailleurs l'avantage de présenter les conceptions de l'auteur, d'abord dans leur simplicité native, puis avec les perfectionnemens qu'elles ont successivement reçus. Nous espérons qu'en l'adoptant, le lecteur des œuvres de Bacon trouvera dans la série des essais progressifs de cet auteur un nouveau sujet d'études, au lieu de fastidieuses répétitions. En effet, qui ne se plairait à observer la marche et les procédés d'un si beau génie! Qui ne sentirait son admiration augmenter, en reconnaissant, à travers les modifications que subit le plan primitif de Bacon, la constance des vues qui le dominent toujours, et l'invariabilité de l'objet auquel elles sont toutes subordonnées!

Viendront ensuite les témoignages des critiques qui ont le plus d'autorité, et ce ne sera pas la partie la moins intéressante de notre travail. En effet, ces témoignages forment peut-être le panégyrique le plus imposant qu'on ait jamais composé en l'honneur d'un philosophe. Bacon y est unanimement proclamé le restaurateur des sciences naturelles et expérimentales, et le guide perpétuel de ceux qui les cultivent.

Enfin, nous espérons qu'on nous saura gré d'avoir placé immédiatement avant la vie de ce philosophe, comme en étant des dépendances, de courtes notices sur son père, sa mère et deux de ses frères. Ces quatre personnages se sont distingués, chacun dans son genre, quoique leur illustration ait été presque entièrement effacée par la sienne. Nous avons pensé que l'intérêt qui s'attache au nom de Bacon, s'étendrait à tous ceux de sa famille qui l'ont porté avec honneur. Nicolas Bacon surtout, en sa qualité de Garde du grand sceau d'Angleterre, occupe dans l'histoire du règne brillant d'Élisabeth une place qui devait lui en assurer une dans un livre dont son fils est l'objet.

Si l'on veut bien comparer notre ouvrage avec ceux qui ont été écrits sur le même sujet, on verra que nous ne nous sommes pas contenté de compiler les travaux des biographes qui nous ont précédé. Nous sommes convaincu avec Middleton, dont la belle vie de Cicéron nous a servi de modèle, que les devoirs d'un historien, quel qu'il soit, sont les mêmes que ceux d'un voyageur, lesquels ne consistent pas à transcrire les mémoires des personnes qui ont visité les mêmes lieux que lui, mais à parcourir de nouveau ces lieux et à rendre compte de ses propres observations. En conséquence nous avons recouru aux sources mêmes, vérifié les faits et pesé les autorités, de manière à ne rien avancer d'important que nous ne pussions l'étayer d'un témoignage authentique et souvent de celui de Bacon lui-même; car de toutes les sources où nous avons puisé, aucune n'a été plus féconde que les œuvres de notre auteur, et surtout que sa correspondance, qui remplit presque entièrement le troisième volume de ses œuvres[1]. Les historiens sont souvent mal informés : les mémoires secrets contiennent plus souvent encore des erreurs volontaires; mais il est rare que les correspondances privées trompent sur les événemens qui les ont en quelque sorte suggérées. Il nous a semblé qu'on était loin d'avoir tiré de celle de Bacon tout ce qu'elle renferme d'important pour l'histoire générale et en particulier pour la science. Nous y avons donc puisé plus largement que n'avaient fait nos devanciers, sur qui nous avons d'ailleurs eu l'avantage de venir après la découverte de la partie la plus secrète et partant la plus intéressante de cette correspondance; nous voulons parler des let-

---

[1]. Édition de 1765, en 5 vol. in-4.°, dont nous nous sommes particulièrement servi, et à laquelle nous renvoyons toujours dans le cours de notre récit, quand nous citons quelque passage de Bacon.

tres que Bacon lui-même avait voulu dérober au public, comme pouvant compromettre sa propre mémoire et celle de plusieurs autres personnes, et que Thomas Birch a publiées en 1763. En un mot, convaincu que les plus curieuses comme les plus authentiques parties de la vie d'un auteur sont celles que l'on rencontre dans ses ouvrages, nous avons lu ceux de Bacon d'un bout à l'autre la plume à la main, et dans l'unique but d'en extraire les passages auxquels nous trouvions quelque rapport à notre dessein, nous attachant particulièrement à ceux qui pouvaient jeter du jour sur le caractère, le génie et les productions de notre philosophe, et qui nous paraissaient expliquer les secrètes intentions de sa conduite ou renfermer quelque chose de curieux sur sa personne. Aussi, quoique dans un ouvrage comme le nôtre, où la matière est commune à tout le monde, on soit souvent exposé à répéter des choses que d'autres ont dites, nous avons la présomption de croire qu'on trouvera dans notre travail des parties assez neuves pour faire juger qu'il n'est pas inutile. Nous sommes au moins certain d'avoir recueilli sur Bacon plusieurs traits auparavant épars, ou qui jusqu'ici s'étaient dérobés à la vue de ses biographes. Aussi avons-nous poussé le scrupule des recherches jusqu'à nous assurer des documens que les premiers éditeurs des œuvres de Bacon, tels que William Rawley et Jacques Gruter, qui avaient vécu avec lui, pouvaient avoir déposés dans des simples avant-propos ou préfaces. De là les nombreuses notes indicatives qui accompagnent notre récit; quant aux notes explicatives, nous en avons été plus avare. A ceux qui trouveraient ces dernières insuffisantes, nous répondrions que nous n'avons pas cru que, pour entendre la vie d'un seul homme, il fût nécessaire de trouver en commentaires, au bas des pages, toute l'histoire de son siècle et de son pays. Toutefois il eût été difficile de séparer entièrement la vie de Bacon de l'histoire contemporaine d'Angleterre, et nous nous sommes cru autorisé à faire quelques incursions dans celle-ci; nous en avons même reproduit plusieurs scènes intéressantes, mais avec une subordination si constante à notre sujet, qu'on n'y verra, nous l'espérons, ni hors-d'œuvre, ni digression inutile. Les mémoires du temps nous ont alors servi à remplir les lacunes de l'histoire générale, dont l'objet, moins modeste que celui d'une simple biographie, est aussi moins ami des détails.

Quant à la forme de notre récit, toutes les

fois qu'il nous a été possible, sans trop nuire à l'unité du style et au tissu des faits, d'y intercaler les passages que nous avions extraits de Bacon et de le laisser parler lui-même, nous nous sommes empressé d'user de ce puissant moyen d'intérêt; alors nous nous sommes borné à traduire assez fidèlement l'auteur, pour ne pas le dépouiller entièrement de son éloquence. Quand cette intercalation n'a pas été possible, nous avons fondu le texte de Bacon dans notre narration. Nous nous sommes flatté que ce double artifice donnerait à la fois à notre ouvrage plus de lustre, d'autorité, de vie et de ce mouvement dramatique qu'il est si difficile d'imprimer à l'histoire d'un homme dont les pensées et les écrits sont presque les seules actions. Celles de ses lettres que nous rapporterons, placées chacune à sa date, puiseront dans les faits auxquels elles se rattachent, un intérêt et une explication naturelle que n'auraient pu leur prêter les notes froides et laconiques dont on est obligé d'accompagner un recueil de lettres. En un mot, nous nous sommes effacé le plus souvent que nous l'avons pu, pour ne laisser paraître que notre héros. Néanmoins nous nous sommes quelquefois permis de donner le fruit de nos propres réflexions, mais nous pouvons dire qu'alors, si nous avons commis quelque erreur, et qui peut se flatter de s'en garantir toujours, nous n'en avons commis aucune sciemment et que ne doive nous faire pardonner la peine que nous nous sommes donnée pour porter la lumière sur des faits peu ou mal connus. Telle a été cette peine, que l'ennui de recueillir une infinité de documens dispersés dans une multitude de volumes, de les rapporter à leur sujet, de les mettre en ordre, de les enchaîner; la crainte d'en laisser échapper quelques-uns à la première lecture, et par conséquent la fatigue de revenir plusieurs fois sur nos traces; enfin, les omissions qu'une négligence et un oubli involontaires rendent presque inévitables dans un travail de ce genre, nous ont fait comprendre pourquoi personne n'avait encore traité le même sujet avec l'étendue et dans la forme que nous lui avons données.

Peut-être les personnes qui ne connaissent Bacon que par des citations, seront-elles surprises que la vie d'un homme qu'on ne se représente ordinairement que comme un philosophe, ait pu fournir la matière d'une histoire spéciale; mais leur étonnement cessera, quand elles sauront que ce philosophe, qui fut successivement avocat extraordinaire d'Élisabeth, conseiller savant de Jacques I.ᵉʳ, solliciteur général, juge de la maison du roi, attorney général, membre du conseil privé, lord garde du grand sceau, lord protecteur pendant le voyage du roi en Écosse, et en dernier lieu grand-chancelier, était un profond jurisconsulte, un courtisan délié, un magistrat actif, un homme d'État habile, et finit par être un des nombreux ministres sur lesquels la justice nationale s'est exercée en Angleterre. Qui pourrait d'ailleurs méconnaître l'importance historique du plus grand homme de son temps, impliqué dans tous les événemens qui ont agité le parlement britannique à une époque où déjà se préparait la révolution de 1640 : je dis le plus grand homme ; car, s'il est des différences entre les jugemens qui ont été portés de son caractère et de sa conduite, tous les écrivains se sont accordés à lui reconnaître un incomparable génie.

Toutefois, en racontant sa vie, nous ne nous sommes pas cru autorisé, comme Voltaire, à imiter milord Bolimbroke, qui disait de Marlborough, que c'était un si grand homme qu'il avait oublié ses vices ; nous avons osé blâmer ce qui nous paraissait blâmable, ne perdant pas de vue, que l'inclination, qui porte à s'occuper d'un homme illustre, est déjà une prévention favorable, dont celui qui veut être historien et non panégyriste, doit se défendre. D'un autre côté pourtant nous ne voudrions pas qu'un excès de sévérité pour des fautes qu'explique, sans les excuser, la corruption du temps où Bacon a vécu, nous méritât le reproche d'avoir sacrifié la gloire de notre héros au désir de paraître impartitiaux. Puissions-nous, à cet égard, nous être toujours conformé à l'excellente règle que donne Quintilien pour tous les cas de cette nature¹ : « Soyons, dit-il, aussi modestes que circonspects dans les jugemens que nous portons de si grands hommes, de peur qu'il ne nous arrive, comme à la plupart des censeurs, de condamner ce que nous n'entendons pas. »

---

1. *Modestè tamen et circonspecto judicio de tantis viris pronuntiandum est, ne, quod plerisque accidit, damnent quæ non intelligunt.*

Quintil. Instit. **X, I.**

FAMILLE DE BACON.

NOTICE SUR NICOLAS BACON.

Sir Nicolas Bacon ne serait pas le père du plus grand philosophe des temps modernes, que l'histoire lui devrait une place distinguée entre les savans magistrats et les plus sages ministres qu'ait eus l'Angleterre.

Il naquit à Chislehurst, dans le comté de Kent, en 1510, seconde année du règne de Henri VIII, d'une famille noble et ancienne dans les comtés de Norfolk et de Suffolk[1]. Son père, dont il était le second fils, était écuyer et s'appelait Robert Bacon de Drinkston, et sa mère Isabelle. Celle-ci était fille de John Gage de Pakenham, aussi écuyer.

1510

---

[1]. Le principal établissement de cette famille était à Auverton, dans le comté de Suffolk, où elle habitait la terre de Thornage et celle de Brome; elle était en possession de conduire à la guerre les gens de pied de Norfolk et de Suffolk. Il existe une généalogie qui la fait descendre de Grimbald, qui vint en Angleterre lors de la conquête de ce pays par les Normands. Ce Grimbald obtint, dit-on, dans le partage des terres, celles situées près d'Holt en Norfolk, où il fonda l'église paroissiale de Letheringset, et dont il fit son second fils curé. On peut citer à l'appui de cette généalogie, qui fait descendre en droite ligne de Grimbald, Robert Bacon, père de Nicolas, plusieurs anciennes chroniques anglaises et de nombreuses chartes où il est question des Bacons de Suffolk.

(Cambden, *Brit.*, pag. 352, édit. de 1594.)

N. Bacon reçut sa première éducation, partie dans la maison paternelle, partie dans une petite école du voisinage. Son père le plaça ensuite au collége du *Corps du Christ* (université de Cambridge), dont par la suite il devint le bienfaiteur.

En ce temps-là, comme aujourd'hui, l'usage en Angleterre, lorsqu'un jeune homme donnait quelque espérance, était de l'envoyer en Europe pour y voyager et y achever son éducation. Entre les nations qui marchaient à la tête de la civilisation, la France avec l'Italie, tenait le premier rang; car depuis François I.ᵉʳ, ce royaume offrait des modèles en plus d'un genre. N. Bacon, ayant terminé son cours d'études avec un brillant succès, y fut envoyé. Après avoir parcouru plusieurs provinces, il séjourna quelque temps à Paris, où il s'attacha principalement à l'étude du droit, qui y était surtout florissante. Là il put voir et entendre le célèbre Dumoulin[1], qui, après s'être fait recevoir avocat au parlement en 1522, avait déserté le palais pour l'école, d'où il répandit tant de lumière sur la science des lois.

A son retour en Angleterre, N. Bacon entra dans la société de Gray's inn[2], où il se distingua bientôt

---

1. Né en 1500 et mort en 1566. Il laissa une telle réputation, qu'en 1572 la reine Élisabeth crut s'honorer en l'avouant pour son parent. Il l'était en effet par Anne de Boulen, mère de cette princesse.

2. Célèbre école de droit située sur la Tamise, dans le comté d'Essex. C'était aussi le siége d'un tribunal où les causes se jugeaient en première instance.

comme jurisconsulte. Henry VIII, ayant entendu
parler de ses talens et voulant se l'attacher, lui donna,
en 1545, les domaines de Redgrave, Botesdale et 1545.
Gillingham, provenant du couvent de Saint-Edmund'sbury, qui venait d'être supprimé. Il y joignit
le parc avec les redevances seigneuriales de Redgrave
et six acres de terre, ce qui en fit un fief important. Il
ne se borna point à ces marques de faveurs : deux ans 1547
après, il nomma N. Bacon son attorney ou procureur près la cour des tutelles, charge aussi honorable que lucrative. Celui-ci se montra digne des bienfaits de son souverain, en secondant, tant qu'il put,
les grandes vues que ce prince avait parfois, et qui
trop souvent restèrent sans exécution. Par exemple,
Henri VIII ayant conçu l'idée de fonder un séminaire
séculier, qui devînt comme une pépinière d'hommes
d'État, choisit N. Bacon, Th. Denton et R. Carry
pour tracer le plan et dresser les statuts de cette institution, où l'on devait enseigner à appliquer les
lois et à parler purement le latin et le français. N.
Bacon et ses collègues se mirent à l'ouvrage, et peu
de temps après présentèrent un projet écrit, dans lequel ils proposaient d'occuper les élèves à de fréquentes plaidoieries et autres exercices, tantôt en latin, tantôt en français, et de les envoyer, quand ils
auraient acquis une certaine habileté, en pays étranger à la suite des ambassadeurs, afin de les rompre
de bonne heure aux affaires. Cet établissement fût
ainsi devenu une école normale de politique. Les
auteurs du projet proposaient aussi de placer dans

cette maison des élèves destinés à écrire l'histoire nationale et à rédiger les actes de l'administration intérieure et extérieure, tels que procès criminels, accusations d'État et négociations diplomatiques. Avant d'être admis à écrire sur de pareilles matières, ces jeunes publicistes auraient prêté serment entre les mains du grand-chancelier, de le faire sans acception de personnes et sans aucunes vues intéressées. Malheureusement ce projet n'eut pas de suite, Henri VIII ayant follement dissipé les revenus des couvens supprimés qu'il avait d'abord destinés à son exécution.

Sous ce règne, mais sans qu'il nous soit possible d'en préciser la date, N. Bacon épousa Jane Fernley, fille de William Fernley, écuyer dans le comté de Suffolk, dont il eut trois fils et trois filles.[1]

---

[1]. 1.° Nicolas Bacon;
2.° Nathanaël Bacon;
3.° Edward Bacon;
4.° Anne Bacon;
5.° Jane Bacon;
6.° Élisabeth Bacon.

Le premier eut un fils, sir Edmond Bacon, qui mourut sans postérité en 1649. On trouve dans les Œuvres de F. Bacon, tom. III, pag. 508, une lettre de remercîment d'Edmond Bacon à celui-ci, alors attorney général. Dans cette lettre, datée de Rodgrave, 19 Octobre 1616, sa signature est accompagnée de cette humble épithète, dictée sans doute par le respect plutôt que par le besoin ou l'affliction : votre pauvre neveu (*your poor nephew*). Il paraît qu'Edmond Bacon n'était pas sans mérite, à en juger par plusieurs lettres de sir Henri Wotton, qui

Le successeur de Henri VIII, Édouard VI, prince ami des lettres, mais faible, sut apprécier N. Bacon. En montant sur le trône, il le confirma dans sa place d'attorney près la cour des tutelles. De son côté, N. Bacon ne négligea rien pour se maintenir dans la faveur du prince. Étant devenu veuf, il épousa en secondes noces Anne Cook[1], fille de sir Antoine Cook, et qui avait, dit-on, partagé avec son père les fonctions de précepteur du roi. Par là il devint beau-frère de William Cecil[2], qui avait épousé la fille aî-

1547

---

lui sont adressées, et dans lesquelles cet habile diplomate montre pour lui beaucoup d'estime.

Il paraît que ce même N. Bacon eut encore une fille, qui pourrait bien être cette nièce à qui F. Bacon écrivit, le 25 Avril 1607, au sujet d'un mariage qu'il lui conseillait, mais qui n'eut pas lieu (tom. III, pag. 519 de ses OEuvr.); peut-être encore cette nièce est-elle la Césarine dont F. Bacon parle dans son testament.

On trouvera une notice sur Nathanaël Bacon après celle-ci.

Quant à Edward Bacon de Shrubland-Hall, dans le comté de Hertfort, tout ce que l'on en sait, c'est qu'il fut marié deux fois et eut deux fils de son second mariage. N. Bacon, de Shrubland-Hall, écuyer, qui vivait en 1740, descendait en droite ligne de l'aîné des Bacon d'Ipswich, dans le comté de Suffolk. Ceux d'Earlham, dans le comté de Norfolk, descendent du cadet.

1. Voyez la notice qui suit celle de Nathanaël.
2. William Cecil, plus connu sous le nom de lord Burleigh, était né à Bourn, le 13 Septembre 1521. Le 21 Décembre 1547 il avait épousé Mildrede Cook, femme distinguée par son esprit et son savoir. Lui-même était un homme d'une rare capacité et d'un jugement solide, intègre, économe, d'une discrétion à toute épreuve et infatigable au travail. Il fut, pendant près

née de sir Cook, et cette alliance fut, peu d'années après, le principe de son élévation. Édouard, la dernière année de son règne, lui donna une nouvelle preuve de sa bienveillance, en le nommant trésorier de la société de Gray's inn, dont il se trouvait être l'un des plus anciens membres.

1553

1554 Marie étant montée sur le trône, la faveur dont N. Bacon avait joui sous les deux règnes précédens, pouvait devenir contre lui une cause de proscription; mais sa prudence le sauva de la persécution à laquelle les réformés furent en butte de la part d'une reine fanatique. La même circonspection sauva William Cecil, qui, s'étant attaché à Élisabeth pendant ses malheurs, se trouva naturellement appelé aux premiers postes de l'État lors de l'avénement de cette princesse au trône d'Angleterre [1]. La prospérité ne lui fit pas oublier son beau-frère : il le présenta à la reine, et lui fit bientôt partager la faveur dont il jouissait auprès d'elle. En effet, dès le 22 Décembre 1558, N. Bacon fut nommé chevalier, membre du conseil privé et lord garde du grand-sceau d'Angle-

1558

---

de quarante ans, le confident intime et le principal ministre de la reine Élisabeth, dont il avait partagé la mauvaise fortune, et qui lui fit partager sa prospérité. Il fut créé baron de Burleigh, le 25 Février 1570, et lord grand-trésorier en Juillet de la même année. Il mourut le 4 Août 1598. Rien n'altéra jamais son amitié pour N. Bacon. Ces deux ministres vécurent toujours dans la plus parfaite union.

1. Née en 1533, Élisabeth succéda à Marie le 17 Novembre 1558.

terre, titre et fonctions qu'il conserva jusqu'à la fin de sa vie. La devise qu'il adopta alors pour ses armes porte l'empreinte de son caractère. Elle consiste en deux mots latins : *Mediocria firma,* qu'on peut traduire par ceux-ci : *la force est dans la modération.* Il y a loin de cette modestie à l'arrogance qui a dicté l'impertinente devise d'un garde-des-sceaux de nos jours.

Le 25 Janvier suivant, N. Bacon, en sa qualité de garde du grand-sceau, fit l'ouverture du parlement, en présence de la reine, par un discours où l'éloge de cette princesse ne fut pas oublié. Il y prit occasion de la perte de Calais pour blâmer le précédent ministère; fit connaître l'intention où était Élisabeth, qu'on travaillât sans relâche aux affaires de la religion, de manière à faire cesser la désunion qu'elles causaient; demanda qu'on pourvût à la sûreté de l'État contre les ennemis, soit étrangers, soit domestiques, ajoutant qu'il ne fallait pourtant pas croire que le concours des chambres fût nécessaire pour cela; que la reine aurait pu y pourvoir de sa pleine autorité, si cela lui eût convenu; mais qu'elle préférait que la satisfaction publique provînt de leur assentiment et la sûreté du royaume de leur avis; qu'elle ne voulait demander à ses bien-aimés sujets que ce qu'ils lui offriraient librement et franchement; enfin il exhorta le parlement à tenir le milieu entre la superstition et l'impiété, et à user de la tolérance nécessaire pour réunir dans un même culte les partisans des deux religions.

1559

Le garde du grand-sceau, au grand étonnement de la cour, s'opposa ensuite à ce que le statut de Henri VIII, qui avait déclaré la mère d'Élisabeth concubine et celle-ci fille naturelle, fût rayé des registres du parlement; mais la raison qu'il en donna sympathisait avec la politique de la reine : *la couronne purifie tout,* dit-il. Cette princesse sentait que c'était soumettre sa légitimité à l'examen du parlement, que de lui en demander la sanction.

L'objet qui occupa spécialement l'attention des chambres, fut donc le changement de religion. Des bills sévères contre les catholiques leur avaient été présentés. Le clergé opposa une résistance vigoureuse, mais inutile. Pour dissoudre ou paralyser cette opposition, on s'avisa d'un expédient adroit. Cinq évêques et trois docteurs d'un côté, et huit théologiens réformés de l'autre, reçurent ordre de la reine de discuter publiquement certains articles de la controverse. Sir N. Bacon fut nommé arbitre, et les débats des deux chambres furent suspendus, afin que leurs membres eussent le loisir d'assister à la discussion. Il avait été ordonné que chaque jour les catholiques commenceraient et que les réformés répondraient; mais le lendemain matin les évêques s'opposèrent à un arrangement qui donnait un avantage évident à leurs adversaires, et comme sir N. Bacon refusa d'écouter leurs remontrances, ils déclarèrent que la conférence était rompue. Élisabeth se débarrassa de cet obstacle, en faisant emprisonner les plus récalcitrans, ce qui n'empêcha pas N. Bacon de fermer la session, le 5 Mai, par un excellent discours sur la modération en matière de religion.

Il y avait déjà plusieurs mois que sir N. Bacon était garde du grand-sceau, lorsqu'il s'éleva des doutes sur l'étendue des pouvoirs que lui conférait ce titre : réunissait-il tous ceux que donnait le titre de grand-chancelier ? N. Bacon soumit cette question à la reine, qui lui en fit attendre quatre ans la solution. Enfin elle fit décider, par acte de parlement, 1563 que, suivant la loi du pays, au garde-des-sceaux appartenaient les mêmes autorité et juridiction qu'au grand-chancelier. Mais quelques auteurs ont pensé que cette décision ne doit pas tirer à conséquence, et peut être considérée comme une faveur toute spéciale, accordée à N. Bacon, sans déroger à la supériorité, au moins honorifique, attachée au titre de grand-chancelier. Quoi qu'il en soit, N. Bacon est le premier en Angleterre qui ait réuni les prérogatives et les honneurs des deux charges sous le seul titre de garde du grand-sceau. S'il eût été mu par l'ambition, il lui eût été facile d'arriver au même but, en se faisant nommer chancelier; mais fidèle aux principes de modération dont il s'était fait une règle de conduite, il se contenta d'une décision qu'il avait désirée, non pour élever son siége, mais pour le consolider.

Au commencement de 1561, un événement domestique était venu mettre le comble aux faveurs que la fortune semblait prodiguer à N. Bacon; je veux parler de la naissance de F. Bacon, qui devait donner un jour non-seulement à sa famille, mais encore à son pays, une illustration nouvelle. Peu d'années auparavant, il avait eu un premier fils d'Anne Cook; c'était Antoine Bacon, qui depuis ne se distingua pas moins par son habileté dans les affaires que son frère par son génie dans les sciences et la philosophie. Malheureusement leur excellent père ne vécut pas assez long-temps pour jouir de leurs succès.

Toutefois le bonheur de N. Bacon eut ces alternatives auxquelles nul homme ne peut se soustraire. La conduite qu'il tint dans une circonstance où il put croire le salut de l'Angleterre engagé, pensa lui faire perdre les bonnes grâces de la reine. Ceci exige que nous reprenions les choses d'un peu plus haut.

Il n'y avait peut-être pas de sujet sur lequel Élisabeth souffrît moins l'intervention des tiers que sa répugnance pour le mariage. Le 10 Février 1559, la chambre des communes, représentée par son orateur et trente de ses membres, l'ayant sollicitée de faire un choix, elle lui avait répondu de manière à la détourner d'y revenir. «Sous le dernier règne, avait-elle dit, elle avait eu plusieurs raisons puissantes pour se marier, et pourtant elle avait préféré le célibat. Elle ne pouvait prévoir ce qui arriverait par la suite; mais si elle se déterminait à prendre un époux, le bonheur de son peuple serait son seul but; si, au contraire, elle n'en prenait pas, Dieu pourvoirait à sa succession. A ne consulter que son propre penchant, elle désirait que l'on gravât sur sa tombe qu'elle avait régné et était morte vierge.

Elle ne s'offensait pourtant pas de la forme de l'adresse, parce qu'on n'y avait désigné, comme cela devait être, ni la personne, ni l'époque. Il ne leur appartenait pas de lui inspirer de l'amour à leur gré, ni de disposer de sa volonté selon leur caprice; ils pouvaient supplier et non prescrire, obéir et non contraindre. En conséquence elle voulait bien, pour cette fois, prendre leur visite en bonne part, et les remerciait, non de leur pétition, mais de leurs intentions.» Depuis cette époque, Élisabeth éludait, sans les repousser absolument, les propositions de mariage qui lui étaient adressées de diverses parts. Une vaste carrière était ainsi ouverte aux intrigues et aux conjectures. Ceux qui désespéraient de voir la reine se marier, cherchaient à deviner quel serait son successeur, et tenaient les uns pour la maison d'Écosse, les autres pour celle de Suffolk. En 1564, un de ces derniers, M. John Hales, ayant publié un écrit en faveur de son opinion, l'ambassadeur écossais en porta plainte à la reine. D'un autre côté les communes qui auraient désiré voir à Élisabeth un héritier direct, murmuraient. Enfin les deux chambres résolurent de la contraindre à se rendre au vœu de son peuple. Elles lui députèrent, au mois d'Octobre 1566, N. Bacon pour la presser, en leur nom, de pourvoir, en se mariant, à la succession de la couronne. Le garde du grand-sceau, n'écoutant que l'intérêt de l'État, s'acquitta de sa mission dans un long discours, qui, loin de persuader la reine, l'indisposa contre les chambres et leur député. Elle répondit avec beaucoup de gravité, selon son usage, mais avec une obscurité affectée de langage qui ne satisfit point les communes[1]; Élisabeth leur envoya l'ordre de s'occuper d'autres affaires. En vain elles soutinrent que ce message royal était une infraction à leur liberté; la reine renouvela son ordre, et l'on obéit, quoiqu'à regret.

A ce sujet de mécontentement, N. Bacon en joignit un autre. La plainte de l'ambassadeur écossais avait été portée au conseil et y avait trouvé dans le comte de Leicester un puissant appui, que N. Bacon ne craignit pas de contredire : il défendit les droits de

---

1. « Quiconque ici, dit-elle, penserait que par volonté ou
« par vœu je me suis engagée à ne jamais changer de genre de
« vie, peut repousser cette espèce d'hérésie; sa croyance se
« trouverait en défaut : car, bien que je puisse trouver que le
« célibat est le meilleur état pour une femme d'un rang ordi-
« naire, cependant je tâche de me persuader qu'il ne con-
« vient pas à une princesse; et si je puis vaincre mon incli-
« nation pour votre utilité, je ne résisterai plus à vos désirs.
« Quant à la succession, la grandeur du sujet et l'exigence de
« vos réclamations me forcent de dire, et je pense que les
« sages me devineront aisément, que ces remontrances réitérées
« dans un temps si court, ressemblent au radotage des vieil-
« lards qui leur fait redire sans cesse les mêmes fables et les
« mêmes sornettes. Peut-être des gens instruits pourront-ils me
« démontrer l'utilité de l'affaire pour laquelle vous me pressez
« à outrance pour votre avantage; peut-être aussi, quand le
« fuseau d'où se déroule le fil de ma vie deviendra plus léger
« et quand mes jours seront écoulés, pourrai-je veiller à votre
« bonheur plus efficacement que je ne le puis faire aujourd'hui
« par toutes mes prières. »

la maison de Suffolk avec une chaleur qui blessa le comte. La reine, quoiqu'affectant de tenir une balance égale entre les deux maisons, pouvant même être soupçonnée de partialité pour celle de Suffolk, fut irritée qu'on eût osé contrarier son favori. Hales fut envoyé en prison, et N. Bacon exilé de la cour et du conseil privé; peu s'en fallut qu'il ne perdît le grand-sceau; Cambden prétend même que la reine le lui retira[1]: elle lui retira au moins sa faveur, qu'il n'eût peut-être jamais recouvrée sans son beau-frère, William Cecil; mais, grâce à la puissante protection de ce ministre, cette faveur lui fut bientôt rendue; car nous voyons que peu de temps après la reine lui fit une visite à Gorhambury[2], dans le comté d'Herefort, maison d'une situation charmante, qu'il venait d'acheter de M. Ralp Rowlet[3]. Dans cette visite, Élisabeth, lui ayant témoigné son étonnement de ce qu'il avait acheté une maison aussi petite; «Madame; répondit le modeste garde du grand-sceau, ce n'est pas ma maison qui est trop petite; c'est moi que vous avez fait trop grand pour ma maison.» Il paraît néanmoins qu'il prit l'observation de la reine pour un avertissement que cette maison ne répondait pas à la dignité dont il était revêtu, car il s'empressa presque aussitôt d'y ajouter deux ailes et de planter à

---

1. Cambden, Annal., pag. 109 et 110.

2. Voy. Apophtegmes de F. Bacon, n.° 25.

3. Écuyer et depuis chevalier, à qui elle avait été donnée lors de la suppression de l'ancienne abbaye de Saint-Alban, dont elle était une dépendance.

l'entour des jardins magnifiques, qui en firent un séjour délicieux.¹

---

1. Sur le frontispice de la maison on lisait l'inscription suivante :

> *Hæc cùm perfecit Nicolaus tecta Baconus,*
> *Elisabeth regni lustra fuere duo :*
> *Factus eques, magni custos erat ipse sigilli.*
> *Gloria sit solo tota tributa Deo.*

Élisabeth avait régné deux lustres, lorsque Nicolas Bacon, chevalier et garde du grand-sceau, bâtit cette maison. Gloire en soit à Dieu seul.

Au-dessous de ces vers on lisait :

> *Mediocria firma.*

La force est dans la modération.

Au-dessus de la porte du verger, entre un jardin et un désert, et au-dessous d'une statue d'Orphée, on lisait :

> *Horrida nuper eram aspectu, latebræque ferarum,*
> *Ruricolis tantum, numinibusque locus;*
> *Edomitor fausto huc dum forte supervenit Orpheus,*
> *Ulterius qui me non sinit esse rudem.*
> *Convocat avulsis virgulta virentia truncis,*
> *Et sedem, quæ vel dis placuisse potest.*
> *Sicque mei, sic est mihi cultus et Orpheus.*
> *Floreat ô noster cultus amorque diu.*

Naguères je présentais un aspect horrible; j'étais le repaire des bêtes sauvages; tout au plus pouvais-je prêter asyle à des paysans ou à des divinités rustiques. Mais voilà qu'Orphée, à qui rien ne résiste, ne permet pas que je reste plus long-temps dans cet état inculte, et soudain les troncs noueux font place à de verts bocages et à une demeure digne des dieux. Puisque Orphée a daigné me cultiver, je veux que mon amour et le culte que je lui rendrai à mon tour durent autant que moi.

Dans le verger était une petite salle à manger, décorée avec une grande recherche. Sur les murs étaient peints les arts libé-

Une autre preuve que N. Bacon ne tarda pas à rentrer en grâce, et que peut-être son éloignement

---

raux, surmontés des portraits des hommes qui les ont cultivés avec le plus de succès. Au-dessous on lisait des vers qui exprimaient ce que chacun de ces arts doit à leurs travaux : puis venaient les noms de ces hommes.

LA GRAMMAIRE.

Lex sum sermonis, linguarum regula certa;
Qui me non didicit, cætera nulla petat.

Je suis la loi du discours, la règle infaillible des langues. Qui m'ignore doit renoncer à rien savoir.

Donatus, Lilly, Servius, Priscien.

L'ARITHMÉTIQUE.

Ingenium exacuo, numerorum arcana recludo :
Qui numeros didicit quid didicisse nequit.

J'aiguise l'esprit, je révèle le secret des nombres; et que ne sait point celui qui possède ce secret?

Stifelius, Budæus, Pythagore.

LA LOGIQUE.

Divido multiplices res, explanoque latentes;
Vera exquiro, falsa arguo, cuncta probo.

Je divise ce qui est composé; j'éclaircis ce qui est obscur; je recherche la vérité; je combats le mensonge; je prouve tout ce qui est susceptible d'être prouvé.

Aristote, Rodolphe, Porphyre, Seton.

LA MUSIQUE.

Mitigo mærores, et acerbas lenio curas,
Gestiat ut placidis mens hilarata sonis.

Je tempère les chagrins, j'adoucis les soucis rongeurs; mes joyeux accens égaient l'esprit et lui rendent la paix.

Arion, Terpandre, Orphée.

pour la maison d'Écosse l'avait servi dans l'esprit d'Élisabeth, c'est que cette année même et en 1571, ce fut lui qui présida les commissions chargées d'examiner les plaintes réciproques de Marie Stuart

---

LA RHÉTORIQUE.

Me duce, splendescit gratis prudentia verbis,
Jamque ornata nitet quæ fuit ante rudis.

Grâce à moi, la sagesse parle un langage qui plaît, et de repoussante qu'elle était, devient pleine de charmes.

Cicéron, Isocrate, Démosthènes, Quintilien.

LA GÉOMÉTRIE.

Corpora describo rerum, et quo singula pacto
Apte sunt formis appropriata suis.

Je décris les corps et dis les lois auxquelles est soumise chacune de leurs formes.

Archimède, Euclide, Strabon, Appollonius.

L'ASTROLOGIE.

Astrorum lustrans cursus viresque potentes,
Elicio miris fata futura modis.

En observant le cours des astres et les forces puissantes qui les meuvent, je parviens par des moyens merveilleux à lire dans l'avenir.

Regiomontanus, Haly, Copernic, Ptolomée.

Gorhambury passa des mains de N. Bacon à son fils Antoine, puis à son fils François, à la succession duquel l'acheta sir Th.. Meautys. Celui-ci le légua à un de ses cousins du même nom, qui épousa Anne, fille de Nathanaël Bacon, et qui mourut sans enfans. Sa veuve épousa en secondes noces sir Harbottle Grimstone, baronnet et archiviste, qui acheta Gorhambury de sir Hercule Meautys, neveu et héritier du premier mari de sa femme. Un de ses descendans, lord Grimstone, pair d'Angleterre, possédait encore ce domaine en 1747.

et de ses sujets rebelles. Ce fut même par son organe que dans cette dernière année Élisabeth enjoignit au parlement de ne se mêler d'aucunes affaires d'État; expressions qui ne pouvaient s'entendre que de l'article du mariage et de celui de la succession au trône, dans un siècle où pas un parlement n'avait encore osé soumettre à son examen et à ses délibérations les actes importans du gouvernement, tels que la paix, la guerre, les négociations, les alliances et la conduite du souverain et de ses ministres.

Enfin N. Bacon ne resta étranger à aucun événement un peu remarquable de son temps et de son pays, et la part qu'il y prit fut toujours honorable. Élisabeth ne faisait rien sans l'avoir consulté, et Strype nous a conservé une lettre qu'il écrivit peu de temps avant sa mort à cette princesse, à qui il donnait d'excellens conseils sur la situation de ses affaires. Comme magistrat, il ne se distingua pas moins à la chancellerie par un exercice modéré du pouvoir et par son grand respect pour la loi du pays. En un mot, l'on peut dire que s'il eut moins de génie que son fils François, il eut plus de vertus.

Il mourut le 28 Février 1579, également regretté de la reine et des justiciables. On raconte que quelques jours auparavant, un matin que son barbier le rasait et coiffait, on avait laissé la fenêtre ouverte pour rafraîchir l'appartement et en renouveler l'air. N. Bacon s'étant endormi, s'éveilla quelques momens après avec un grand mal de tête et une sueur froide. «Pourquoi m'avez-vous laissé dormir?» dit-il au barbier. «Je n'ai pas osé vous réveiller,» repartit le respectueux frater. «Peste soit de votre respect, dit le vieux garde du grand-sceau, il me coûte la vie.» En effet, étant rentré dans sa chambre, il y mourut, dit-on, peu de jours après.

N. Bacon fut enterré avec beaucoup de solennité dans le chœur de la cathédrale de Saint-Paul, du côté du midi, sous un somptueux monument, qu'il avait fait élever lui-même, et que le poëte Buchanan décora de cette épitaphe:

Hic Nicolaum ne Baconum conditum
Existima illum tamdiu Britannici
Regni secundum columen, exitium malis,
Bonis azylum, cœca quem non extulit
Ad hunc honorem sors, sed æquitas, Fides,
Doctrina, pietas, unica et prudentia:
Nec morte raptum crede, quia unica brevi
Vita perennes emerit duas: agit
Vitam secundam cœlites inter animus.
Fama implet orbem, vita quæ illa tertia est.
Hac positum in ara est corpus, olim animi domus,
Ara dicata sempiternæ memoriæ.

«Passant n'imagine pas que N. Bacon, si long-temps la seconde colonne de l'empire britannique, la terreur des méchans et le refuge des gens de bien, soit tout entier sous ce monument, dont il doit l'honneur non à l'aveugle fortune, mais à son équité, à sa probité, à sa science, à sa piété et à sa prudence singulière; n'imagine pas, non plus, qu'il appartienne désormais à la mort; il a au contraire échangé une vie périssable contre deux vies qui ne le sont point. En effet, son ame vit aujourd'hui d'une seconde vie parmi les saints, tandis que sa réputation, qui remplit l'univers, le fait vivre ici-bas d'une troisième. Sous cet autel gît son corps, naguères la demeure de son ame, sous cet autel destiné à perpétuer sa mémoire. »

Sur la fin de sa vie, N. Bacon avait pris un embonpoint excessif, ce qui faisait dire plaisamment à Élisabeth que l'ame de Sir Nicolas était bien logée. Mais cette enveloppe épaisse cachait un esprit très-actif, une prudence unique, une éloquence élevée, une mémoire sûre; en un mot, après Burleigh, la lumière du conseil privé[1]. Tous les historiens contemporains s'accordent à lui reconnaître ces qualités, et le représentent comme un ministre impénétrable en ses desseins et surtout d'une prudence consommée. Le comte de Leicester, disait-on, paraissait plus sage qu'il ne l'était; N. Bacon, au contraire, était plus sage qu'il ne le paraissait. Jamais homme, selon Lesley, évêque de Ross, ne donna moins de prise à la haine et à la médisance. Catherine de Médicis, dont on connaît la profondeur en politique, prétendait qu'à sa persévérance dans ses projets et à sa fermeté on l'eût pris pour un membre du conseil d'Espagne. Enfin, l'histoire nous le représente comme un magistrat intègre et éclairé, et comme un orateur qui sut concilier deux mérites qu'on trouve rarement ensemble, la chaleur, qui donne du

---

1. Cambden, Ann., an 1579.

Vir præpinguis, ingenio acerrimo, singulari prudentia, summa eloquentia, tenaci memoria, alterum in concilio columen.

mouvement, et la gravité, qui prête du poids aux paroles. C'est sans doute cette sagesse et cette éloquence qui de son temps le firent nommer le Platon de l'Angleterre.

Tel fut N. Bacon, quoi qu'aient pu dire quelques écrivains catholiques, que lui a aliénés la part qu'il prit, comme garde du grand-sceau, au changement de religion et à l'affaire du duc de Norfolk[1]. Heureusement pour sa mémoire, ce n'est pas dans des libelles[2] que l'histoire puise ses documens. Au surplus, son zèle pour la religion réformée n'était pas purement politique, puisqu'on le retrouve dans sa vie privée, où plus d'un fait atteste la sincérité de

---

1. Ce seigneur, zélé partisan de la religion catholique, quoique protestant lui-même, avait conçu le projet d'épouser Marie Stuart, et de monter à l'aide de cette alliance sur le trône d'Écosse. Élisabeth lui avait pardonné une première conspiration ourdie dans ce but; mais Norfolk ayant osé en former une seconde, fut arrêté et livré à la justice. Ce procès, dit Hume, fut instruit avec une régularité qu'on admirerait aujourd'hui, sauf que les témoins ne furent pas entendus publiquement et confrontés avec l'accusé, usage qui n'était pas observé alors dans les procès de haute trahison. Le duc fut exécuté le 2 Juin 1572.

2. En 1570, deux libelles furent publiés contre N. Bacon. Le premier, imprimé en Écosse, est intitulé : *A detection of certain practices*, etc. (pratiques dévoilées). Le second, sous la forme d'un *traité de la trahison*, présente le digne garde du grand-sceau d'Élisabeth sous les couleurs les plus noires. Ces deux libelles lui causèrent beaucoup de chagrin, quoique l'opinion publique les eût flétris avant même que la main du bourreau ne les eût brûlés.

sa foi. Par exemple, il fonda, pour la défense de cette religion, deux sermons annuels dans la cathédrale de Saint-Paul, à laquelle il assura une rente de quatre marcs destinés à payer le prédicateur.

N. Bacon, au milieu des occupations multipliées que lui donnaient ses fonctions, aimait et cultivait les lettres. Puttenham raconte, qu'étant allé le voir après qu'il eut reçu le grand-sceau, il le trouva seul, assis dans sa bibliothèque, ayant devant lui les Œuvres de Quintilien; et il ajoute : « c'était l'homme à la fois le plus éloquent, le plus sage et le plus savant que j'aie vu, et je doute qu'il y ait personne dans Oxford ou Cambridge qui ait une élocution plus grave et plus naturelle que n'était la sienne. »

Une autre preuve de son amour pour les lettres, c'est ce qu'il fit, lorsqu'il fut garde du grand-sceau, en faveur du collége du Corps du Christ, où il avait été élevé. Il donna à la bibliothèque publique de l'université de Cambridge, dont ce collége fait partie, cent trois volumes, tant grecs que latins; don précieux à cette époque; puis il fit contribuer quelques amis et contribua lui-même pour deux cents livres sterling à l'érection d'une chapelle dans le collége du Corps du Christ. Il donna de plus à ce dernier établissement vingt livres sterling de rente annuelle, à la charge d'élever gratuitement six enfans, qui seraient choisis dans la petite école qu'il avait fondée à Redgrave, et dotée elle-même de trente livres sterling de rentes. Enfin, il fonda une école de droit qui prit son nom.

Il avait la repartie très-vive, qualité dont François Bacon hérita. On trouve dans les apophtegmes de ce dernier plusieurs réponses de lui, qui sont pleines de sel.

Un jour Élisabeth lui ayant demandé ce qu'il pensait d'une licence par laquelle elle venait d'attribuer à quelqu'un un certain monopole, il répondit en plaisantant: *Je ne sache personne que la licence n'ait rendu pire.*¹

Avant d'être garde du grand-sceau, il avait été simple juge. Dans une des tournées qu'il fit en cette qualité dans le nord de l'Angleterre, il eut à juger une bande de malfaiteurs. Comme il se disposait à prononcer leur sentence, l'un d'eux le suppliait avec importunité de lui laisser la vie, et s'apercevant qu'il ne faisait aucune impression sur lui, lui dit : «Je suis votre parent, » et implora son pardon à ce titre. — « Mon parent! répliqua N. Bacon, comment cela, je vous prie?» — «Mylord juge, reprit le malfaiteur, le voici: Vous vous nommez *Bacon*², et moi, je me nomme *Hog*³, or de tout temps *hog* et *bacon* ont été si proches parens, qu'ils n'ont jamais fait qu'un.» — Vous avez raison, répondit mylord juge; mais notre parenté ne commencera que lorsque vous serez pendu; car ce n'est qu'au crochet qu'*hog* devient *bacon*.⁴

---

1. Voy. apophtegme 29 dans les OEuvres de F. Bacon.
2. Ce mot signifie *lard* en anglais.
3. Ce mot signifie *cochon* en anglais.
4. Voy. apophtegme 36 dans les OEuvres de F. Bacon.

Un jour il s'entretenait avec un membre du conseil très-bavard, et qui l'interrompait à chaque instant : « Il y a cette différence entre vous et moi, lui dit-il, que j'ai peine à parler, et que vous avez peine à vous faire.¹ »

Dans un procès porté devant N. Bacon, une partie recherchait où pouvait être située une terre dont elle prouvait être propriétaire, et ne la trouvait pas. « Si vous ne la trouvez pas dans le royaume, dit le garde du grand-sceau, comment voulez-vous que je la trouve dans la chancellerie²! »

Mais il est un mot qui caractérise bien la prudence qui présidait à toutes ses actions : « Arrêtons-nous un peu, avait-il accoutumé de dire, afin d'arriver plus tôt.³ »

Néanmoins il paraît que dès le temps de N. Bacon on se plaignait de la légèreté avec laquelle les affaires se traitaient en chancellerie, où, de fait, c'étaient les rapporteurs qui jugeaient. Quelqu'un, voulant faire la satire de cet abus, prétendait plaisamment, que lorsque sir N. Bacon s'était présenté à la porte du paradis, on avait fait quelque difficulté de la lui ouvrir, à cause de certaine décision injuste qu'il avait rendue en chancellerie; que sir Nicolas avait demandé à voir l'ordre en vertu duquel avait été rédigé le jugement; que, voyant que cet ordre commençait par ces mots : *ce vendredi*, etc., il avait fait

---

1. Voy. apophtegme 124, dans les OEuvres de F. Bacon.
2. Voy. apophtegme 125, *ibid.*
3. F. Bacon attribue ce mot à sir Amyas Pawlet, apopht. 130.

observer que ce jour-là il siégeait à la chambre étoilée, et que c'était *Corda*, maître des rôles, mort peu de temps avant lui, qui en était l'auteur; qu'en conséquence on avait fait venir ce dernier, qui d'abord ne s'était pas rappelé cette affaire, mais qui, jetant ensuite les yeux sur l'ordre, et voyant qu'il avait été expédié sur le rapport du docteur Gibson, en renvoya le blâme à ce dernier, sur qui il s'arrêta.[1]

N. Bacon a laissé quelques écrits politiques qui l'ont fait ranger par Halinshed parmi les écrivains qui ont fourni des documens à l'histoire. Voici la liste de ces écrits:

1.° Discours à la reine pour l'exhorter au mariage.

2.° Discours au lord maire de Londres.

3.° Discours à un sergent ès-lois, nouvellement nommé juge.

4.° Discours concernant le mariage de la reine et la succession de la couronne.

5.° Discours à la reine lorsqu'elle le nomma garde du grand-sceau.

6.° Discours prononcé à la chambre étoilée, en 1568.

7.° Discours à sir Th. Gargrave, élu orateur de la chambre des communes.

8.° Discours prononcé dans le conseil privé, touchant le secours demandé par les Écossais pour chasser les Français d'Écosse.

9.° Discours concernant l'entrevue d'Élisabeth et de la reine d'Écosse; 1572.

---

1. Voy. apophtegme 123 dans les OEuvres de F. Bacon.

10.° Discours d'ouverture aux lords et communes réunis en parlement.

11.° Discours à M. Bell, lorsqu'il fut nommé juge.

Tous ces ouvrages se trouvent parmi les manuscrits de Norwich, qui sont aujourd'hui déposés, je crois, au nombre de plus de 228, à la bibliothèque publique de Cambridge.

Plusieurs discours de N. Bacon, de 1558 à 1571 inclusivement, ont été recueillis dans la collection de Ralph Thoresby.

On a aussi de lui :

1.° Réponse à certaines questions relatives à la succession de la couronne, adressées par Sir Anthony Brown à Sir N. Bacon. Cette pièce a été publiée, en 1723, par Nath. Boothe, écuyer et membre de la société de Gray'sinn.

2.° Trois lettres au Dr. Parker.

Strype cite la dernière partie d'une de ces lettres à la fin de la Vie de l'archevêque Parker.

Enfin M. Masters cite un commentaire de Sir N. Bacon sur les douze petits prophètes, dédié à son fils Antoine et resté manuscrit.

Plusieurs discours de N. Bacon ont été conservés dans l'Histoire du parlement. Il n'existe d'ailleurs aucune collection des œuvres de N. Bacon, dont quelques-unes seulement ont été imprimées dans divers recueils.

NOTICE SUR NATHANAEL BACON.

Sir Nathanaël Bacon, second fils de N. Bacon et de Jane Fernley, naquit vers 1546, sous le règne de Henri VIII. Il a laissé la réputation d'un peintre habile : il excellait surtout dans le paysage; et quoique son talent se fût formé en Italie, où il avait voyagé, son style se rapproche de l'école flamande. Walpoole dit que de son temps on conservait à Gorhambury un de ses tableaux à l'huile, représentant un intérieur de cuisine, et dans lequel on admirait un dessin pur et correct, beaucoup de naturel et d'élégance, avec un coloris brillant et vrai. On voyait aussi dans la même maison son portrait en pied et celui de sa mère en buste, dessinés par lui-même sur papier; le sien était surmonté de sa palette et de son épée. A Redgrave-Hall étaient encore deux tableaux de lui, représentant, l'un, Cérès avec des fruits et des fleurs; l'autre, Hercule et l'hydre de Lerne. Ces deux tableaux ont passé depuis en la possession de M. Rowland Holt. Enfin, on voyait dans le muséum de Trandescant un petit paysage peint et donné par Nathanaël Bacon lui-même.

M. Masters nous apprend que Nathanaël peignait les plantes avec une rare perfection, et passait pour être initié à toutes leurs vertus.

Il fut nommé chevalier du Bain, sans doute à cause de ses talens, mais à une époque qu'on ne peut préciser. On ne peut préciser non plus celle de sa mort. On sait seulement qu'en 1615, et il avait alors soixante-neuf ans, il éleva son tombeau de ses propres mains dans l'église de Culford-Hall, lieu de sa demeure. Il s'y représenta en buste avec une palette et des pinceaux.

1615

Après sa mort, un autre monument, dont M. Masters a publié l'épitaphe, fut élevé à sa mémoire à Siffkey dans le comté de Norfolk.

Il laissa une fille, nommée Anne, qui épousa en premières noces Sir Thomas Meautys, cousin et héritier de Thomas Meautys, secrétaire et ami de F. Bacon, et en secondes noces, Sir Harbottle Grimston, baronnet et archiviste. Sir Nathanaël Bacon passe pour un des ancêtres des marquis de Townsend.

NOTICE SUR LADY ANNE BACON.

1528   Lady Anne Bacon, seconde fille de sir Antoine Cook[1], naquit vers l'an 1528. Elle se distingua de bonne heure par son savoir, sa piété et sa vertu, au point qu'elle concourut, dit-on, avec son père à
1550 l'éducation d'Édouard VI. Vers 1550, elle épousa N. Bacon, dont elle eut, à plusieurs années de distance, Antoine et François Bacon, qui dûrent à ses soins leur première éducation. On ignore l'époque

---

1. Sir Antoine Cook était un homme distingué par son savoir et ses vertus. Il fut précepteur d'Édouard VI; mais sous le règne de Marie il fut obligé de passer en pays étranger pour se soustraire à la persécution. Il revint en Angleterre lors de l'avénement d'Élisabeth, et mourut vieux et honoré en 1576, dans une terre qui lui appartenait. Il laissa quatre filles, qui toutes se firent remarquer par une érudition dont elles étaient plus fières que de leur rang et de leur naissance. L'aînée, Mildrède Cook, épousa le 21 Décembre 1547 William Cecil, déjà veuf, dont elle eut entre autres enfans Robert Cecil, depuis comte de Salisbury. La seconde est lady Anne Bacon. La troisième, nommée Élisabeth, épousa en premières noces sir Thomas Holby, et en secondes noces sir John Russel; la quatrième épousa sir Henri Killegrew, depuis ambassadeur en Écosse. Cambden nous apprend que lady Cecil traduisit du grec en anglais un ouvrage de S. Chrysostome. Telle était alors la direction générale des esprits. Un siècle plus tard, les filles de Cook eussent peut-être été chez les Anglais ce qu'ont été chez nous mesdames de La Fayette et de Sévigné.

précise de sa mort; tout ce que l'on sait, c'est qu'elle survécut à son mari, puisqu'elle vivait encore en 1596, et Ballard conjecture qu'elle mourut à Gorhambury au commencement du règne de Jacques I.ᵉʳ

1596

Le testament de son fils François nous apprend qu'elle fut enterrée dans l'église de Saint-Michel, près Saint-Alban, quoiqu'on n'y trouve ni monument, ni inscription qui l'indique.

Dans ses dernières années, l'âge et les infirmités affaiblirent un peu sa tête; mais dans sa jeunesse et sa maturité, elle avait montré un esprit supérieur. Elle possédait parfaitement, ainsi que ses sœurs, les langues anciennes et modernes. On a d'elle vingt-cinq sermons sur la prédestination, traduits de l'italien de Bernardin Ochin, et publiés en 1550 in-8.° Elle a aussi traduit du latin l'apologie de l'Église anglicane, par Jewel, évêque de Salisbury[1]. Strype raconte que quand Lady Bacon eut terminé cette version fidèle et élégante, si l'on a égard au temps, elle en envoya une copie à l'auteur avec une lettre écrite en grec, à laquelle Jewel répondit dans la même langue. Ce prélat fut si satisfait de cette traduction, qu'il n'y changea pas un mot. Quant à l'ar-

---

1. Cet évêque avait une mémoire prodigieuse : un jour N. Bacon lui ayant lu, seulement une fois, les derniers mots d'une douzaine de lignes de la paraphrase d'Érasme, détachés et pêle-mêle, il se recueillit quelques momens, et s'étant couvert le visage de la main, il récita, tout d'une haleine et sans hésiter, toutes ces phrases tronquées dans l'ordre inverse de celui où Bacon les lui avait dites.

chevêque Parker, à qui Lady Bacon l'avait aussi soumise, il se contenta d'y faire quelques additions, et en ordonna ensuite l'impression dans les termes les plus flatteurs. En effet, cette impression eut lieu en 1564 in-4.° et en 1600 in-12. Mais ce qui fait le plus grand éloge de cette traduction, c'est que l'ouvrage devint classique, dès qu'elle eut paru[1]. Th. Birch nous a conservé, dans ses Annales sur le règne d'Élisabeth, plusieurs lettres et fragmens de lettres de Lady Bacon, dont il parle souvent. Elles confirment l'opinion avantageuse qu'il nous donne de sa science. Il paraît, au surplus, qu'elle jouit, de son vivant, d'une réputation égale à son mérite, qui n'était pas moins connu sur le continent qu'en Angleterre, à en juger par Théodore de Bèze, qui lui dédia ses méditations.

---

[1]. Le jésuite Robert Parsons en a fait contre elle l'objet d'un reproche.

NOTICE SUR ANTOINE BACON.

Antoine Bacon, premier fruit du mariage de sir N. Bacon avec Anne Cook, naquit à une époque qu'il nous est impossible de préciser, mais antérieure de plusieurs années à la naissance de son frère F. Bacon. Il vint au monde boiteux, et resta toute sa vie tellement infirme, qu'il ne pouvait faire le tour de sa chambre.

Il fut élevé avec soin par sa mère, et lorsqu'il eut terminé ses études, son père jugea à propos de le faire voyager pour perfectionner son éducation; mais avant son départ, le vieux garde du grand-sceau voulut lui assurer des moyens d'existence. Il lui donna le domaine de Gorhambury.

Antoine Bacon résida quelque temps à Venise, lieu d'études alors excellent pour un jeune diplomate. Après avoir visité les autres parties de l'Italie, il se rendit à Genève, où il apprit la mort de son père, ce 1579 qui l'obligea probablement d'abréger son séjour dans cette ville. Toutefois, avant son départ, il se lia d'une amitié très-étroite avec le fameux Théodore de Bèze, qui, à sa prière, écrivit au grand-trésorier Burleigh, pour faire hommage à la bibliothèque de Cambridge d'un vieux manuscrit du Pentateuque en six langues différentes, ce qui était alors une curiosité fort rare; la lettre de Théodore de Bèze, portant la date du mois de Décembre 1581, permet de fixer l'époque 1581 du retour d'Antoine Bacon en Angleterre. S'il voyagea depuis, ses voyages furent courts; car à peine F. Bacon, revenu lui-même de France, eut-il fait la connaissance du comte d'Essex, qu'il attacha son frère à ce seigneur, auprès duquel on le voit depuis constamment figurer.

Mais Antoine Bacon fut plus économe et plus sage que François Bacon : quoique riche de son chef, il ne négligea aucun moyen honnête d'augmenter sa fortune, et sa position auprès du généreux favori de la reine lui en fournit de nombreuses occasions. En effet, il n'avait pas tardé à se concilier non-seulement la faveur d'Essex, mais encore son amitié, dont la politique ne fut pas l'unique lien. Ce jeune seigneur aimait la poésie, la musique, la danse, et, à l'exception de ce dernier exercice, il trouvait dans Antoine Bacon un aimable et joyeux compagnon de ses goûts. Il est même vraisemblable que celui-ci est le véritable auteur des poésies qu'on a publiées sous le nom du comte d'Essex, lequel ne devait guères avoir le loisir de s'occuper de vers. Quoi qu'il en soit, ce dernier, qui prisait surtout les avis d'Antoine Bacon, et qui le consultait sur les affaires les plus graves, le prit chez lui et lui fit une pension considérable. On ne peut douter qu'Antoine Bacon n'eût pu, s'il l'eût voulu, parvenir aux postes les plus élevés de l'État; mais il préféra conserver son indépendance et borna son ambition à mériter la considération qu'il s'était acquise auprès des personnages de la plus haute distinction. C'est d'après ses conseils qu'Essex entra de bonne heure en correspondance secrète avec le roi d'Écosse, présomptif héritier de la couronne d'Angleterre. Malheureusement le comte ne porta pas dans ses intelligences toute la circonspection qu'aurait désiré et qu'y porta lui-même son prudent conseiller : rien de ce que fit ce dernier ne transpira ; en vain le vieux, le rusé Burleigh et son fils, le vigilant Cecil, se doutèrent qu'il était l'intermédiaire par lequel Essex faisait parvenir ses lettres et en recevait les réponses ; en vain ils ne négligèrent aucun moyen de s'en assurer, ils ne purent jamais s'en procurer la preuve. On sent combien était périlleux à tenir le fil de pareilles intelligences ; Antoine Bacon le mania avec tant d'adresse, que lorsque les menées du comte furent mises à découvert, il ne fut pas même compromis dans son procès. C'est cet esprit de conduite qui faisait dire à Henri Wotton[1], qui se connaissait en hommes, et et qui avait beaucoup fréquenté Antoine Bacon, que, *si celui-ci était impotent des jambes, il ne l'était pas de la tête.* Malheureusement deux sortes d'amis entouraient le comte d'Essex : les uns, ayant son se-

---

[1]. Henri Wotton, né le 30 Mars 1568, à vingt-un ans était déjà ambassadeur d'Élisabeth près de la cour de France. Dès 1586 il avait été envoyé en Écosse pour détourner Jacques VI d'épouser la princesse de Danemarck. Il fut ensuite secrétaire intime d'Essex avec M. Cuffe, jusqu'à l'arrestation de ce favori, remplit plusieurs missions importantes sous Jacques I.er, et toujours avec succès. Pour toute récompense il obtint, en 1623, la place de principal du collége d'Éaton. Il mourut en Décembre 1639, avec la réputation d'homme habile et savant.

crétaire Cuffe à leur tête, ne lui conseillaient que des partis violens, tandis que les autres, dirigés par les deux Bacons, lui recommandaient la modération. Essex écouta les premiers et se perdit. Les efforts réunis des derniers ne purent le sauver. En vain Antoine et François Bacon se concertèrent pour donner le change à ses ennemis; en vain ils feignirent des lettres adressées par Essex à Antoine, mais écrites réellement par François, dans lesquelles celui-ci prêtait au favori des sentimens tels que pouvait les désirer la reine, entre les mains de qui on fit adroitement tomber ces lettres. Étaient-ils parvenus par ces moyens à apaiser un peu Élisabeth, comme on n'en peut douter par un entretien que François Bacon rapporte dans son apologie, le comte, par sa conduite imprudente, détruisait tout l'effet de leurs bons offices. Mais il y eut cette différence entre Antoine et François Bacon, que celui-là n'abandonna jamais son noble et malheureux ami, tandis que celui-ci, rebuté de tant d'imprudence, trahit à la fin tous les devoirs de l'amitié et sacrifia celui de la reconnaissance à son ambition. L'attachement d'Antoine Bacon, au contraire, survécut au comte d'Essex, ainsi qu'on peut en juger par le soin qu'il prit de conserver à la postérité l'apologie[1] que cet illustre infortuné lui avait adressée du

---

[1]. Voici le titre de cet écrit : *To Mr. Antony Bacon, an apology of the Earl of Essex against those which falsfy and maliciously take him to be the only hindrance of the peace and quiet of his country.* Il a été réimprimé in-8.º en 1729

fond de sa prison; apologie dans laquelle Essex s'efforce de prouver qu'il a voulu venger son pays et non sa propre cause. L'exécution du comte affecta profondément Antoine Bacon et probablement abrégea ses jours, car il ne lui survécut pas long-temps. Quelque différente qu'eût été la conduite de son frère à l'égard du comte d'Essex, elle n'altéra nullement la tendre affection qui les avait toujours unis. En mourant, Antoine légua à François Bacon, outre un mobilier considérable, les domaines de Gorhambury et de Kingsberg. Aucun ouvrage d'Antoine Bacon n'a été publié; mais il reste de lui dans la bibliothèque du palais de Lambeth, résidence ordinaire des archevêques de Cantorbery, des mémoires fort curieux sur le règne d'Élisabeth, depuis 1581 jusqu'en 1601, seize volumes in-fol., manuscrits.

---

sous le titre suivant : *Of the Earl of Essex vindication of the war with spain.*

1. Il mourut au commencement de 1603.

HISTOIRE
DE LA VIE ET DES OUVRAGES
DE
FRANÇOIS BACON.

LIVRE I.er

I have taken all knowledge to be my province.
« J'ai fait de toutes les sciences mon domaine. »
(*Bacon's Works*, tom. III, pag. 178.)

Il n'est pas d'événement plus important dans les annales de l'esprit humain que la renaissance des arts, des sciences et des lettres chez les modernes. L'histoire de F. Bacon, à qui appartient la gloire d'avoir, pour ainsi dire, achevé cette renaissance, en créant la saine philosophie et en la séparant le premier de ce qu'il appelait la *philosophie divine*[1] (la théologie), ne peut donc manquer d'inspirer un vif intérêt. Qui ne serait d'ailleurs curieux d'entrer en quelque sorte en familiarité avec un homme qui, pour la force de la tête, n'a peut-être de rival qu'Aristote; avec le profond penseur, dont l'autorité ne cesse d'être invoquée depuis deux sciècles par tous

---

1. *De augmentis*, liv. III, ch. 1 et 2.

ceux qui cultivent la philosophie expérimentale; avec le savant dont l'encyclopédie a seule égalé l'universalité, et peut-être encore parce qu'il a fourni le plan de cet immense ouvrage; avec le génie qui, par une sorte de divination[1], a compris dans un même tableau la nomenclature de toutes les vérités connues et le pressentiment de toutes les vérités à connaître; avec le philosophe qui, le premier, a ouvert à l'entendement ses voies les plus sûres et a donné pour toujours aux vrais interprètes de la nature, d'infaillibles directions; avec le moraliste qui souvent a vu dans le cœur humain ce qui avait échappé à Platon, à Cicéron, à Sénèque; enfin, avec l'écrivain dont tous les ouvrages offrent cette composition animée, cette élévation et cette justesse de vues, cette vigueur et cette solennité de style, cette force et cette portée d'imagination, qui le placent à la tête des plus éloquens organes de la raison humaine?

Mais cette histoire ne sera pas seulement un objet de curiosité, elle sera encore un sujet de méditation pour quiconque voudra se reporter au réveil de la philosophie et étudier sa restauration dans son origine. Tel est, en effet, l'ascendant des hommes supérieurs, que leur histoire est réellement, pour le

---

[1]. C'est bien à lui qu'on peut appliquer ce que Cornélius Népos dit de Cicéron, que sa prudence était une sorte de divination, *suam prudentiam quodammodo esse divinationem.*

temps où ils ont vécu, l'histoire de l'esprit humain. Celle de F. Bacon est de plus un préliminaire indispensable à la parfaite intelligence de ses écrits, dont souvent elle explique les obscurités, dont toujours elle excuse les imperfections.

Enfin, la vie de ce grand homme peut être considérée comme une étude morale utile à faire, et, sous ce rapport, elle doit intéresser toutes les classes de lecteurs. En effet, dans les histoires générales on apprend bien à connaître l'homme public et les ressorts de sa politique; mais l'homme privé échappe presque toujours à l'observation, tandis que dans les histoires particulières, s'offrant à nous, non plus sous la forme d'une abstraction collective, mais sous celle d'un individu déterminé, le cœur humain devient l'objet exclusif de notre attention. Or, de même que les anatomistes étudient de préférence les diverses parties du corps de l'homme sur des sujets pourvus de tous leurs organes et bien conformés, de même c'est sur des sujets en qui les facultés intellectuelles sont aussi parfaites que le comporte notre nature, et qui ont reçu d'une culture savante tout le développement dont elles sont susceptibles, que le moraliste aime à mesurer à la fois, et jusqu'où peut s'élever l'esprit de l'homme, et jusqu'où peut descendre son faible cœur. Sous ce rapport est-il de plus beaux sujets à soumettre à cette analyse, j'ai presque dit à cette anatomie intellectuelle, que l'esprit et le cœur d'un homme tel que Bacon? Où trouver, en effet, un esprit mieux meublé des connaissances qui agrandissent la pensée, plus riche des conceptions qui la fécondent, plus souvent visitée des inspirations qui l'élèvent? Où trouver en même temps un cœur plus faible et plus accessible aux passions les moins dignes d'un homme supérieur? Jamais philosophe joua-t-il un rôle plus varié sur la scène du monde? Courtisan délié, profond jurisconsulte, sage moraliste, publiciste tantôt esclave du pouvoir, tantôt ami de son pays; orateur éloquent, magistrat judicieux, ministre prévaricateur, grand seigneur fastueux, restaurateur de la philosophie et des sciences, et toujours écrivain original, voilà ce que fut Bacon, voilà les hommes divers que nous nous proposons de peindre dans un seul homme; voilà enfin celui qu'il s'agit de montrer ici, comme sur la médaille frappée à sa mémoire, apparaissant à l'horizon de notre hemisphère intellectuel, semblable à un soleil levant, et dissipant de ses premiers rayons les ténèbres de l'ignorance et les lueurs plus dangereuses encore de la fausse science.

Mais laissons la pompe du langage en un sujet qui doit emprunter tout son lustre de la vérité, et ne craignons pas de descendre aux moindres détails d'une vie si pleine, nous en reposant sur le grand nom de Bacon du soin d'ennoblir notre récit et de lui prêter l'intérêt que ce nom réveille toujours.

François Bacon naquit le 22 Janvier 1561[1], dans le Strand, près Londres, à l'hôtel d'York, où demeurait son père. 1561

Comblé des plus beaux dons de la nature, il montra de bonne heure ce qu'il serait dans la suite, et l'on peut dire que sa célébrité commença avec lui. Encore enfant, il amusait Élisabeth par la vivacité de ses réparties. Un jour cette reine, qui se plaisait à lui faire des questions à l'improviste, lui ayant demandé quel âge il avait, « j'ai, répondit-il sur-« le-champ avec une ingénieuse délicatesse, deux « ans de moins que le règne heureux de votre Ma-« jesté.[2] » Elle fut charmée de cette réponse, et depuis elle prit l'habitude d'appeler Bacon son petit garde des sceaux; surnom que justifiait le jugement et la gravité précoce de cet enfant, et qui eût pu faire croire qu'elle le destinait à remplacer son père

---

1. Quelques biographes disent 1560, mais ils ont été induits en erreur par la manière dont les auteurs anglais de cette époque écrivent cette date (156$\frac{0}{1}$); l'année commençait alors le 23 Mars, de sorte que Janvier, Février et le commencement de Mars appartenaient à l'année précédente. Au surplus, la réponse de Bacon à Élisabeth, rapportée plus bas, rectifie cette erreur. Voyez encore la lettre à Burleigh (*Bacon's Works*, tom. III, pag. 178), et les vers que Ben-Johnson fit en l'honneur de Bacon, le 22 Janvier 1620 (*Johnson's Works*, tom. II, pag. 222).

2. Élisabeth était montée sur le trône le 17 Novembre 1558.

dans une dignité où celui-ci était devenu l'une des colonnes de l'État; mais ce projet, en supposant qu'il soit jamais entré dans les vues d'Élisabeth, ne devait se réaliser que sous le successeur de cette princesse.

On ne sait rien de la première éducation de F. Bacon; on sait seulement qu'il la dut aux soins éclairés de sa mère, et que son père l'envoya ensuite au collége de la Trinité (université de Cambridge), 1573 où il entra le 16 Juin 1573, âgé d'un peu plus de douze ans, et étudia sous John Whitgift[1], docteur en théologie, alors principal de cette école, et depuis archevêque de Cantorbéry. Il fit des progrès si 1576 rapides sous ce maître habile, qu'en 1576 il eut fini son cours d'études, tel qu'on le faisait dans ce temps-là.

Son esprit juste et pénétrant entrevit dès-lors le faible de la philosophie qui régnait dans l'école, sans rien perdre du respect dû au génie créateur qu'il appelait son maître, modération bien remarquable à un âge où l'esprit le plus fort ne se possède pas toujours, et où l'indépendance est souvent

---

1. C'était le plus redoutable adversaire des puritains, contre lesquels il provoqua des mesures violentes, après avoir écrit contre eux. Il était pourtant naturellement doux et humain, et le fanatisme, si commun à cette époque, put seul le faire sortir de son caractère. Né en 1530, il mourut le 15 Février 1604. (*Stripe's Life of archibishop Whitgift*, pag. 77.)

frondeuse. Mais tout en rendant hommage au mérite et au vaste savoir d'Aristote, qu'il n'a cessé d'exalter depuis [1], il crut reconnaître que la dialectique de ce philosophe n'est, comme il s'en plaint souvent, que l'art de discuter ou plutôt de disputer, inutile dans la pratique de la vie et stérile en œuvres applicables aux besoins de l'humanité. De là son aversion marquée pour ces intrépides argumentateurs, qu'il comparait aux athlètes [2] qui, se préparant à combattre dans les jeux olympiques, se refusaient à des travaux utiles, afin d'être en état d'en supporter de superflus.

A l'étude d'Aristote Bacon avait joint celle de Platon et des autres philosophes de l'antiquité, et pour cela il avait pris la peine de recomposer lui-même sur les documens puisés aux sources les plus authentiques, les systèmes de ceux dont les ouvrages ne nous sont point parvenus. C'est ainsi qu'il avait ressuscité Pythagore, Empédocle, Héraclide, Anaxagore, Démocrite, Parménide, etc. Il raconte lui-même [3] qu'il avait recueilli avec le soin le plus cu-

---

1. *Platonem et Aristotelem si quis inter maxima mortalium ingenia non numeret, aut minus perspicit, aut minus æquus est. Ingenia certe illorum acuta, capacia, sublimia.* (Partis inst. secund. delineatio.) Bacon's *Works*, tom. V, pag. 171. — *De augm.*, liv. III, chap. 4, tom. IV.

2. Apopht. XVIII, Bacon's *Works*, tom. I.er, pag. 565.

3. Bacon's *Works*, tom. V, pag. 174.

On lit dans la Biographie universelle, article *Bacon*, par

rieux les moindres renseignemens qu'il avait pu trouver sur les doctrines de ces derniers dans les réfutations d'Aristote, les citations de Platon et de Cicéron, les œuvres de Plutarque, les vies de Laërce, le poème de Lucrèce et le petit nombre de fragmens que le temps a épargnés. Il avait consulté jusqu'à la tradition, et avait ensuite rapproché avec un soin religieux ces documens divers, avant de les soumettre à un examen approfondi. Il n'avait pas non plus négligé les philosophes modernes, tels que Patrizi, Télésio, Cardan et autres, et avait ainsi jeté les bases de ce trésor d'érudition dont il usa depuis si libéralement dans ses ouvrages[1], et que l'agitation de sa vie ne lui eût pas permis de former plus tard. Cependant il était à craindre qu'au milieu de tant de doctrines qui lui étaient devenues familières, la vive répugnance que lui avait fait éprouver

---

M. Suard, que Bacon fit à seize ans un écrit pour combattre la philosophie d'Aristote. Je ne sais sur quelle autorité est appuyée cette assertion, ni de quel écrit veut parler l'auteur, à moins que ce ne soit de celui qui est intitulé *Redargutio philosophiarum*, et qui, dans l'édition de 1765, fait partie *du plan et de la distribution de la seconde partie de l'instauration*. Je sais bien que cette *réfutation* a été composée avant ce dernier opuscule, mais à quelle époque précise? On ne peut former à cet égard que des conjectures.

1. Notamment dans son traité : *Des principes et des origines*, ou *Explication des systèmes de Démocrite, Parménide et Télésio*.

la verbeuse tyrannie du péripatéticisme, ne le fît tomber dans des erreurs contraires ou seulement différentes. Une raison supérieure l'en défendit, et rassuré par la conscience de sa force, il osa songer à s'ouvrir une route nouvelle loin des chemins frayés. Ce discernement précoce et cette heureuse audace sont attestés par William Rawley [1], qui rapporte à cet égard ce qu'il tenait de Bacon lui-même. Nous voyons également dans une lettre de ce dernier à son ami Toby Matthew, datée de 1605, qu'il forma dès-lors [2] dans son esprit les premiers traits du grand ouvrage qu'il a reproduit depuis à diverses époques et sous divers titres, mais qui ne devait recevoir son entier développement qu'à la fin de sa vie, après avoir été, pendant près de cinquante ans,

---

[1]. Voyez sa Vie de F. Bacon.

[2]. *Bacon's Works*, tom. III, pag. 230; tom. V, pag. 194. En effet, dès cette époque on le voit occupé à recueillir les observations et les faits dont il voulait donner l'histoire pour base à sa philosophie. Rien n'échappait à ses regards attentifs; sa mémoire enregistrait tout. C'est ainsi que dans la deuxième centurie de sa *Sylva sylvarum* il se rappelle qu'il y avait au collége de la Trinité à Cambridge une chambre haute, dont le plafond endommagé était étayé par une colonne de fer de la grosseur du bras, établie au milieu de cette chambre. Lorsqu'on frappait sur cette colonne, le coup ne produisait qu'un bruit sourd dans cette chambre, tandis qu'il produisait dans la chambre de dessous un bruit très-fort et très-éclatant. Ce phénomène l'avait frappé, et si la cause lui en avait échappé, il s'était proposé de la rechercher plus tard.

l'objet de ses perpétuelles, sinon exclusives méditations. Cette étonnante conception de la part d'un jeune homme de moins de seize ans est bien propre à montrer le merveilleux génie qu'il avait reçu de la nature.

A peine Bacon fut-il sorti du collége, que son père, pour le former aux affaires publiques, l'envoya en France à la suite de sir Amyas Pawlet[1], qui venait d'être nommé (Septembre) ambassadeur près la cour de ce royaume. En faisant ainsi, sur son fils le plus cher, l'épreuve du projet d'éducation politique qu'il avait jadis rédigé à la prière de Henri VIII, N. Bacon prouva qu'il avait mis dans ce projet toute sa con-

---

1. C'est ce même Pawlet qui, en 1587, partagea avec sir Drury la disgrâce d'Élisabeth, pour avoir refusé d'assassiner Marie Stuart, dont la garde leur avait été confiée, et n'avoir pas voulu prendre sur lui l'odieux de la mort de cette reine infortunée. « Pawlet, dit Lingard, était un dévôt sévère et insensible ; il haïssait Marie parce qu'elle était catholique ; il voulait sa mort, parce qu'il la croyait ennemie de sa religion : mais c'était un honnête homme, trop éclairé pour être dupe des sophismes d'Élisabeth, et trop ferme pour faire le sacrifice de sa conscience à sa souveraine. Il répondit, le jour même que la proposition lui fut faite, que ses biens, ses emplois, sa vie étaient au service de la reine d'Angleterre, qu'il était prêt, si elle le souhaitait, à les perdre le lendemain ; mais que verser le sang sans y être autorisé par un warrant ou par la loi, serait un crime dont il ne souillerait jamais son ame, et une tache ineffaçable qu'il n'imprimerait jamais à sa postérité. » (Histoire d'Angleterre, tom. VIII, pag. 324.)

science. Ce qu'il y a de certain, et ce qu'une lettre de Pawlet atteste, c'est que F. Bacon était à Paris en 1577. Une anecdote que celui-ci raconte dans la dixième centurie de sa *Sylva sylvarum* ou histoire naturelle [1] et qui se réfère à cette époque, le prouve également. Enfin, on sait que peu après son arrivée en France, sir Pawlet, qui avait déjà conçu une

1577

---

[1] « J'avais, dit-il, une verrue à un doigt depuis l'âge le plus tendre. Me trouvant à Paris, à seize ans environ, il m'en vint aux deux mains plus de cent autres dans l'espace d'un mois. L'ambassadrice d'Angleterre, qui pourtant n'était pas superstitieuse, me dit un jour qu'elle se chargeait de me débarrasser de toutes ces verrues. En effet, elle se fit apporter un petit morceau de lard recouvert de sa couenne, et frotta toutes mes verrues avec le gras, surtout celle que j'avais depuis mon enfance; puis ayant suspendu ce morceau de lard à un clou en dehors d'une fenêtre de son appartement, à l'aspect du midi, elle le laissa dans cet endroit, où, se trouvant exposé aux rayons du soleil, il se putréfia. Qu'arriva-t-il? dans l'espace de cinq semaines toutes mes verrues disparurent, même celle qui datait de presque aussi loin que moi. »

Bacon donne ce fait comme un exemple d'une sorte de corrélation sympathique ou d'action réciproque entre les corps qui ont fait partie d'un même tout, ou qui ont été en contact l'un avec l'autre. Il est évident qu'il est dupe ici de la concomitance de deux faits indépendans l'un de l'autre, et qu'il tombe dans le sophisme *cum hoc, ergo propter hoc*. Mais faut-il s'étonner qu'à une époque où l'on admettait dans les corps des vertus occultes, une sorte d'évidence matérielle ait quelquefois subjugué sa raison habituellement si forte? Il faudrait s'étonner plutôt s'il avait toujours résisté à ce qu'il pouvait regarder comme le résultat de véritables observations.

grande idée de sa capacité et de sa discrétion, le renvoya en Angleterre pour y remplir auprès d'Élisabeth une mission délicate, dont le jeune diplomate s'acquitta avec une maturité précoce et de manière à justifier le choix qu'on avait fait de lui [1]. F. Bacon retourna ensuite en France dans l'intention d'y séjourner quelques années, projet que ne lui fit point abandonner le rappel de sir Pawlet, qui fut remplacé par Edward Strafford en Décembre 1578 : mais la nouvelle de la mort de son père l'obligea de hâter son retour. Il prétend, dans la dixième centurie citée plus haut, qu'il eut de cette mort un pressentiment qui lui fit une impression profonde : « Je me souviens, dit-il, qu'étant à Paris tandis que « mon père était à Londres, deux ou trois jours « avant sa mort, je rêvai que sa maison de campagne « était toute enduite d'un mortier noir, vision que « je racontai aussitôt à plusieurs gentilshommes « anglais. [2] » Il y a lieu de croire néanmoins qu'il

---

[1]. Osborn, *Traditionnal memoirs of queen Elisabeth*, p. 375.

[2]. Ce fait, qu'il cite comme un exemple du pouvoir de l'imagination, lui suggère des réflexions qui prouvent que des apparences miraculeuses pouvaient bien l'étonner, mais non le détourner de cette habitude investigatrice qui caractérisait son génie. « Tout ce qu'on raconte, ajoute-t-il, du pouvoir de l'imagination et de l'instinct secret de la nature me paraît si incertain, qu'on doit se garder d'en tirer des conséquences positives avant de l'avoir soumis au plus sévère examen. Je voudrais qu'on s'assurât d'abord par des observations et des

ne revint pas immédiatement en Angleterre, puisque dans une lettre au roi Jacques[1], il dit avoir passé trois années de sa jeunesse en France, auprès de l'ambassadeur d'Angleterre, ce qui suppose qu'il y resta au moins jusqu'à la fin de 1579.

Il profita de son séjour en France pour visiter plusieurs provinces de ce royaume[2]. Il demeura

---

expériences multipliées, s'il existe en effet quelque corrélation sympathique entre les personnes du même sang, etc. »

Ce doute, après le fait personnel que Bacon raconte, prouve au moins des dispositions philosophiques. Il ne faut pas perdre de vue que dans le même temps on dissertait gravement dans l'école sur les diverses sympathies des choses, et que l'astrologie était une science que notre auteur n'a pas cru pouvoir omettre dans le dénombrement des connaissances humaines; enfin, pour rabattre notre propre orgueil, il faut nous rappeler que naguères une académie de médecine fut appelée à délibérer sérieusement sur les vertus occultes du magnétisme animal, et que dans ce moment même il est un philosophe en grand renom, qui prétend mettre la pensée humaine face à face avec elle-même, sans l'intermédiaire des sens, sans que le nombreux auditoire qui l'applaudit, sente cette inintelligible fiction démentie par sa propre expérience.

1. *Bacon's Works*, tom. III, pag. 464.

2. Il allait toujours recueillant des faits : ainsi dans la deuxième centurie de la *Sylva sylvarum* déjà citée, il se rappelle que dans un certain village des environs de Blois on fait cailler le lait et la crême dans des caves très-profondes pour leur donner une saveur plus agréable. Il en prit occasion de faire une expérience qu'il rapporte. Peut-être ce lait ainsi préparé n'était-il autre chose que ce qu'on appelle encore aujourd'hui crême de Blois.

même quelque temps à Poitiers, où l'avait probablement attiré et où le retint l'étude du droit, alors très-florissante dans cette ville, qui se vantait déjà d'avoir produit le célèbre Dumoulin. Il nous apprend lui-même qu'il y contracta une liaison étroite avec un jeune homme de beaucoup d'esprit, mais un peu bavard, et qui devint dans la suite un grand personnage.[1]

Il ne paraît pas, quoi qu'en aient dit quelques biographes, que Bacon ait voyagé ailleurs qu'en France. Ce qui a pu faire croire le contraire, c'est un petit écrit sur la *situation de l'Europe*[2], auquel il ne mit la dernière main qu'en 1587, et qu'il aurait commencé dès l'âge de douze ans, si l'on en jugeait par celui de quelques-uns des princes dont il parle[3]; tandis qu'il paraît certain qu'il ne l'entreprit qu'à son arrivée à Paris. Mais ce petit tableau prouve seulement que Bacon profita de son séjour en France et des relations que l'ambassadeur au-

---

1. Il ne le nomme pas, tom. IV, pag. 520.
2. *Bacon's Works*, tom. II, pag. 3.
3. Dans cet ouvrage, Bacon donne soixante-dix ans à Grégoire XIII; or ce pape avait cet âge lorsqu'il monta sur le trône pontifical, en 1573, époque où Bacon n'avait que douze ans. Il donne ensuite trente à Henri III, roi de France, qui atteignit cet âge en 1580, époque où il avait lui-même dix-neuf ans; enfin il donne soixante ans à Philippe II, roi d'Espagne, qui n'atteignit cet âge qu'en 1587, époque où il avait lui-même vingt-six ans.

quel il était attaché devait avoir avec les ministres des autres puissances, pour s'instruire à fond du positif de la politique avant de se livrer à l'étude des théories toujours plus ou moins vagues. Ainsi déjà il obéissait à la méthode qu'il a tant recommandée depuis dans ses ouvrages. Celui dont nous parlons contient des documens précieux sur le caractère des princes qui régnaient alors, sur leurs gouvernemens, leurs ministres et leurs favoris, et promettait un homme d'État à l'Angleterre. Il est encore curieux de voir comment un Anglais si bon observateur jugeait, au temps de Henri III, la situation politique et religieuse de la France, et singulièrement la compagnie de Jésus. Il est remarquable que Bacon, dont on a quelquefois invoqué le témoignage en faveur des jésuites, y dépeint ces prêtres dangereux comme formant une secte menaçante pour la majesté royale. Il est vrai que ce jugement, sur lequel il n'est cependant jamais revenu, ne l'empêcha pas depuis de rendre justice à l'excellente méthode d'enseignement de cette société, dont il paraît qu'il avait fait une étude particulière pendant son séjour en France.[1]

De retour en Angleterre, Bacon se trouva réduit à de faibles ressources. La fin imprévue de son

---

1. *De augment.*, liv. I et VI. Élisabeth avait chassé les jésuites de ses États en 1570.

père l'avait privé des avantages qu'il pouvait attendre de sa prédilection marquée. N. Bacon, qui avait déjà établi ses trois filles et pourvu ses quatre autres fils, songeait à pourvoir celui-ci. Déjà même il avait amassé une forte somme dans le dessein de lui acheter une terre, lorsque la mort vint mettre obstacle à l'exécution de ce projet; et l'argent amassé fut partagé entre les cinq frères. Ainsi toute la fortune de F. Bacon consista dans la cinquième partie[1] de la somme qui lui avait été destinée toute entière, et le premier dans l'affection de son père, il n'eut néanmoins que la dernière part dans sa succession.

La nécessité avant l'ambition l'amena donc à prendre un état. Il lui fallait une profession lucrative; il se fit avocat, quoique son inclination et son goût le portassent de préférence aux affaires publiques, et davantage encore à la culture des lettres et de la philosophie. Il se fit recevoir en même temps membre de la société de Gray's inn, où il s'appliqua particulièrement à l'étude du droit coutumier anglais. Il se plut tellement dans cet établissement, où le nom de son père était en grande vénération, que dans la suite il fit bâtir dans Holbourn, où il est situé, une maison élégante qu'il habita de temps

---

1. Suivant la Coutume de Normandie, passée en Angleterre avec Guillaume le conquérant, les filles n'héritent pas et n'ont droit qu'à une légitime.

en temps le reste de sa vie à peu d'années près. Rawley dit [1] que cette maison s'appelait encore *maison de Bacon* à l'époque où il écrit, c'est-à-dire plus de trente ans après la mort de ce grand homme; et il ajoute que, durant son séjour à Gray'sinn, Bacon se fit également respecter des jeunes gens et chérir des vieillards par son savoir, la douceur de son commerce et l'aménité de ses mœurs.

Mais Bacon avait un génie trop vaste et trop élevé pour se borner à l'étude d'une science qui consiste en grande partie dans la connaissance des exemples et des autorités, science environnée d'épines, obscure dans son origine, rendue plus obscure par les efforts que les commentateurs ont faits pour l'éclaircir. Chaque branche du savoir humain devint à son tour entre ses mains l'objet d'un examen approfondi, à travers lequel il chercha de nouvelles méthodes propres à perfectionner l'entendement et à le remettre dans le droit chemin qu'il lui parut avoir depuis long-temps abandonné. C'étaient les mêmes vues qui avaient préoccupé son adolescence, alors qu'il préludait par un judicieux discernement de la vérité et de l'erreur aux coups qu'il devait porter un jour à cette dernière. C'est à seize ans qu'il avait conçu le projet de refaire l'entendement humain; c'est à vingt-cinq environ qu'il entre- 1586

---

1. *Bacon's Works*, tom. IV, *vita autoris*.

prit de mettre la main à l'œuvre. Le premier fruit de cette audace inouïe jusqu'alors, fut un opuscule écrit en anglais, qu'il intitula : La plus grande production du temps (*the greatest birth of time*), titre fastueux sans doute et qu'il désapprouva quarante ans plus tard [1], mais qui montre l'exaltation d'esprit qui avait présidé à cette composition, exaltation causée, non par le bouillonnement stérile d'une tête qui présume trop d'elle-même, mais par cette fermentation féconde qui toujours précède les grandes conceptions. Malheureusement ce *juvenile* d'un grand homme est entièrement perdu, à moins qu'on ne considère comme en ayant fait partie, chose très-vraisemblable, les fragmens qui nous ont été conservés sous le titre bizarre de *Valerius Terminus of the interpretation of nature* [2]. En effet, on trouve dans ces fragmens les idées mères de la grande instauration, et pour ainsi dire le premier dessin de ce magnifique ouvrage [3]. Il peut encore être lu avec

---

[1]. Dans sa lettre au P. Fulgence, *Bacon's Works*, tom. V, pag. 531.

[2]. *Bacon's Works*, tom. I.ᵉʳ, pag. 372.

[3]. On peut en juger par les questions qui y sont traitées. La première a pour objet *les limites et le but de la science*. « Toute science, dit à ce sujet Bacon, doit être limitée par la religion et dirigée vers l'utilité et la pratique. » Il parle ensuite des *obstacles que rencontre la science*, et fait observer que ces obstacles sont plutôt dans les hommes que dans les choses. Puis il passe aux *obstacles résultant de ce que les savans se rem-*

fruit, quoiqu'il justifie sous plusieurs rapports le mot de Henri Cuffe, secrétaire du comte d'Essex, qui, après l'avoir lu, dit : *qu'un fou n'eût pas pu et qu'un sage n'eût pas voulu écrire un pareil ouvrage.* [1]

C'est probablement aussi à cette époque que Bacon composa un *Éloge de la science* [2], qui peut être considéré comme l'ébauche du premier livre *Du progrès et de l'avancement des sciences divines et humaines.* On aime à y voir un philosophe de vingt-cinq ans proclamer que *l'esprit est tout l'homme et la science tout l'esprit; que sans la science l'homme n'est rien, et que les plaisirs de-*

---

placent et ne se succèdent pas, de sorte que jusqu'ici la vie d'un seul homme a pour ainsi dire été la mesure de la science : à ceux qui résultent de ce que c'est la mode et non une supériorité réelle qui fait prévaloir une doctrine sur l'autre; à ceux provenant de ce qu'on a traité les sciences partiellement, abstraction faite des rapports qu'elles ont entre elles. Il déclare *qu'on s'est généralement mépris sur le but et l'objet de la science,* et se plaint *que les hommes ne se sont jamais bien rendu compte de ce qu'ils cherchaient.* Venait ensuite *la nomenclature des sciences connues et de celles à suppléer.* Enfin il traitait *des préjugés qui empêchent l'esprit de voir la vérité, et qu'il qualifiait de* SUPERSTITIONS INTÉRIEURES.

1. M. Chamberlain rapporte cette anecdote dans une lettre à son ami sir Dudley Carleton, datée de Londres, 28 Octobre 1620. On a de M. Chamberlain une correspondance intéressante qui s'étend de 1598 à 1625.

2. *Bacon's Works*, tom. I.ᵉʳ, pag. 370.

l'esprit sont aussi supérieurs à ceux du cœur, que ceux-ci le sont aux plaisirs des sens; mais on a besoin de se rappeler son âge et l'époque où il vivait, pour expliquer et son dédain pour le système de Copernic, et le peu d'importance qu'il accorde aux trois grandes découvertes, de l'imprimerie[1], de la boussole et de la poudre à canon.

Au milieu de la ferveur de ce noviciat philosophique, Bacon nourrissait une ambition qu'il brûlait de satisfaire; mais la reine, qui aimait à l'entretenir des choses qui concernaient sa profession et même des plus grands intérêts de l'État, lui faisait un accueil gracieux et ne lui accordait rien. Il imagina que flatter la vanité de cette princesse était un moyen d'obtenir quelque chose de plus solide que de vaines démonstrations de bienveillance. Il ploya donc son génie à vanter en elle, outre les éminentes qualités qu'elle avait réellement, des charmes que l'âge devait avoir un peu altérés. Vers ce temps, la reine avait alors cinquante-trois ans, il écrivit son

---

[1]. Plus tard il parla plus dignement de cet art, par qui, dit-il en exposant le sujet et le plan de la grande instauration, les pensées et les découvertes de chacun peuvent voler d'un pôle à l'autre avec la rapidité de l'éclair : *imprimendi artificium antiquis incognitum, cujus beneficio singulorum inventa et cogitata fulguris modo transcurrere possunt; et subito communicari ad aliorum studia excitanda, et inventa miscenda:* Tom. V, pag. 183.

éloge [1]. Cet œuvre, où le mauvais goût du style se trouve réuni à la plus fade adulation, est tout-à-fait indigne de Bacon. Par exemple, il félicite Élisabeth de ce que les roses blanches et les roses rouges passées dans son sang, semblent avoir fait la paix sur son visage. Non content de cette bizarre allusion aux roses des maisons d'York et de Lancaster, il reconnaît son impuissance à peindre tant de charmes ; et, appelant Virgile à son secours, il emprunte à cet auteur, qu'il nomme le plus chaste et le plus royaliste des poètes, un hémistiche par chaque perfection qu'il attribue à son héroïne. Parle-t-il de la démarche de cette princesse ? son port révèle ni plus ni moins qu'une déesse, *et vera incessu patuit dea;* de sa voix, elle n'a rien de celle d'un mortel, *nec vox hominem sonat;* de ses yeux, la gloire y rayonne, *et lætos oculis afflavit honores;* de son teint, vous diriez de la pourpre la plus pure, étendue sur de l'ivoire de l'Inde, *Indum sanguineo veluti violaverit ostro si quis ebur;* de son cou, il a le doux éclat de la rose, *et rosea cervice refulsit;* de sa gorge, une tunique emprisonne ses appas, *veste sinus collecta fluentes;* de sa chevelure, à chaque mouvement qu'elle fait il s'en échappe comme une odeur divine d'ambroisie, *ambrosiæque comæ divinum vertice odorem spiravere.....* Mais laissons

---

[1]. *Bacon's Works*, tom. II, pag. 14.

cette ridicule amplification, que je n'ai rapportée que parce qu'elle m'a semblé un monument assez curieux du goût de l'époque.

Les progrès rapides de Bacon dans l'étude du droit, ses succès au barreau et sans doute le souvenir des services de son vertueux père, le recommandèrent plus dignement à l'attention d'Élisabeth. Il venait d'atteindre sa vingt-huitième année, lorsqu'elle le nomma son avocat ou conseil extraordinaire, faveur rarement accordée avant lui [1], et jamais, dit Blakstone, à un simple sergent ès-lois. Cette charge, sans émolumens et sans gages, en le mettant à même de prendre part aux affaires d'État et de finances, flatta sa jeune ambition sans la satisfaire. Il parut donc à la cour, mais il y porta cet esprit d'observation qui ne l'abandonna jamais, et qui eût fait de lui un philosophe pratique, s'il eût toujours suivi ses directions. Un jour que la reine, sortant de Temple-Bar, longeait Fleet-Street, les gens de lois s'étaient rangés d'un côté sur son passage, et les députés des corporations de la cité de l'autre. Bacon, qui se trouvait avec les gens de lois, dit à l'un d'eux : « Observez les courtisans ; si les premiers ils saluent les bourgeois, concluez-en qu'ils sont leurs débiteurs ; si, au contraire, ils en atten-

1588

---

1. *Bacon's Works*, tom. II, pag. 124.

dent le premier salut, c'est qu'ils ne leur doivent rien.[1] »

Une distinction d'un autre genre que Bacon reçut encore à cette époque, fut un hommage rendu à ses talens. La société de Gray'sinn le nomma suppléant d'une chaire de droit.

Cependant l'étude de la jurisprudence n'était pour Bacon qu'un objet secondaire; il ne s'en occupait même qu'avec une sorte de répugnance[2]. Ses penchans, son éducation et sa naissance l'appelaient de préférence sur la scène politique. Il désirait ardemment parvenir à quelque office distingué dans l'État, et pour cela ni peines ni sollicitations ne lui coutèrent; sa correspondance en fournit des preuves nombreuses : nous ne citerons que la lettre[3] qu'il écrivit en 1591 au grand-trésorier Burleigh, son oncle, auquel il s'attacha d'abord, et qu'il fatigua long-temps de ses importunités. Elle est remarquable par la naïveté avec laquelle s'y trouvent exprimées les premières sollicitudes de cette ambition qui fit le malheur de la vie de Bacon, ainsi que les premiers témoignages de la ferme résolution qu'il avait prise de vaincre tous les obstacles pour remplir la noble mission que s'était donnée son génie et qui a fait sa gloire.

1591

---

1. *Bacon's Works*, tom. I.er, pag. 563, apopht. 6.
2. *Idem*, tom. III, pag. 194.
3. *Idem*, tom. III, pag. 178.

« Mylord, dit-il, plein d'une confiance sans bornes dans mon honorable et fidèle dévouement à votre service, comme dans l'intérêt que vous prenez à moi et à ma triste position, j'ose me recommander à votre seigneurie. Je commence à n'être plus jeune : trente et un ans voient tomber bien des grains dans un sablier ! Grâce à Dieu, ma santé s'est affermie et ne m'interdit plus l'action ; car quelle action est plus pénible que les études et la méditation, qui font l'occupation ordinaire de ma vie ? J'ai toujours désiré obtenir quelque place modeste dans laquelle je pusse servir sa Majesté, non en homme né sous le Soleil et affamé d'honneurs, ou né sous Jupiter et avide de pouvoir, car j'appartiens tout entier à une planète contemplative ; mais en homme né sous une reine accomplie et qui mérite que les talens de tous ses sujets lui soient consacrés. Toutefois je ne suis pas tellement égoïste que je ne réserve la plus grande partie de mes pensées à ceux que j'aime, et particulièrement à votre seigneurie, qui est à la fois l'Atlas du royaume, l'honneur de ma maison, la protectrice de ma misère, et à qui je suis obligé par tous les devoirs de bon citoyen, de parent affectionné et de serviteur reconnaissant. Un autre motif m'engage à m'adresser à vous, c'est la médiocrité de ma fortune ; car quoique je ne sois ni prodigue ni dissipateur, ma santé et mon genre de vie ne laissent pas que d'être dispendieux. Enfin, je l'avoue, mon ambition dans les matières contemplatives est aussi vaste quelle est bornée dans l'ordre politique; car j'ai fait de toutes les sciences mon domaine, et si je parviens à le purger des deux espèces de brigands qui l'infestent, les uns de disputes frivoles, de lourds argumens et de sots bavardages, les autres d'expériences mensongères, de traditions populaires et d'impostures, j'introduirai à la place, je l'espère, des observations bien faites, des vérités bien établies, des inventions et des découvertes utiles. Cette espérance, soit qu'on l'appelle *philanthropie*, ce qui serait un éloge, soit qu'on la qualifie de puérile curiosité, de vaine gloire ou de passion, a pris racine dans mon esprit à tel point qu'on ne saurait l'en arracher.

« D'après cela, vous jugez bien que je ne demande pas des fonctions qui exigent plus d'application que je n'en puis donner; c'est un point auquel je tiens par-dessus tout. De votre côté, peut-être vous serait-il impossible de trouver un homme qui demande moins et qui puisse davantage. Au surplus, si jamais votre seigneurie me voit convoiter ou accepter une place qui soit l'objet des recherches de quelqu'un qui lui tienne de plus près que moi [1], je consens qu'elle dise que je suis un malhonnête homme. En-

---

[1]. Bacon fait allusion ici aux appréhensions jalouses que son ambition avait données à Robert Cecil, fils de lord Burleigh.

fin, si votre seigneurie me repousse, sans imiter Anaxagore, qui se réduisit à une pauvreté volontaire pour se livrer plus librement à la contemplation, je vendrai mon héritage, je prendrai à bail quelque ferme d'un revenu certain, ou j'achèterai quelque office lucratif que je puisse faire gérer par un tiers, et qui, ne m'imposant aucun devoir, me permettra de mener la vie d'un chétif auteur, ou de me faire simple pionnier dans cette mine de la vérité qu'on dit si profonde. Et ce ne sont pas là seulement des paroles, c'est ma pensée toute entière, sans art, sans déguisement, sans réserve, en quoi j'imagine faire preuve de ma confiance dans le jugement et le bon cœur de votre seigneurie.

« De mon logement de Gray's inn. »

Quoique la reine et Burleigh employassent souvent la plume de Bacon dans des affaires d'État de la plus haute importance, tout ce qu'il put obtenir par le crédit de ce dernier, qui ne voulait pas paraître négliger tout-à-fait un parent si proche, ce fut la survivance de la charge de greffier de la chambre étoilée [1], place qui valait annuellement 1600 livres sterlings, mais dont il ne jouit que plus de vingt

---

1. Cette cour, composée de plusieurs lords du conseil, des premiers juges et barons du royaume avait un double objet : c'était à la fois une cour souveraine de justice et une espèce de Conseil d'État. (*Bacon's Works*, tom. III, pag. 280 et 582.)

ans après, sous Jacques I.ᵉʳ, pendant le règne duquel un commis l'exerça pour son compte.

Cependant une occasion de se rendre agréable à la reine et de témoigner sa reconnaissance à Burleigh s'étant présentée, Bacon la saisit avec d'autant plus d'empressement qu'elle lui fournit en même temps celle de venger la mémoire de son père indignement outragée. Un libelle avait été publié, où Élisabeth et son gouvernement étaient diffamés. Bacon en fit la réfutation [1]. Mais cet ouvrage ne lui obtint aucune faveur nouvelle. La place de solliciteur général [2] était vacante; elle fut donnée à Édouard Coke. [3]

---

1. *Bacon's Works*, tom. II, pag. 24.
2. Le solliciteur général remplit près la cour de chancellerie les fonctions que les attorneys remplissent près des autres cours.
3. Comme il sera souvent question de ce magistrat dans le cours de cette histoire, nous croyons à propos de le faire connaître au lecteur.

Sir Édouard Coke, né en 1550 à Mileham, comté de Norfolk, fut élevé au collége de la Trinité, d'où il passa au collége de Clifford. En 1578 il fut nommé professeur de droit au collége de Lyons. Aussitôt après sa réception au barreau, il avait épousé une femme fort riche, dont il eut dix enfans. Il la perdit en 1592, et épousa, en 1598, la veuve de lord Thomas Burleigh, comte d'Exeter. Il fut successivement solliciteur et attorney général, chef de justice ou président des communs-plaids, puis du banc du roi, et enfin membre du conseil privé. Il avait été nommé chevalier en 1603, et mourut en 1634. C'était le plus grand jurisconsulte de son temps, et encore aujourd'hui

Il paraît que, rebuté du peu de succès de ses démarches, Bacon tourna un moment son ambition d'un autre côté. La guerre avait causé de grands dommages à l'Espagne, mais elle avait aussi été très-onéreuse à l'Angleterre. Malgré son excessive économie, la reine sentit la nécessité d'avoir recours

---

il est regardé en Angleterre comme l'oracle du Droit coutumier. Le plus estimé de ses ouvrages sont ses *Institutes du Droit anglais*. Ses *Rapports judiciaires* sont aussi en grande recommandation au barreau. La première partie parut en 1600, et la deuxième en 1625. Bacon, son rival ou plutôt son ennemi, faisait un grand cas de son savoir et le cite souvent avec éloge, quoique d'autres fois il le censure avec amertume. (*Bacon's Works*, tom. II, pag. 542.)

Sir Éd. Coke fut plusieurs fois membre de la chambre des communes, et s'y conduisit toujours avec la fermeté qui convient à un bon citoyen. Comme magistrat, il a laissé une réputation d'intégrité que la grande fortune qu'il amassa dans le cours d'une longue vie ne lui avait point fait perdre. Du reste, il déshonora le ministère public par la dureté vraiment barbare avec laquelle il l'exerça. Il était offensant jusqu'à l'invective, et s'abandonnait envers les malheureux accusés à des sarcasmes outrageans qui tenaient de la rage et de l'acharnement. Hors des matières de droit, l'ignorance de Coke était complète, et il est vraisemblable que si Bacon ne l'égala ou même ne le surpassa pas comme jurisconsulte, c'est qu'il dédaigna de se confiner dans une seule étude. La haine qui divisa Coke et Bacon se manifesta de bonne heure. On en trouve des traces dans une lettre de ce dernier au comte d'Essex, sous la date de 1593 : il y appelle Coke un brouillon. (*Bacon's Works*, tom. III, pag. 437.)

au parlement. Elle le convoqua donc pour le 19 Novembre, afin d'en obtenir de nouveaux subsides. Mais soit qu'elle crût son autorité si bien établie, qu'il fût inutile de gagner les chambres par des manières bienveillantes, soit qu'elle appréciât plus son pouvoir et ses prérogatives que l'argent qu'elle demandait, jamais elle ne traita parlement avec tant de hauteur, ne lui fit sentir davantage sa faiblesse et ne ménagea si peu ses priviléges. Bacon était parvenu à se faire nommer membre de la chambre des communes par le comté de Middlesex. Encouragé peut-être par l'exemple de Coke, orateur de la chambre, qui, lors de l'ouverture de la session, avait tenu à Élisabeth un langage moins humble que ses prédécesseurs, il osa d'abord siéger avec l'opposition; mais il ne tarda pas à reconnaître que ce parti ne le conduirait pas à la fortune, lorsqu'il eut entendu le garde du grand-sceau, Puckering, gourmander les chambres au nom de la reine, et qu'il vit dissoudre le parlement, le 10 Avril, immédiatement après la concession des trois subsides qu'il avait vainement combattue. Il abandonna aussitôt l'opposition, du côté de laquelle il sembla ne s'être rangé un moment que pour donner plus de prix à sa défection. D'ailleurs la place de solliciteur général était de nouveau vacante; Éd. Coke, malgré le caractère indépendant qu'il venait de montrer, avait été promu, au bout d'un an, aux fonctions supérieures d'attorney général [1]; le moment de se mettre encore une fois sur les rangs était donc arrivé.

Mais Bacon, croyant s'apercevoir que l'influence de Burleigh et celle de Robert Cecil [2], son fils, déjà en crédit, ne suffisait pas pour lui obtenir ce qu'il désirait, s'adressa au comte d'Essex, qu'il présumait tout-puissant. Ce seigneur, ami des sciences et de ceux qui les cultivaient, lui montra une bienveillance dont l'origine est une nouvelle preuve que Bacon savait concilier l'étude avec les soucis de l'ambition. Bushel [3] raconte qu'il avait inventé un instrument contenant une petite quantité d'eau, au moyen duquel il pouvait dire à toute heure et sans quitter sa chambre, quel temps il faisait [4]. On ne sait pas exac-

---

1. Fonctions qui répondent à celle qu'exerçait autrefois le procureur général près le parlement de Paris.

2. Robert Cecil, né en 1550, partagea de bonne heure la faveur dont jouissait son père. En 1596 il fut nommé premier secrétaire d'État; en 1597, maître de la cour des quartiers; le 13 Mai 1603, baron d'Effindon dans le comté de Rutland; le 20 Août 1604, vicomte de Cramborn dans le comté de Dorset; le 4 Mai 1605, comte de Salisbury, titre sous lequel il est le plus connu dans l'histoire. Enfin, le 20 Mai 1606 il fut créé chevalier de la jarretière, et le 8 Mai 1608 grand-trésorier. Il mourut le dimanche 24 Mai 1612, laissant la réputation d'un des plus habiles ministres qu'ait eus l'Angleterre : il était, ainsi qu'on l'a vu, cousin germain de Bacon par sa mère.

3. *Bushel's abridgment, in the postscript after lord Bacon's atlantis*, pag. 1.

4. Bacon parle de cet instrument dans le *Novum organum* :

tement de quelle manière était construit cet instrument ; mais il paraît constant qu'il fut employé, et cela suffit, à ce qu'il nous semble, pour qu'on doive attribuer à Bacon le premier honneur de cette invention, que Galilée fit aussi quatre ans après. Au surplus, il paraît que les essais de Bacon et de Galilée restèrent long-temps ignorés, puisqu'en 1620 Drebbel obtint et a conservé en Allemagne la gloire d'avoir fait le premier thermomètre. Bushel ajoute que Bacon fit présent de cet instrument au comte d'Essex, qui en fut tellement satisfait que pour lui témoigner sa reconnaissance, ce seigneur lui donna Twickenham-Park [1] et la terre de Paradis, comme un séjour convenable à ses savans travaux. En effet, nous voyons Bacon établi dans ce lieu dès 1593 [2] ; mais il est permis de douter, avec le docteur Ténisson, qu'Essex lui en eût donné la propriété ; il est

---

il en fait la description et l'appelle *vitrum calendare* (*Nov. organ.*, liv. II, ch. 1). Il en parle aussi sous le nom de *weatherglas*, dans l'Histoire de la vie et de la mort.

1. Il est remarquable que Twickenham fut le séjour du plus grand poète et du plus grand philosophe de l'Angleterre : Pope s'y retira sur la fin de ses jours.

2. Voyez la lettre de Bacon à John Spenser, datée du 26 Août 1593. Elle a été écrite dans ce lieu, ainsi que d'autres plus récentes, mais antérieures à la condamnation d'Essex, après laquelle nous ne voyons pas que Bacon ait habité Twickenham. Il n'est fait aucune mention de cette terre dans le testament de Bacon. (*Bacon's Works*, tom. IV, pag. 435.)

plus vraisemblable qu'il se borna à lui donner un logement dans cette maison, de même qu'il en donna un dans son propre hôtel à Antoine Bacon, que son frère venait d'attacher au service du comte. S'il lui eût donné la propriété de Twickenham-Park, notre auteur, qui dans son apologie dit : « ne vouloir passer sous silence aucun des bienfaits du comte d'Essex », n'eût pas manqué de faire mention d'un si beau présent, d'autant qu'il parle d'une autre donation que lui fit ce seigneur.

Bacon pria donc Essex d'appuyer la demande qu'il fit de la charge de solliciteur général, et néanmoins ne cessa point de s'adresser à ses premiers protecteurs[1]. Il écrivit lettres sur lettres à Burleigh, à R. Cecil, à Puckering, au comte d'Essex et à la reine elle-même. Il est curieux de voir comment il s'excuse d'avoir parlé, non contre les trois subsides, mais contre la durée de six années, pendant lesquelles ces subsides devaient être payées. Le fait est qu'il avait représenté au parlement les besoins du peuple, le danger d'exciter des mécontentemens publics, et l'inconvénient de léguer aux parlemens futurs et à la postérité de fâcheux précédens. On ne sait s'il parvint à recouvrer tout de suite la bienveillance d'Élisabeth; ce qu'il y a de certain, c'est qu'il ne fut pas nommé solliciteur général. Il ne se décou-

---

[1]. *Bacon's Works*, tom. III, pag. 136.

ragea point, et nous le voyons poursuivre cette charge jusqu'à la fin de 1595, au point que sa correspondance dans cet intervalle roule presque uniquement sur cet objet.

Il ne cessa pendant tout ce temps de se recommander à Essex par les actes du plus entier dévouement. C'est ainsi que, pour lui complaire, il écrivit une relation[1] de la conspiration du D.ʳ Rodcrigo Lopez, que le comte avait dénoncée à la reine et que Burleigh persistait à regarder comme factice. Élisabeth sut gré à Bacon d'un écrit qui justifiait la condamnation et l'exécution des accusés, mais ne le récompensa point. 1594.

On attribue généralement le peu de faveur dont Bacon jouit sous ce règne à la secrète jalousie des ministres, qui ne pouvaient se dissimuler l'ascendant qu'un tel homme n'eût pas manqué de prendre s'il leur avait été associé : mais sa défaveur eut encore d'autres causes ; pour en bien pénétrer le secret, il est nécessaire d'entrer dans quelques détails sur ce qui se passait alors à la cour.

Deux factions la partageaient : l'une avait à sa tête le brillant et depuis infortuné Robert d'Évereux, comte d'Essex[2]. Ce seigneur était dans la fleur de

---

1. *Bacon's Works*, tom. II, pag. 61.

2. Robert d'Évereux, comte d'Essex, né le 10 Novembre 1567 à Nethewood en Herfordshire, avait été produit à la cour par le mari de sa mère, le comte de Leicester, favori de la reine. Dès

la jeunesse; brave, ambitieux, populaire, il était en même temps, ce qui ne s'était jamais vu, le favori de sa souveraine et l'idole du peuple. Passionné pour la gloire militaire, libéral jusqu'à la profusion, aveuglément dévoué à ses amis, implacable et sans ménagement envers ses ennemis, assez lettré lui-même, il était le protecteur déclaré des gens de lettres. Il avait surtout une qualité bien précieuse, mais bien rare chez les grands et qui le distingue de tous les favoris, c'est qu'au plus haut degré de la fortune il recevait les remontrances et les conseils de ses amis avec douceur, et savait supporter la vérité, alors même qu'elle était désagréable. C'est Bacon qui lui rend ce témoignage [1]. Tant de belles qualités, jointes à la faveur de la reine et aux plus brillans succès militaires, lui avaient fait un grand nombre d'envieux et d'ennemis, auxquels sa franchise altière et imprudente donnait un immense avantage.

Au premier rang, dans la faction opposée, se

---

l'âge de dix-neuf ans il avait commandé au siége de Zutphen; avait, deux ans après, été nommé général de la cavalerie, et avait reçu, l'année suivante, l'ordre de la jarretière. En 1591 il avait commandé les troupes anglaises et auxiliaires au siége de Rouen. Enfin il avait été nommé conseiller d'État en 1593, époque où sa faveur était arrivée à son plus haut période. Allié à la famille royale par les femmes, sa naissance ajoutait encore à l'éclat des dignités que l'affection de la reine lui avait prodiguées.

1. *Bacon's Works*, tom. II, pag. 124.

faisaient remarquer lord Burleigh, grand-trésorier, fort de l'estime et de la confiance de la reine, achetées par quarante ans de services et de travaux; son fils, Robert Cecil, non moins habile et d'une ambition encore plus jalouse; enfin, Walter Rawleigh[1], génie aussi entreprenant dans les sciences qu'en politique, et le plus grand marin de son temps. A ces personnages se réunissait l'attorney général Coke, qui avait conçu une envie secrète contre Bacon, plus jeune que lui, mais déjà son rival en jurisprudence. S'étant aperçu de la bienveillance que le comte d'Essex accordait à ce dernier, il avait pris contre le protecteur la haine qu'il nourrissait contre le protégé. Tous ne cessaient de représenter à la reine qu'Essex, peu content de la faveur dont elle

---

[1]. Né en 1552, après avoir voyagé en France et dans les Pays-Bas, il obtint d'Élisabeth, en 1584, des lettres-patentes qui l'autorisaient à aller à la découverte de nouvelles terres. Il équipa deux vaisseaux à ses dépens et découvrit la Virginie. Ce fut lui qui introduisit l'usage du tabac en Angleterre. Il eut part à presque toutes les expéditions maritimes de son temps. C'était un homme universel, poëte, philosophe et savant. Il donnait cinq heures par jour au sommeil, quatre à la lecture, deux à la conversation et le reste aux affaires. « On ne conçoit pas, dit David Lloyd, comment un homme aussi occupé a pu tant écrire, et comment un homme qui a tant écrit a pu vaquer à autre chose. » Mais l'étonnement diminue quand on se rappelle que, condamné en 1603 à la peine capitale pour être entré dans une conspiration contre Jacques I.er, il resta en prison jusqu'en 1616.

l'honorait, prétendait être le maître de sa bienfaitrice; ils lui remontraient que la hauteur avec laquelle il voulait l'obliger à suivre ses avis dans les affaires d'État, peu séante dans un sujet, avilissait la majesté souveraine. Ces insinuations souvent répétées, et dans lesquelles il y avait quelque chose de vrai ou du moins de vraisemblable, avaient fait impression sur Élisabeth, fière aussi et surtout jalouse à l'excès de son autorité. Depuis lors elle saisissait toutes les occasions de mortifier l'orgueil du comte, au point que sa recommandation était devenue une cause de défaveur et souvent d'exclusion pour ceux qu'il protégeait.

C'est entre ces deux factions que Bacon aurait désiré et ne put se maintenir. Lord Burleigh et son fils, quoique l'un fût son oncle et l'ancien ami de son père, et l'autre son cousin-germain et son camarade d'enfance, ne lui pardonnèrent pas de se partager entre eux et Essex. Ils virent dans sa conduite une trahison et l'oubli des liens de parenté qui l'unissaient à eux. Ses ouvrages et ceux qu'il préparait dans le silence et le secret du cabinet, ses plus beaux titres de gloire, devinrent dans leur bouche des obstacles insurmontables à son avancement. Sous couleur de le servir, R. Cecil ne négligeait aucune occasion de vanter devant la reine son génie pour les sciences, qu'il ne manquait jamais de présenter ensuite comme incompatible avec celui des affaires. « Bacon, disait-il, était un esprit spéculatif[1] et non un homme d'action ; exclusivement adonné, comme il l'était, à des recherches philosophiques neuves et ingénieuses, mais chimériques et inutiles dans l'application, la politique n'avait rien à attendre de lui. »

Irrité de ces perfides procédés de la part d'un parent, Bacon exhala contre lui des plaintes amères et se laissa aller au découragement. « Puisque rien ne me réussit, dit-il à Essex[2], je suis déterminé, si la reine repousse encore ma demande, non à faire un mauvais coup, ma conscience y répugnerait, mais à aller avec un couple d'amis ensevelir ma disgrâce, la réputation que j'ai pu me faire et moi-même dans l'université de Cambridge, pour y consacrer le reste de ma vie à l'étude et à la méditation. » Il fut même sur le point de quitter sa patrie[3], et peut-être un pays étranger, en accueillant ses ressentimens, eût dérobé à l'Angleterre la gloire de voir naître sur son sol les productions d'un de ses plus beaux génies, si la générosité du comte d'Essex ne la lui eût conservée.

Le 17 Novembre 1595, jour anniversaire de l'avé-

---

1. Bacon, sur la fin de sa vie, paraît avoir eu de lui-même une idée semblable. Dans une lettre au roi, écrite trente ans plus tard, il s'appelle *a man of books* (un homme de livres).
2. *Bacon's Works*, tom. III, pag. 439, 440 et 441.
3. *Ibid.*, tom. III, pag. 445.

nement d'Élisabeth, ce seigneur, voulant donner une fête à cette princesse, avait chargé Bacon de composer une allégorie dialoguée[1], qui fut représentée devant elle et dont elle fut enchantée. Il crut le moment favorable pour renouveler auprès de la reine les instances qu'il faisait vainement depuis deux ans en faveur de Bacon, afin de lui obtenir la charge de solliciteur général; mais cette tentative n'ayant pas été plus heureuse que les précédentes, il résolut de dédommager son protégé, qui avait été très-sensible à ce refus. En conséquence il se rendit de Richemond, où était la cour, à Twickenham où se trouvait Bacon, et dit à ce dernier en l'abordant :
« M.' Bacon, la reine n'a pas voulu vous nommer; un autre l'a emporté. Vous vous trouvez mal de m'avoir choisi pour patron, et d'avoir consacré votre temps et vos talens à mon service; mais que je meure, si je ne fais quelque chose pour votre fortune! vous ne me refuserez pas une terre que je veux vous donner[2]... », et il lui fit accepter un domaine que celui-ci vendit depuis 1800 liv. st., et qui, de son aveu, valait bien davantage. Mais c'est dans l'apologie même de Bacon qu'il faut lire cette anecdote. L'adroit narrateur n'a pu rien ôter à la

---

[1]. *Bacon's Works*, tom. III, pag. 446. Les interlocuteurs de cette allégorie sont : un vieil hermite, un secrétaire d'État, un brave militaire et un écuyer.

[2]. *Ibid.*, tom. II, pag. 126.

simplicité noble et franche avec laquelle ce présent lui fut fait; il laisse percer d'ailleurs dans la réponse hypocrite qu'il se prête, le désir qu'il a de se ménager les excuses que son ingratitude lui a rendu nécessaires.

Au surplus, les libéralités d'Essex ne profitèrent pas beaucoup à Bacon, à en juger par une lettre que celui-ci écrivit au commencement de 1596 à Thomas Égerton [1], qui venait d'être nommé garde du grand-sceau, à la place de Puckering décédé. Cette lettre [2] remarquable est à la fois un témoignage de la médiocrité de la fortune et de la situation d'ame de Bacon à cette époque. « Mon bien, dit-il, je le confesse à votre seigneurie, est peu de chose et chargé de dettes; aussi ai-je grand besoin qu'on vienne à mon secours. Mon père, quoique j'aie lieu de croire qu'il me préférait à ses autres enfans, a cependant cru devoir me traiter en dernier venu. Moi-même j'ai plutôt travaillé à devenir honnête homme qu'à m'enrichir, et je suis

---

1. Thomas Égerton, né vers l'année 1540, fut nommé solliciteur général le 28 Juin 1581, attorney général le 2 Juin 1592; peu après chevalier, maître des rôles en 1594; garde du grand-sceau le 6 Mai 1596 sous le titre de lord Ellesmere, grand-chancelier le 24 Juillet 1603, vicomte de Brakeley le 16 Novembre 1616, et mourut à l'hôtel d'York le 15 Mars 1617, à l'âge de soixante-dix-sept ans. Les ducs de Bridgewater descendent de lui.

2. *Bacon's Works*, tom. III, pag. 452.

assez sage pour ne pas m'en repentir. Mais la pauvreté qui, comme dit Salomon, vient d'abord à nous à pas de voyageur, bientôt semblable à un homme armé, s'empare de notre personne et nous terrasse. Je ne puis le dissimuler, elle est arrivée sur moi comme le premier de ces hommes, et déjà je la sens qui me talonne. Elle n'est pourtant point encore et ne sera jamais pour moi, je l'espère, l'homme armé auquel il est impossible de résister; car, après tout, la Providence, en qui je mets toute confiance, m'ouvre trois voies pour échapper à la misère : ma profession d'abord, ensuite le droit que mes services auprès de la reine me donnent à un avancement, puis la charge dont j'ai la survivance, qui est à la vérité comme le champ de mon voisin, dont la vue est délicieuse, mais ne remplit pas ma grange.

« Quant à ma profession, elle exige de la santé. Or, si je jugeais de mon tempérament comme un homme qui juge que la journée de demain sera belle, parce que belle est la soirée d'aujourd'hui, je dirais qu'il est bon. Mais j'ai la manie de peu compter sur le présent et d'appréhender l'avenir. D'un autre côté je ne me fais pas illusion au point de ne pas voir ce que vous voyez encore mieux que moi, que la jurisprudence n'est pas mon fait, et que je ne m'y adonne que faute de mieux et pour vivre. Cette carrière peut convenir à des talens supérieurs aux miens, mais enfin elle ne convient pas aux miens. »

« Mon intention, écrivit-il aussi au comte d'Essex[1], n'est pas d'exercer la profession d'avocat : je prendrai la première place qu'il plaira à la reine de me donner. La jurisprudence prend trop de temps, et j'ai destiné le mien à des objets d'un ordre plus élevé. Je pense au surplus comme Talès, qu'un philosophe est toujours riche quand il le veut. Votre seigneurie voit comment je me console; je cherche à me persuader la vérité de ce que dit milord trésorier, que pour un philosophe il y a quelque chose de mieux à faire que d'étudier le Digeste, et, pour me servir d'une comparaison triviale, il en est pour moi de cette étude comme d'une dent qu'il s'agit d'arracher. Or, je me rappelle que lorsque j'étais enfant et n'avais pas encore beaucoup de philosophie, je n'étais content que lorsque l'opération était terminée. »

Bacon n'en paya pas moins, cette même année, un premier tribut à sa profession, en composant un Recueil de quelques-unes des principales règles ou maximes du droit coutumier anglais, qu'il accompagna de réflexions sur leur étendue et leur application. Son génie réparateur, dont la pensée constante était la restauration de tout ce qu'il tou-

---

1. *Bacon's Works*, tom. III, pag. 194.

chait, n'avait pu s'enfoncer dans le dédale des lois sans éprouver le désir d'y porter la réforme. Élisabeth la désirait également et venait de la promettre à la nation. Ce fut pour lui une occasion d'examiner les maximes fondamentales du droit. Ce commentaire forme aujourd'hui la première partie du traité intitulé : *Élémens du droit coutumier anglais* [1]. Il est vraisemblable que d'abord Bacon avait eu l'intention de faire de ce Recueil un ouvrage séparé, au moins est-il certain qu'il n'est que le *specimen* d'un plus considérable; en effet, il ne contient que vingt-cinq règles sur trois cents environ qu'avait réunis son auteur. On lit en tête une épître dédicatoire et une préface dans lesquelles Bacon développe l'intention et l'utilité de l'ouvrage. L'épître dédicatoire, adressée à la reine Élisabeth, présente en outre, au milieu de louanges peut-être excessives, des vérités sérieuses et importantes. « Dans ces derniers temps, dit-il, la conscience a perdu ce que la science a gagné : les lois, en se multipliant, se sont affaiblies, et sous le rapport de la doctrine et sous celui de l'exécution; les procès injustes se sont accrus, et, ce qui est pis encore, l'art d'abuser des lois et de la justice s'est introduit dans la pratique. Sans la sévère discipline établie par la reine et maintenue par le conseil et la chambre étoilée, le mal eût em-

---

[1]. *Bacon's Works*, tom. II, pag. 325.

piré; mais l'intégrité des magistrats l'a, sinon réprimé, au moins modéré. » Bacon cite ensuite les sages statuts qu'a faits la reine pour qu'on n'abusât pas des lois et que ses ministres ne méconnussent pas leurs devoirs. Enfin, il expose les motifs qui l'ont porté à écrire son ouvrage. « Je n'ai pas perdu de vue, dit-il, le noble projet dont votre majesté a daigné faire part à son dernier parlement[1] par l'organe de milord chancelier, et dont plus récemment encore j'ai reçu la communication de sa bouche royale. Ce projet, que vous méditez depuis plusieurs années, a pour objet la révision générale des lois et leur réduction à l'expression la plus simple. Il s'agit aussi d'augmenter leur certitude, d'asseoir le droit de propriété sur des bases plus solides, de mitiger quelques pénalités, de remettre en vigueur quelques dispositions tombées à tort en désuétude, de rendre plus utile l'exécution des lois, de donner aux jugemens une meilleure direction, de mieux ordonner les opérations du conseil, de faciliter l'étude du droit, de purger la procédure des chicanes qui la déshonorent; d'assurer, enfin, en toutes choses le triomphe des honnêtes gens sur les méchans. Or, pour concourir à ce but, je n'ai rien trouvé de mieux à faire qu'un recueil de maximes générales, claires et incontestables. » L'auteur ajoute

---

[1]. Dans la trente-cinquième année de son règne.

dans sa préface qu'en travaillant sur ce sujet, il s'est moins occupé de faire parade de son esprit et de son savoir, que de rendre service aux jurisconsultes et de leur donner des règles dont ils pussent faire usage. Il convient que quelques-unes sont communes et banales, et qu'on peut en faire abus pour soutenir les thèses les plus absurdes et les plus impertinentes, mais il assure qu'il y en a d'autres qu'il a tirées du rapport et de l'harmonie des cas, et qui forment pour ainsi dire la doctrine mentale des légistes les plus éclairés, et sont leurs guides dans la pratique, bien qu'aucun d'eux ne les ait encore mises par écrit. Il dit aussi qu'il n'a point cherché, en les revêtant d'une expression nouvelle, à dissimuler les sources dans lesquelles il les a puisées, pour faire croire qu'elles sont de son invention, et qu'il ne les a pas empruntées ou traduites, soit du Droit romain, soit d'ailleurs. Il les a présentées, à ce qu'il déclare, sous la forme aphoristique, à cause de la liberté que cette forme laisse à l'esprit de varier l'usage de ce qu'on lui propose, et parce que c'est dans cette forme que la sagesse et la science des temps anciens nous ont été transmises, témoin les Paraboles de Salomon, les Aphorismes d'Hippocrate et les versets moraux de Théognis et de Phocylides. Il les a écrites en latin pour leur donner plus de précision et d'énergie; mais il s'est servi de la langue anglaise pour les commenter, parce que cette langue est maintenant en usage au barreau. Mais il s'est abstenu de citer des autorités, parce qu'il s'en est exclusivement reposé sur celle de la raison, qu'il a cherché à satisfaire par des distinctions claires, des principes incontestables, et l'exposition des rapports qu'ont les règles entre elles.

La seconde partie des *Élémens du droit coutumier anglais* formait aussi dans l'origine un traité particulier, que Bacon composa peu de temps après la première partie, sous ce titre : *Usage du droit coutumier pour la conservation de la vie, des biens et de l'honneur.* La loi y est présentée, non comme une chaîne imposée à l'indépendance ou comme une restriction à la liberté naturelle, mais comme une institution fondée sur l'intérêt des hommes, en tant qu'êtres raisonnables et membres de la société, ce qui rend cet ouvrage très-propre à être mis entre les mains des jeunes élèves [1] : c'est d'ailleurs, sur les matières de ce genre, l'une des meilleures productions de l'auteur, à qui elle fit prendre rang parmi les premiers jurisconsultes de son temps, montrant que si quelques-uns, Édouard Coke surtout, le surpassaient par l'étendue de leurs connaissances en droit, il les surpassait tous par la profondeur des siennes.

---

[1]. Malheureusement cet ouvrage, n'ayant été imprimé que long-temps après la mort de Bacon, a beaucoup souffert.

1597 Cependant la guerre avec l'Espagne durait toujours; quoiqu'elle eût été signalée par de nouveaux succès, elle avait épuisé les finances, et la reine se vit obligée d'assembler un nouveau parlement. Bacon, membre de la chambre des communes, parla dans la discussion à laquelle donna lieu la demande des nouveaux subsides [1]; mais cette fois il ne se rangea pas du parti de l'opposition. Trois subsides six quinzièmes furent accordés, et il est permis de croire que son éloquence concourut à ce succès.

L'activité d'esprit dont la nature avait doué Bacon s'exerçait sur tous les sujets; chaque lecture qu'il faisait, chaque conversation à laquelle il prenait part, lui suggérait des réflexions qu'il se plaisait à rédiger par écrit dans ses momens de loisir. Quand il eut ainsi recueilli un certain nombre de ces petits traités, il s'occupa de les donner au public. La première édition de ce recueil parut, en 1597, sous le titre modeste d'*Essais de morale et de politique*, qu'il emprunta vraisemblablement à Montaigne, dont les écrits récemment publiés le charmaient, quoiqu'il n'y eût aucun rapport entre la tournure d'esprit un peu grivoise du moraliste gascon, et le génie grave et méditatif du philosophe anglais. Bacon dédia cet ouvrage à son frère Antoine. [2]

---

1. *Bacon's Works*, tom. II, pag. 138.
2. *Ibid.*, tom. I.er, pag. 446.

« Mon tendre et bien-aimé frère, lui écrivit-il, je fais dans ce moment comme le propriétaire d'un verger mal avoisiné, qui, pour prévenir les voleurs, cueillerait ses fruits avant qu'ils fussent mûrs. Ces pensées éparses allaient être imprimées; m'efforcer d'en arrêter l'impression, aurait eu des inconvéniens et eût été matière à interprétation; ne pas m'en mêler, c'eût été exposer mon ouvrage à être mutilé par des copistes infidèles, ou permettre à quelqu'un de se l'approprier, en y faisant tel changement que bon lui aurait semblé. J'ai cru plus prudent de le publier moi-même, tel qu'il est sorti de ma plume il y a déjà long-temps, et de le mettre à l'abri de toute autre disgrâce que la faiblesse de son auteur. J'ai toujours été d'avis qu'il peut y avoir autant de vanité à dérober ses pensées au public, à moins qu'elles ne soient d'une certaine nature, qu'à les lui imposer malgré lui. Dans cette occurrence, je me suis borné à me faire le censeur des miennes: or, autant que j'en puis juger, non-seulement je n'y ai rien trouvé de dangereux et de contraire, soit à la religion, soit à la morale; mais il m'a semblé qu'elles pourraient être utiles à l'une et à l'autre. Le seul motif pour lequel j'hésite maintenant à les mettre au jour, c'est qu'elles sont comme ces *demi-pences* qu'on vient de frapper, et qui, pour être en bon argent, n'en sont pas moins de la petite monnaie. Quoi qu'il en soit, puisque ces pensées ne veulent pas rester avec leur père, et qu'il faut absolument qu'elles se produisent au dehors, je préfère qu'elles aillent chez vous qui me tenez de près. En les fiant telles qu'elles sont à toute la chaleur de votre amitié, je vous dirai que je forme parfois le vœu que vos infirmités passent sur moi, afin que sa majesté ne soit pas privée d'un esprit aussi actif et aussi capable que le vôtre, et que je puisse avoir un prétexte pour me renfermer dans les contemplations et les études auxquelles je suis plus propre.

« Sur ce, je vous recommande à la protection divine. »

Votre affectionné frère,
Fr. Bacon.

30 Janvier 1597.

Bacon accompagna ces *Essais* d'une espèce de lieu commun de rhétorique, intitulé : *Les couleurs du bien et du mal*[1], dont la composition paraît appartenir à une époque plus ancienne. Il désirait se rendre agréable à lord Montjoye[2] qui jouissait déjà d'un grand crédit, et prit occasion de cette publication pour dédier[3] cet opuscule à ce seigneur.

---

1. *Bacon's Works*, tom. I.ᵉʳ, pag. 436.

2. Charles Blount, né en 1563, lord Montjoye en 1594, depuis comte de Devonshire, ami du comte d'Essex au temps dont nous parlons. Il avait été son rival et son ennemi, s'était battu en duel avec lui et avait eu l'avantage. Il mourut le 3 Avril 1606.

3. *Bacon's Work's*, tom. I.ᵉʳ, pag. 435; tom. III, pag. 663.

L'auteur semble avoir voulu continuer ce qu'Aristote a dit dans sa rhétorique des moyens de persuasion, par opposition à la dialectique, ou moyens de conviction. Ce jeu d'esprit, que Bacon a depuis reproduit dans le *De augmentis* [1], et qui porte avec soi un caractère d'originalité remarquable, ne pourrait s'expliquer, si on le prenait au sérieux, que par le scepticisme en morale et en religion que l'absence de tous principes fait naître quelquefois à côté de l'intolérance et du fanatisme ; mais ici ce n'est évidemment qu'un exemple innocent des couleurs diverses que l'éloquence peut prêter au bien et au mal. On peut d'autant moins en douter, qu'en même temps l'auteur publiait des *méditations religieuses* [2], dans lesquelles il exprime les sentimens d'une ame profondément pénétrée, soit qu'il y ait peint au vrai la situation de la sienne, soit qu'il y ait fait usage de cette faculté qu'a le génie d'abstraire sa pensée du positif de la vie pour l'appliquer exclusivement aux spéculations de son choix. Parmi les vues profondes dont il les a semées, on retrouve ces paroles si souvent citées, qu'il avait déjà écrites dans ses *Essais*, et qu'il répétait en toute occasion avec une sorte de complaisance, savoir : qu'*un peu de philo-*

---

1. *De augment.*, liv. VI, chap. 3.
2. *Bacon's Works*, tom. III, pag. 133. Cette pièce, telle que nous l'avons, a été retouchée en plus de cent endroits par le D.ʳ Sancroft.

sophie naturelle[1] *dispose à l'athéisme, tandis qu'une science plus profonde ramène à la religion;* expressions qu'il importe de noter ici, comme pouvant servir à l'histoire de la foi de Bacon lui-même.

A peu près vers le même temps, l'amour de la paix lui dicta une *Dissertation sur les controverses*[2] qui déchiraient alors l'église d'Angleterre. Dans cet ouvrage il s'efforce de faire prévaloir l'esprit de tolérance sur le fanatisme des partis, et de fixer définitivement la discipline de l'église anglicane. Malheureusement il parlait aux passions, et les passions sont sourdes autant qu'aveugles.

1598 Bacon revint bientôt à des travaux plus en harmonie avec sa profession. A la fin de l'année suivante, il écrivit l'*Histoire du bureau des aliénations.*[3] C'est peut-être un des ouvrages qu'il a le plus travaillés. Il y examine la question de savoir si l'impôt sur les mutations doit ou non être mis en ferme, et fait preuve d'une égale connaissance des lois, de l'histoire, des antiquités britanniques, de la politique et des finances. Nulle part il n'a montré autant d'habileté à traiter les matières de jurisprudence. Cet

---

1. Par philosophie naturelle, Bacon entendait la connaissance du monde physique.

2. *Bacon's Works*, tom. III, pag. 133.

3. *Idem*, tom. II, pag. 401. Cet ouvrage n'a été imprimé qu'en 1740, sur un manuscrit de la bibliothèque d'Inner-Temple.

ouvrage, d'ailleurs bien écrit et exempt de la séche-
resse que semblait comporter le sujet, offre une
foule de pensées profondes ou judicieuses et de
faits curieux. Mais ce qui peut surprendre de la
part de l'auteur, ce sont les principes d'économie
qu'il recommande dans l'administration des revenus
de la couronne. S'il les eût pratiqués dans l'administration de sa propre fortune, il eût vécu plus heureux et n'eût pas laissé à la postérité le plus déplorable exemple de la faiblesse humaine.

Malheureusement il suivit d'autres erremens, et
le désordre qui s'introduisit de bonne heure dans
sa maison, ne tarda pas à produire ses fruits. Vers
l'époque à laquelle nous sommes arrivés, il fut arrêté
pour dettes à la diligence d'un nommé Sympson,
orfèvre mal famé, au profit duquel il avait souscrit
un effet de 300 liv. st. Cet effet était échu, mais
Bacon avait obtenu un délai qui n'avait été accordé
que verbalement. Bacon, dans une lettre[1] à Égerton, se plaint de ce procédé malhonnête et du peu
d'égard que Sympson avait eu au service de la reine
auquel il était attaché. Dans une autre lettre[2] à R.
Cecil, il dit que depuis long-temps il n'a pu juger
par sa propre expérience à quel point son cousin
est sensible aux affronts faits à son sang; mais il

---

1. *Bacon's Works*, tom. III, pag. 450.
2. *Idem*, pag. 458.

espère qu'en revanche il le sera doublement à l'injure que l'on vient de faire à la reine, dont le service se trouve compromis dans la personne de son avocat.

Cependant la faveur d'Essex déclinait visiblement. A son retour de l'expédition de Cadix, l'année précédente, il avait eu le chagrin de voir son ennemi, R. Cecil, élevé au poste de secrétaire d'État, qu'il avait sollicité pour Thomas Bodeley [1]. En vain, pour calmer ce chagrin, la reine l'avait honoré lui-même de la dignité de comte-maréchal d'Angleterre, vacante depuis la mort du comte de Shrewsbury. Au lieu de conclure de cette conduite que la reine ne s'était jamais proposé de lui accorder un ascendant marqué sur ses rivaux, et d'apprendre par là à devenir plus modéré, il s'abandonna de plus en plus en la fougue de son orgueil blessé. Lord Burleigh venait de mourir [2], mais cette mort n'avait rien fait perdre à son fils de son crédit; chaque jour, au contraire, y ajoutait, et toujours semblait-il aux dépens de celui d'Essex. Ce dernier pouvait seul se

---

[1]. Sir Thomas Bodeley avait été ambassadeur d'Élisabeth près des États généraux des Provinces-Unies, depuis 1588 jusqu'en 1597.

[2]. Le 4 Août 1598. — Le père d'Essex avait été fort lié avec lord Burleigh, et il est vraisemblable que ce souvenir aurait protégé le fils dans l'esprit de ce ministre sévère, si plus tard cet infortuné seigneur avait pu l'invoquer.

faire encore illusion sur sa position vis-à-vis de la reine. Quoique cette princesse lui conservât de l'affection, les choses étaient bien changées depuis que, dans une dispute qu'il avait eue avec elle sur le choix d'un gouverneur pour l'Irlande, il avait perdu le respect jusqu'à lui tourner le dos et à la quitter brusquement. Élisabeth, outrée de cette insolence, et oubliant la modestie de son sexe et la dignité de son rang, lui avait donné un soufflet, en y ajoutant une injure assortie au sujet de sa colère. De son côté le comte, par une violence peut-être encore moins excusable vis-à-vis d'une femme, qui de plus était sa souveraine, avait osé porter la main sur son épée. En vain la reine lui avait pardonné cette offense; lui ne pouvait oublier celle qu'il avait reçue, et n'était que trop disposé à abuser de la liberté dont il avait été privé un moment et qu'il venait de recouvrer.

Bacon prodigua inutilement au comte les conseils de la prudence et de l'amitié : il ne put l'empêcher d'accepter la vice-royauté d'Irlande, que la reine avait destinée à lord Mountjoy et qu'elle venait d'accorder à ses importunités [1]. Malgré les plus vives représentations, Essex partit au mois de Mars pour aller 1599 soumettre les rebelles qui avaient levé l'étendard de

---

[1]. *Bacon's Works*, tom. II, pag. 127; tom. III, pag. 201, 202, 203, 204 et 209.

la révolte en Irlande. Sa conduite pendant cette expédition ne fut pas exempte de reproches, mais une conférence qu'il eut avec le comte de Tyronne, chef des insurgés, et qui finit par un traité désavantageux, indisposa surtout la reine, qui s'attendait à une issue plus glorieuse. Essex porta ensuite le mécontentement d'Élisabeth au comble par son retour précipité. Selon Osborn [1], un artifice de R. Cecil lui fit commettre cette dernière faute. Cet ennemi, toujours occupé de le perdre, après avoir prévenu la reine et réveillé ses soupçons, arrêta dans le port les vaisseaux qui se préparaient à aller joindre Essex en Irlande, et en fit partir un seul, avec ordre à l'équipage de répandre la nouvelle de la mort d'Élisabeth. Abusé par cette feinte, le comte fit aussitôt voile pour l'Angleterre, accompagné seulement d'un petit nombre de personnes. La reine le reçut sans émotion, et ne lui témoigna ni mécontentement ni satisfaction de son prompt retour; mais le lendemain elle parut s'être ravisée et lui ordonna de garder prison dans sa maison de Nonesuch. Un moment même elle fut tentée de soumettre sa conduite à la chambre étoilée, pour justifier la sienne propre aux yeux de ses sujets; mais son ancienne affection pour le comte l'emporta, et elle se borna à déférer à son conseil cet examen, qui eut lieu à l'hôtel d'York

1600

---

1. *Memoirs of queen Eliz.*, pag. 458.

le 25 Juin, sous la présidence du garde du grand-sceau Égerton, que l'on savait être favorablement disposé pour Essex.

Pendant qu'on informait, Bacon ne cessa de travailler à dissiper les préventions qui pouvaient rester dans l'esprit de la reine contre la sincérité du repentir du comte. Ainsi, dans une visite qu'Élisabeth lui fit à Twickenham-Park, bien qu'il ne se targuât pas d'être poëte, il adressa à cette princesse un sonnet où il faisait allusion à la situation d'Essex, dans l'espoir de la toucher en sa faveur, et cette allusion était si marquée qu'elle n'échappa pas à un ami du comte, à qui Bacon montra ces vers [1]. Sa conduite n'en fut pas moins mésinterprétée par le public. [2]

Cependant le procureur général Coke entama l'accusation et traita le comte avec toute l'arrogance et toute la dureté qui lui étaient habituelles. Le parallèle de l'administration de l'accusé en Irlande avec celle de Mountjoy, son successeur, ne fut pas oublié, et pouvait à lui seul raviver les ressentimens de la reine. De son côté, le solliciteur-général Fleming appuya sur l'état déplorable dans lequel Essex avait laissé l'Irlande; enfin, ce qui dut étonner tout le monde, Bacon, sans autre caractère que celui d'avocat extraordinaire de la reine, ferma l'accusa-

---

[1]. *Bacon's Works*, tom. II, pag. 129.
[2]. *Idem*, tom. III, pag. 206, 209.

tion en retraçant les expressions peu mesurées de quelques lettres du comte, et surtout de celle qu'il avait écrite au chancelier Égerton après la scène du soufflet. Cette lettre, pleine des plus nobles sentimens, fut qualifiée par Bacon de *téméraire, présomptueuse et outrageante.*

Heureusement le conseil pénétra mieux les secrètes intentions de la reine. Il savait qu'elle avait dit plusieurs fois qu'elle voulait châtier le comte et non le perdre. Il usa donc envers lui d'une extrême modération. Cecil lui-même parut avoir déposé ses ressentimens, et l'accusé, pour toute peine, fut condamné à garder prison tant qu'il plairait à la reine, à ne plus faire partie du conseil, et à perdre ses charges de comte-maréchal d'Angleterre et de grand-maître de l'artillerie.

Quelque doux que fût ce traitement, il mécontenta le peuple, dont Essex était l'idole, et qui ne pardonna pas à Bacon d'avoir parlé contre son bienfaiteur, quoiqu'il ne l'eût fait que par ordre de la reine. Pour celle-ci, elle fut si satisfaite de la conduite de son avocat extraordinaire, qu'elle le chargea de rédiger un rapport historique de la procédure qui avait eu lieu au conseil, afin de faire connaître à la nation à quel point sa souveraine savait concilier la clémence avec la justice. Bacon s'aquitta de cette mission[1] en homme qui manquait plutôt de

---

1. *Bacon's Works*, tom. II, pag. 70.

fermeté dans le caractère que de sensibilité dans le cœur. Il donna à tout ce qui s'était passé dans cette affaire le tour le plus favorable pour Essex. Il peignit surtout avec énergie la respectueuse soumission qu'il avait montrée en parlant de ses fautes. Lorsque Bacon lut cet écrit à la reine et qu'il fut arrivé à cet endroit, elle sourit et lui dit : qu'elle voyait bien, à la manière dont il avait rendu la défense du comte, qu'une ancienne affection s'oubliait mal-aisément; à quoi Bacon répartit qu'il espérait qu'elle en jugeait par elle-même. Il ne se trompait pas, la reine était apaisée. Essex lui-même parut l'avoir comprise, et justifia d'abord, par sa conduite humble et soumise, la clémence dont elle usait envers lui. De son côté, Élisabeth ne voulut pas permettre que la sentence fût portée sur les registres, et conserva à Essex la charge de grand-écuyer. Elle lui rendit en même temps la liberté, après lui avoir fait promettre de se soumettre à tout ce qu'elle jugerait à propos d'ordonner, l'avertissant qu'il restait prisonnier sur parole.

Les tristes sacrifices que la politique demande trop souvent aux affections du cœur, durent mieux faire apprécier à Bacon le bonheur solide que procurent l'étude et les paisibles occupations de la vie privée. Tandis qu'il se perdait dans l'opinion sur la grande scène du monde, il recueillait tous les suffrages dans l'enseignement du droit. La société de

Gray'sinn venait de le nommer professeur en titre, et le cours qu'il fit en cette qualité sur *la loi des usages*, eut un plein succès. Il examine dans ce cours, qui a été imprimé[1] après sa mort, un point délicat de la coutume rapporté par E. Coke[2], et connu au barreau anglais sous le nom de *chudleigh's-case*. Il s'occupa aussi à cette époque d'embellir Gray'sinn, qui lui dut une belle plantation d'ormeaux. Il raconte[3] que, se trouvant un jour avec une jeune dame sur cette promenade, qui existait encore du temps de Ténisson (1679), celle-ci lui demanda si toutes les terres qu'ils voyaient en deçà des murs appartenaient à la société de Gray'sinn? « Oui, répondit Bacon »; et celles qui sont au-delà, repartit la dame? « Oh pour celles-là, dit Bacon, elles nous appartiennent comme vous, c'est-à-dire pour la vue seulement. »

Le repentir du comte ne fut pas de longue durée. Il avait la ferme des vins doux, et son privilége était près d'expirer. Il attendait que la reine le renouvelât, et regardait cet événement comme une circonstance critique, qui lui ferait connaître s'il pouvait espérer encore de rentrer en faveur. Mais Élisabeth, avec des manières douces et séduisantes, avait

---

1. *Bacon's Works*, tom. II, pag. 416.
2. *Coke's Reports*, Book *I*, pag. 113.
3. *Bacon's Works*, tom. I, pag. 541, apopht. 96.

un caractère impérieux et sévère. Les ennemis du comte, attentifs à tout ce qui pouvait servir leur haine et leur jalousie, obsédaient cette princesse et lui persuadèrent que le caractère hautain de son favori n'était pas suffisamment humilié, et qu'il fallait l'éprouver par une dernière mortification. La reine, cédant à cette considération, refusa de renouveler le privilége d'Essex, ajoutant avec mépris qu'il fallait diminuer les fourrages aux animaux indomptables.

Cet excès de rigueur rendit Essex à tous ses ressentimens, et fut pour la reine même une source perpétuelle de chagrins et d'amertume. Bacon, qui n'avait rien négligé pour faire rentrer en grâce son ancien protecteur, jusqu'à mettre sous les yeux de la reine une correspondance feinte [1] entre le comte et Antoine Bacon, où le premier était représenté tel qu'elle le pouvait désirer, Bacon voyant que ses efforts étaient inutiles et craignant de compromettre son propre crédit, abandonna Essex à son malheureux sort.

Celui-ci n'écoutant plus que l'impétuosité de son caractère et les pernicieux conseils de ses créatures, cessa de se contraindre et forma les projets les plus extravagans. Quoique âgée de près de soixante-dix ans, la reine était jalouse de paraître encore jeune

---

1. *Bacon's Works*, tom. III, pag. 209, 212, 458.

et belle. Essex ne lui épargna pas les sarcasmes, et l'envie les fit parvenir à ses oreilles. Il ne se borna pas à des propos, il s'adressa secrètement à Jacques VI, roi d'Écosse, et entretint avec lui des intelligences qui ne tendaient à rien moins qu'à contraindre la reine à déclarer ce prince son successeur. Cuffe, secrétaire du comte, homme audacieux et entreprenant, lui suggérait ces résolutions téméraires. Par son secours, Essex forma un conseil de mécontens, qui s'assemblait à l'hôtel de Drury. Mais jamais on ne vit de conspiration si mal concertée, ni conduite avec moins d'apparence de succès. La reine, avertie de ce qui se tramait, fit surveiller le comte et ses adhérens. La maison d'Essex fut investie, et lui contraint de se rendre à discrétion.

1601   E. Coke, comme procureur général, et Bacon, comme avocat extraordinaire de la reine [1], furent chargés de l'instruction du procès. Le crime fut prouvé par une foule de témoins et déféré à la chambre haute. Essex et ses complices, au nombre desquels on remarquait Southampton, y comparurent devant un jury composé de vingt-cinq pairs, présidés par le grand-trésorier lord Buckhurst. Essex fut déclaré coupable à l'unanimité et condamné à la peine de mort. Quant à Southampton, il parvint à attendrir ses juges, et sa peine fut commuée en une prison

---

1. *State trials*, tom. I, pag. 205.

indéfinie. Lord Mountjoy, qui depuis le 24 Février 1600 remplaçait Essex dans le gouvernement d'Irlande, avait été compromis par les déclarations de ce dernier, mais la reine lui tint compte de ses services, et même le maintint dans son gouvernement.

E. Coke, suivant son habitude, avait chargé le comte avec une chaleur qui tenait de l'acharnement, sans plus de respect pour le malheur présent que pour la fortune passée de l'illustre accusé. Mais s'il déshonora son talent par des insultes et des injures, il put au moins trouver dans la rigueur de ses fonctions une sorte d'excuse qui manqua à Bâcon. On fut universellement indigné lorsqu'on entendit celui-ci, que son service, d'un ordre tout privé, n'obligeait pas à prendre part à l'accusation, demander la mort de son ancien bienfaiteur et ami, et appuyer de son éloquence le réquisitoire de Coke. Une fois l'ambition fit naître entre deux ennemis cette unanimité qu'il semble donné à l'amitié seule de produire. Bacon, dans son discours, compare la conduite d'Essex, lorsqu'il affectait de craindre les tentatives de ses adversaires, à celle de l'Athénien Pisistrate, qui se blessa lui-même et fit accroire au peuple qu'on en voulait à sa vie, pour obtenir les gardes dont il se servit pour subjuguer sa patrie. Il fait observer ensuite qu'on a accordé une faveur à Essex et à ses complices, en leur faisant leur procès selon les règles du Droit coutumier, lorsque le cas exigeait toute la sévérité de la loi martiale.[1]

Cependant la reine semblait encore irrésolue et portée à la clémence; mais Essex, n'ayant rien voulu faire pour lui-même et laissant les choses aller leur cours, eut la tête tranchée le 25 Février, à l'âge de trente-quatre ans. Il mourut en disant qu'il avait assez vécu, puisqu'il avait vécu avec gloire et dans l'estime des gens de bien; paroles qui prouvent qu'au milieu de sa révolte il ne se doutait pas encore qu'il était un rebelle.

Cette exécution excita une compassion universelle : la reine, craignant les écarts de l'émotion populaire, crut nécessaire de justifier sa conduite. Bacon, dont elle avait pu apprécier l'éloquence insinuante par le rapport qu'il avait rédigé de la procédure instruite à l'hôtel d'York, fut encore chargé de cette mission et ne rougit pas de l'accep-

---

[1]. La loi martiale était une loi d'exception. Créée pour des circonstances extraordinaires, elle sévissait d'une manière expéditive, arbitraire et violente. Dans tous les cas de révolte ou de désordre public, la couronne l'employait contre les coupables. Alors elle s'appliquait non-seulement aux gens de guerre, mais encore aux simples citoyens. Tout infortuné qu'il plaisait au prévôt ou au gouverneur d'un comté ou à leurs délégués de soupçonner, pouvait être saisi comme rebelle, fauteur ou complice de rébellion. Les commissaires chargés d'appliquer cette loi, avaient à peu près les attributions de nos anciennes cours prévôtales et de nos commissions militaires.

ter. Il s'en acquitta dans un écrit intitulé : *Exposé des trahisons et manœuvres coupables conçues et pratiquées par Robert, dernier comte d'Essex.* [1] Mais ce mémoire fut composé et imprimé sous les yeux de la reine, de manière à faire suspecter l'impartialité du narrateur. Il faut entendre Bacon lui-même sur ce point [2]. « Jamais secrétaire, dit-il, ne fut tenu de se conformer plus strictement pour la pensée et pour l'expression à la volonté de celui sous la dictée duquel il écrivit, que je ne le fus à la volonté de la reine. Il y a plus ; quand mon travail fut terminé, il fut soumis à un conseil de lords nommés par sa majesté. Il y fut lu d'un bout à l'autre, pesé, critiqué, altéré, et devint entre les mains de mes censeurs un ouvrage nouveau, mais digne cependant de leurs seigneuries. Car elles et moi, quelque desir que nous eussions d'atteindre notre but, nous voulions surtout être vrais. Au surplus, je ne leur prêtai que mon style, et j'écrivis sous leur direction. Après avoir subi cette épreuve et avoir été relu avec attention par la reine elle-même, qui y fit encore quelques changemens, mon travail fut livré à l'imprimeur. Il était déjà sous presse, lorsque sa majesté, chez qui le génie des grandes choses n'excluait pas le soin minutieux des petites, se rappela

---

[1]. *Bacon's Works*, tom. II, pag. 79.
[2]. *Ibid.*, pag. 136.

que je n'avais pu me défaire de mon ancien respect pour mylord Essex, et qu'au cours de mon mémoire je l'avais constamment appelé *lord Essex*. Cette qualification lui parut déplacée ; elle voulut qu'on y substituât le nom seul d'*Essex* ou de *dernier comte d'Essex*. En conséquence elle fit supprimer les premiers exemplaires déjà terminés, et ordonna que l'impression fût recommencée. »

En vérité, quand on lit cette partie de l'apologie de Bacon, on serait tenté de croire qu'il est un degré de bassesse qui ôte le discernement du bien et du mal aux plus grands esprits. Comment Bacon n'a-t-il pas pressenti qu'une apologie ainsi conçue deviendrait un jour sa condamnation ? Quelques-uns ont prétendu que la malice de ses ennemis lui avait fait donner cette triste mission, pour écarter de dessus leur tête la haine de la nation et la concentrer toute entière sur celle d'un ingrat, capable d'outrager son bienfaiteur après l'avoir poussé à l'échafaud. Si le fait est vrai, les ennemis de Bacon n'ont que trop bien réussi ; car ils ont imprimé à sa mémoire une tache ineffaçable. De son temps, cette indigne conduite souleva contre lui tous les cœurs, et jamais homme ne fut ni plus long-temps ni plus universellement haï. L'indignation publique lui fit même courir plus d'une fois le danger d'être assassiné, au point qu'il crut nécessaire de s'absenter de la cour pour laisser à l'animadversion populaire le temps de se calmer [1]. « Madame, écrivit-il à la reine, je supplie votre majesté de ne pas attribuer mon absence à des craintes, mais à la haine qui me poursuit et me menace; elle est si violente qu'il y aurait, non pas du courage, mais de la témérité à attendre ses coups, à moins toutefois que ma présence ne puisse vous être plus utile que je ne l'imagine. Dieu m'est témoin que ma conduite envers vous est pure et irréprochable, et je suis bien sûr que jamais pauvre gentleman ne désira plus ardemment vous servir et ne s'inquiéta davantage de votre gloire et de votre conservation; que si en cela j'ai excédé les devoirs que m'imposait ma place, je supplie votre majesté de me pardonner cette présomption; que si, au contraire, je suis resté en deçà du zèle que Dieu a mis dans mon cœur, je la supplie en toute humilité de me pardonner cette faute. Mais, abandonné de tout le monde et privé de consolation, je commence à m'apercevoir que je n'ai que trop bien fait mon devoir, et que sur ce point je ne me suis pas assez conformé aux erremens de notre siècle, à qui l'on peut surtout appliquer ce vieil adage : *Totus mundus in maligno positus est* (le monde entier est livré à la malice). Ma vie a été mise en péril, et mon nom, ce dont je fais gloire, a été diffamé. Telles sont les pratiques de certaines

---

[1]. *Bacon's Works*, tom. III, pag. 177.

gens dont les espérances sont encore plus dangereuses que le désespoir. »

La seule chose qu'on puisse alléguer en faveur de Bacon, c'est qu'en agissant contre Essex il n'avait fait qu'obéir à la crainte. En effet, Élisabeth ne pardonnait pas plus à ses courtisans de ne pas servir aveuglément ses vues que de les contrarier, et chacun avait devant les yeux des exemples effrayans de ses vengeances. Ainsi sir Henri Lee, au rapport d'un écrivain [1], sinon contemporain, au moins très-voisin de cette époque, avait perdu à la fois sa fortune et la vie, pour s'être intéressé aux trois lords enfermés dans la tour; et un autre individu, d'un rang moins illustre, avait été pendu dans Smithfield pour avoir fait, dans une lettre à son père, le récit de leur arrestation et de leur emprisonnement.

Bacon ne recueillit aucun fruit de sa lâcheté. Élisabeth oublia un si honteux service; mais l'inexorable postérité ne l'a point oublié, et la Providence, en permettant que l'écrit dont nous venons de parler restât joint à tant de beaux ouvrages, a condamné cet écrit à une triste immortalité. Chez nous cette même Providence a aussi donné l'immortalité, mais cette fois comme récompense à la défense de Fouquet, par Pélisson, et à l'élégie des Nymphes de Vaux par notre Lafontaine. Ainsi le génie se dresse

---

[1]. *Osborn's traditional Memoirs of queen Elisab.*, sect. 24.

à lui-même un indestructible échafaud, où se tresse une inaltérable couronne !

Toutefois, hâtons-nous de le dire, au milieu de l'espèce d'avilissement auquel le réduisait une servile ambition, on vit dans quelques circonstances Bacon se relever par des traits de caractère qui révélaient en lui le sentiment de l'honneur et de la liberté, alors même qu'il les outrageait l'un et l'autre. Ainsi un jour qu'il avait parlé avec véhémence contre la clôture religieuse, la reine lui ayant demandé ce qu'il pensait du renvoi qu'elle avait ordonné d'une certaine cause devant une commission spéciale, il avait répondu : « Vous le savez, Madame, je suis ennemi de toute espèce de clôture, mais surtout de la justice cloîtrée.[1] »

Mais après la part qu'il venait de prendre à la fin tragique du comte d'Essex, il lui eût été difficile de montrer toujours autant de dignité ; aussi voyons-nous que lorsque la reine lui fit le dernier outrage, en accréditant le bruit qu'il avait secrètement desservi le comte auprès d'elle, il n'osa la démentir, et parut préférer rester déshonoré que de lui déplaire. L'embarras dans lequel le jeta cette indiscrétion, probablement calomnieuse, s'est même communiqué au récit qu'il en fit, plusieurs années après, dans son Apologie. « Je ne puis croire, dit-il en parlant de

---

[1]. *Bacon's Works*, tom. I, pag. 541, apopht. 100.

la reine, qu'elle ait commis cette indiscrétion, mais si elle l'avait commise, elle est auprès de Dieu, et tout ce que je pourrais dire, c'est qu'on est bien malheureux d'être outragé par ceux dont on n'a pas le droit de se plaindre. »

Il paraît au surplus qu'Élisabeth avait peu d'estime pour le caractère de Bacon ; elle lui dit un jour : « Quelle autorité peut avoir comme magistrat celui qu'on méprise comme homme ? » Sentence qui, dans la bouche d'une reine qui lui refusa obstinément la place de solliciteur général, ressemble fort à une insinuation désobligeante. Ainsi déconsidéré, Bacon ne pouvait plus tenir qu'un langage servile comme sa conduite. Les circonstances mirent bientôt à même d'en juger.

1602 Les revenus de la reine ne suffisant pas à l'avidité des courtisans, cette princesse leur avait accordé une foule de priviléges pour établir des monopoles. Cet abus, le plus intolérable pour le présent et le plus pernicieux pour l'avenir, avait attiré l'attention du parlement. Celui de cette année parut vouloir mettre un terme à ces exactions, malgré la protection que la reine semblait leur accorder. L'abolition des monopoles est demandée dans la chambre des communes. Aussitôt les courtisans, suivant leur usage, s'écrient que la prérogative royale est attaquée, et Bacon, membre de la chambre, a encore le malheur de faire remarquer son discours parmi des votes plus dignes d'un divan turc que de la chambre des communes d'Angleterre, d'après l'idée que nous nous faisons aujourd'hui de cette dernière.

« J'ai toujours été partisan, dit-il, de la prérogative du prince, et j'espère que non-seulement elle ne lui sera jamais déniée, mais même qu'elle ne sera jamais discutée. Comme notre souveraine, la reine a le droit d'étendre et de restreindre ; car en vertu de sa prérogative, elle peut permettre les choses défendues par quelques réglemens et statuts que ce soit, et défendre celles qui sont permises. Dans le premier cas, elle peut accorder un *non obstante* contraire aux lois pénales. Quant aux monopoles et autres priviléges semblables, il a toujours été d'usage de nous humilier sous la main de sa majesté, et de ne lui demander le soulagement de nos maux que comme une grâce et par d'humbles requêtes, surtout lorsque le remède nécessaire touche de si près à sa prérogative. Je dis et répète, que nous ne devons traiter, juger et nous mêler en aucune manière de cette prérogative. Je souhaite donc que tout le monde soit attentif à la respecter. »

A ce langage abject, qui reconnaîtrait un mandataire du peuple anglais ?

Cependant la reine était tombée dans une mélan- 1603 colie profonde, dont rien ne pouvait la distraire. Cette sombre douleur avait dans son ame un principe secret : son ancienne affection pour Essex s'était réveillée et lui faisait amèrement regretter d'avoir consenti à son exécution [1]. Ces regrets tardifs expliquent l'oubli dans lequel Bacon tomba pendant les deux dernières années de ce règne, et pourquoi Élisabeth accrédita l'opinion, que sans les mauvais offices qu'il avait rendus au comte, elle ne se fût jamais déterminée à faire monter celui-ci sur l'échafaud. Quoi qu'il en soit, sa santé dépérissait visiblement, et sa mort fut précédée de si tristes particularités, qu'on ne saurait dire si cette reine, tant renommée pour sa constante félicité, ne succomba pas plutôt sous le poids du chagrin que sous celui de l'âge. Elle mourut le 24 Mars 1603, dans sa soixante-dixième année, et dans la quarante-cinquième de son règne.

---

[1]. Osborn, pag. 459. Cet historien est le premier qui ait raconté l'anecdote de la bague donnée par Élisabeth à Essex, anecdote long-temps révoquée en doute et aujourd'hui bien prouvée. (Voyez Hume, Histoire d'Angleterre, tom. VI.)

LIVRE II.

Me ipsum ad veritatis contemplationes, quam ad alia, magis fabrefactum deprehendi.... quare naturam meam cum veritate quamdam familiaritatem et cognationem habere judicavi.

« A une sorte d'affinité et de sympathie qui existent entre ma nature et la vérité, je jugeai que j'avais été formé pour les contemplations, dont celle-ci est l'objet, plutôt que pour autre chose. »

(F. Bacon, *De interpretat. naturæ proœmium.*)

Avant de rendre le dernier soupir, Élisabeth avait désigné Jacques VI[1], roi d'Écosse, pour son successeur, et cette désignation avait été reçue par le peuple anglais avec la soumission dont cette reine despotique avait fait à ses sujets une longue habitude. Jacques monta donc sans obstacle sur le trône des Tudors, sous le nom de Jacques I.er En s'y asseyant à la place d'une princesse qui avait fait mourir sa mère, il ne se rappela qu'une chose, c'est qu'Élisabeth, dont il avait été long-temps le pensionnaire,

1603

---

1. Jacques VI, né à Édimbourg le 19 Juin 1566, de Marie Stuart, petite-fille de la princesse Marguerite, sœur de Henri VII, et filleul d'Élisabeth, avait été couronné roi d'Écosse le 29 Juillet 1567 lors de la déposition de sa mère. Le comte Murray avait été régent du royaume pendant sa minorité, et il avait pris les rênes du gouvernement en 1578. Il avait été élevé par le poète Buchanan, dont les récits avaient dû lui inspirer peu d'estime pour sa mère. Le 22 Octobre 1589 il était allé en Norwège, et, le 24 Novembre de la même année, avait épousé la fille du roi de Danemark. Il était revenu en Écosse le 1.er Mai 1590.

venait de lui assurer une couronne qu'elle eût pu lui ravir, tandis que Marie Stuart avait consenti que celle qu'il portait depuis long-temps et qu'il considérait comme son patrimoine, fût transférée sur la tête de Philippe II, roi d'Espagne, dans le cas où il n'embrasserait pas la religion catholique. Il se crut donc obligé envers la mémoire de celle-là, et laissa voir en plusieurs circonstances que la reconnaissance l'emportait dans son cœur sur la nature et le sang.[1]

---

[1]. Sully, alors ambassadeur en Angleterre, raconte dans ses Mémoires, que lorsqu'il ordonna à sa suite de prendre le deuil d'Élisabeth, Jacques se tint pour insulté, ce qui l'obligea de révoquer ses ordres. Mais ce ne fut là qu'une vaine démonstration que le roi crut devoir à la mémoire de sa mère, et qui ne l'empêcha pas de déclarer au conseil qu'il assisterait aux funérailles de la feue reine, si on le croyait nécessaire pour l'honneur de cette princesse. S'il n'y assista pas, ce n'est pas à lui qu'il faut en attribuer le mérite, mais au conseil, qui lui épargna cette inconvenance. Quant à ce que dit le Dr Lingard, que Jacques était si profondément pénétré des outrages qu'Élisabeth avait prodigués à sa mère et à lui-même, qu'il ne pouvait souffrir qu'on prononçât son nom devant lui sans donner des signes de mécontentement et de déplaisir, et qu'il affectait de ne parler de ses talens qu'avec mépris et de ses mœurs qu'avec reproche, ces assertions non-seulement ne sont point justifiées, mais paraissent formellement démenties par plusieurs écrits de notre auteur, dédiés à Jacques lui-même, où il est constamment parlé d'Élisabeth avec éloge. Je n'en veux pour preuve que le panégyrique intitulé : *In felicem memoriam reginæ*, qui fut composé en 1606, pendant que le roi chargeait d'épitaphes

Si ces dispositions durent rassurer Bacon sur le souvenir que Jacques pouvait avoir conservé de la conduite de son père envers Marie Stuart, la faveur à laquelle il était facile de prévoir que les anciens partisans d'Essex seraient appelés, dut lui inspirer de vives inquiétudes; il n'en fut pas moins un des premiers à rendre hommage au nouveau roi. Il lui écrivit aussitôt après la mort de la reine pour lui offrir ses services, et n'épargna rien pour se procurer l'accès de sa personne. Dans sa lettre il rappelle le dévouement de son frère Antoine au roi d'Écosse, du vivant d'Élisabeth et sous les auspices d'Essex [1], ce qui ne l'empêcha pas de rappeler aussi les fonctions qu'avait exercées son père; nouvelle preuve que ce souvenir était sans danger auprès de Jacques. Il se hâta également d'écrire [2], avant l'arri-

---

de sa composition le monument qu'il faisait élever à Élisabeth à Westminster, dans la chapelle de Henri VII.

Le désir de faire du nouveau en histoire ne saurait autoriser à altérer ainsi les faits les mieux établis. Sans doute il faut se défier de l'esprit de parti qui trop souvent anime les auteurs contemporains; mais il n'y a pas moins de danger à prêter aveuglément foi à l'esprit de contradiction, qui avant tout veut dire autrement que les autres n'ont dit, et que l'on prend trop souvent chez les écrivains modernes pour de la critique et de l'impartialité. En puisant dans les scories négligées par un écrivain philosophe tel que Hume, on peut bien trouver matière à le contredire, mais non lui enlever la confiance qu'il mérite.

[1]. *Bacon's Works*, tom. III, pag. 220.
[2]. Le roi arriva à Londres le 7 Mai.

vée du roi, à tous ceux qu'il put supposer dans ses bonnes grâces, sans excepter ceux qu'il avait offensés. Ainsi le comte de Southampton, sorti de prison le 10 Avril, reçut de lui presque aussitôt une lettre [1] dans laquelle il s'efforce d'apaiser ses ressentimens. M. Fowlys, honoré de la confiance particulière du roi; sir Thomas Chaloner [2], gouverneur de Henri prince de Galles; lord Kinloss; le médecin écossais Morison; M. Davies, affidé de Jacques, jugé et condamné avec Essex, mais épargné avec Southampton par grâce spéciale; enfin lord Northumberland, impliqué depuis dans la conspiration des poudres, mais alors un des plus chauds partisans de Jacques, reçurent pareillement de Bacon des protestations de dévouement et de zèle, avec prière de les transmettre au roi. Il avait même préparé une proclamation [3] pour l'entrée de ce prince, mais on ne jugea pas à propos de s'en servir.

Cependant, préoccupé des soins de son ambition, Bacon négligeait ses affaires domestiques : sa fortune, quoique améliorée par le décès de son frère Antoine, ne suffisait pas à ses besoins et peut-être à ses prodigalités; et pourtant qu'on ne pense pas qu'à l'exemple

---

1. *Bacon's Works*, tom. III, pag. 221.

2. C'est lui qui a découvert, près de Gisborough en Yorkshire, les premières mines d'alun connues en Angleterre. Mort en Novembre 1615.

3. *Bacon's Works*, tom. II, pag. 141.

des courtisans, il portât légèrement le joug humiliant de ses créanciers : leur présence le tourmentait presque à l'égal du remords. Aussi vantait-il beaucoup cette réponse d'un bon vieillard qui vendait des balais à Buxton. Un jeune fainéant étant venu demander à ce marchand de lui vendre un balai à crédit, celui-ci lui répondit : « si tu n'as pas d'argent, empruntes-en à ton ventre, il ne te le redemandera pas, tandis que moi je serais perpétuellement à tes trousses.[1] » Bacon pouvait juger par expérience du triste sort de ceux qui ont plus de dettes qu'ils n'en peuvent payer. Peu de temps avant la mort d'Élisabeth, il avait été arrêté une seconde fois pour dettes; il appréhendait de l'être une troisième, et s'adressa à R. Cecil, qui lui obtint de son créancier un délai de quinze jours. Il existe, sous la date du 3 Juillet, une lettre[2] où Bacon manifeste à ce parent jaloux, mais puissant, la crainte que ce délai ne soit insuffisant, et déclare qu'il est disposé à vendre une partie de ce qu'il possède pour se libérer. « Grâces, dit-il, à l'intérêt que votre seigneurie prend à moi, je pourrai, en vendant quelques parcelles d'un domaine[3] que je possède en Herfortshire, conserver le manoir principal et demeurer propriétaire d'une belle maison avec une terre en bon état, un revenu

---

1. *Bacon's Works*, tom. I.er, pag. 565, apopht. 23.
2. *Idem*, tom. III, pag. 461.
3. Probablement Gorhambury.

annuel de 300 liv. st. et quelque argent comptant. Voilà pour le présent tout ce que je demande. Quant à l'avenir, mes vœux se bornent à obtenir une part quelconque aux affaires du roi; car je sais qu'aujourd'hui sa majesté a autant de conseillers qu'il lui en faut. Du reste, j'ai résolu de ne plus chercher le bonheur que dans la vie privée, et de m'adonner exclusivement à l'exercice de ma profession, sauf à faire un établissement avantageux dès que j'en trouverai l'occasion. Pour de l'ambition, je n'en ai plus, je vous assure; le règne brillant d'Élisabeth, auquel mon caractère et mon genre d'esprit étaient si bien assortis, est fini, et je ne place plus mon ambition que dans ma plume : c'est à elle désormais que je veux confier le soin d'immortaliser ma mémoire et de la recommander aux siècles futurs.

« Je ne serais pourtant pas fâché d'obtenir par votre canal, et sans qu'il m'en coutât rien, le titre si banal et tant prodigué de chevalier; d'abord à cause de la dernière disgrâce que j'ai éprouvée[1], puis, parce qu'il y a trois nouveaux chevaliers dans mon quartier de Gray'sinn[2], et enfin parce que je songe à la fille d'un alderman[3], belle personne, tout-

---

1. Il veut sans doute parler de sa dernière arrestation pour dettes sous Élisabeth.

2. Voilà une de ces naïvetés qui montrent l'homme à nu et dépouillé des prestiges du génie.

3. Probablement celle qu'il épousa trois ans plus tard.

à-fait à mon gré. Ainsi quand votre seigneurie aura du loisir, et au premier avis qu'elle me donnera, je me rendrai de Gorhambury à la cour.

« Vous saurez dans peu de jours combien auront produit mes ventes. Cependant s'il arrivait que votre seigneurie ne pût pas obtenir un nouveau délai de mon intraitable créancier, j'espère au moins qu'elle ne souffrirait pas que je fusse condamné à autre chose qu'à payer principal, intérêts et frais. »

Enfin, le 16 Juillet Bacon écrivit [1] derechef à Cecil, pour lui dire qu'il espérait pouvoir payer avant le jour dit, ainsi qu'il l'avait promis au sheriff. Il comptait, disait-il, que son juif n'en demanderait pas davantage. Quant au titre de chevalier, il avait l'espoir de l'obtenir à la cérémonie du couronnement qui devait avoir lieu prochainement.

Cet espoir ne fut pas déçu; Bacon obtint une audience de Jacques, et fut nommé chevalier à Whitehall le 23 Juillet, veille du couronnement, en récompense de ses services passés et comme un témoignage que le roi agréait ses services futurs. Malheureusement ce titre, dont Élisabeth avait été si économe [2], fut prostitué par son successeur à tant d'hommes sans mérite qu'il en perdit tout son relief.

---

1. *Bakon's Works*, tom. III, pag. 462.

2. Elle ne créa que six comtes et huit ou neuf barons pendant un règne de quarante ans, en sorte que la haute noblesse,

On aura remarqué trois choses dans les deux lettres que nous venons de citer : que l'ambition de Bacon, quoi qu'il en dit, n'était pas éteinte; que les craintes jalouses et les ressentimens de R. Cecil n'étaient pas entièrement apaisés, puisque son cousin s'efforce de ne leur laisser aucun prétexte; enfin, que ce dernier ne négligeait aucun moyen pour se ménager auprès du roi un accès dont plus tard il pût tirer parti pour son avancement.

Les ménagemens et la conduite de Bacon s'expliquent par sa position et par celle de ses ennemis. R. Cecil pouvait lui être plus redoutable que jamais, étant parvenu à effacer par des services secrets non-seulement les souvenirs qui rattachaient son nom dans la personne de son père à la catastrophe de Marie Stuart[1], mais encore, ce qui avait été plus

---

lorsque cette princesse mourut, ne consistait qu'en un marquis, dix-neuf comtes, deux vicomtes et environ trente barons. Le simple titre de chevalier était une distinction qu'elle n'accordait qu'au plus grand mérite personnel : ce fut l'unique récompense qu'elle conféra à Nicolas Bacon, à François Vere et à Walter Rawleigh. Jacques, au contraire, créa 237 chevaliers dans les six premières semaines de son règne, et prodigua les autres dignités avec si peu de discernement, que ce fut une marque de distinction que de n'en point avoir. Le public fut étourdi de tant d'hommes nouveaux, et l'on vit des affiches qui annonçaient aux mémoires courtes un moyen sûr pour retenir les noms des nouveaux nobles.

1. On sait que lord Burleigh avait été le principal instrument de la condamnation de cette princesse.

difficile, ceux qui le présentaient personnellement comme l'auteur de la mort du comte d'Essex. Joignant les ruses et l'adresse d'un courtisan à l'habileté d'un homme d'État, et prévoyant ce qui arriverait après la mort d'Élisabeth, il avait fait immédiatement avant cet événement précisément ce que cette princesse venait de punir si rigoureusement dans son favori. Il avait secrètement entretenu des intelligences avec l'héritier présumé du trône. Aussi Jacques, dès le 13 Mai, presque aussitôt après son arrivée à Londres, l'avait-il nommé baron d'Effindon et maintenu dans la place de secrétaire d'État.

Quant à Ed. Coke, le plus grand ennemi de Bacon, le roi, ayant égard à son mérite et à l'utilité de ses services, lui avait conservé la charge d'attorney général et l'avait nommé chevalier. Sir Bacon, rassuré par l'obtention du même titre, commença à s'inquiéter beaucoup moins de la haine de cet implacable rival. Déjà même, peu de temps avant la mort d'Élisabeth, il lui avait rendu ses mépris. Voici le fait : E. Coke, malgré leur coopération récente à la condamnation d'Essex, l'avait insulté avec une arrogance intolérable : « M. Bacon, lui avait-il dit un jour dans ce langage trivial qui lui était familier, si vous avez une dent contre moi, je vous engage à vous la faire arracher, car elle vous fera plus de mal qu'aucune autre de votre râtelier ne pourra vous servir »; et Bacon lui avait répondu : « M. l'attorney, je vous respecte, mais ne vous crains point, et plus vous chercherez à me faire sentir votre supériorité, moins je la reconnaîtrai. » « Je ne crains pas que vous me fassiez sentir la vôtre, avait répliqué Coke, vous qui êtes si peu de chose, ou plutôt qui êtes moins que rien. » Sur quoi Bacon lui avait dit : « Ne me ravalez pas tant; je me suis vu au-dessus de vous, et quand la reine le voudra, je pourrai m'y voir encore.[1] » La haine d'un tel homme dut seulement faire éprouver à Bacon le besoin de chercher un appui dans la faveur du roi, et d'affaiblir l'impression fâcheuse que sa conduite dans l'affaire d'Essex avait faite sur l'esprit des partisans de cet infortuné seigneur. C'est dans ce but qu'il écrivit son *Apologie*[2]; il l'adressa à lord Mountjoy[3], que le roi avait confirmé, le 25 Avril, dans la charge de lord-lieutenant d'Irlande et honoré du titre de comte de Devonshire le 21 Juillet suivant. Malheureusement cet écrit, quoique travaillé avec beaucoup d'art et de soin, ne

---

1. *Bacon's Works*, tom. I.er, pag. 564; tom. III, pag. 460.
2. *Idem*, tom. II, pag. 124.
3. Lord Mountjoy, après avoir été l'ennemi d'Essex, était devenu l'un de ses partisans les plus chauds. Depuis sa mort, il avait fait divorcer sa fille Pénélope pour vivre avec elle. Il eut de cette fille d'Essex plusieurs enfans naturels, dont l'aîné, Mountjoy Blount, fut son héritier, devint baron de Mountjoy et comte de Newport, et mourut le 12 Février 1665. (Voyez la note 2, liv. I.er, pag. 48, de la présente histoire.)

produisit pas l'effet qu'en attendait son auteur : il confirma au contraire quelques-uns des griefs qu'on élevait contre lui.

Cependant Jacques était l'objet de l'attention générale : on se demandait quelle politique succéderait à la politique à la fois ferme et mesurée de la feue reine, et l'on ne peut nier que Jacques ne répondît dans les commencemens à l'attente des hommes sages[1]. Toutefois Bacon observait avec anxiété celui dont il allait faire l'arbitre de sa destinée. « Le roi,

---

[1]. Aussi à cette époque le cardinal d'Ossat écrivait-il de Rome à M. de Villeroy, en parlant de ce prince :

« C'est l'ordinaire des hommes de regarder plus au soleil orient qu'à l'occident, et des princes bien avisés qui sont appelés à un nouvel État, d'y entrer doucement, sans irriter ni mécontenter personne, ni dedans ni dehors.

« Si ce prince continue, guidé par la vertu et accompagné de bonheur comme jusqu'ici, il sera très-grand et il fera bon l'avoir pour ami; et nous, qui depuis quelques années en ça n'avions eu l'œil quasi qu'en un lieu, il faudra que nous l'ayons c'y après en deux, comme il faudra bien aussi que fassent encore d'autres; et, en fin de compte, celui qui de tous régnera le mieux et le plus justement à l'honneur et gloire de Dieu et au soulagement, profit et félicité de ses sujets, sera le plus assuré, le plus fort et le plus aimé, loué et béni de Dieu et des hommes, en quoi consiste la vraie et perdurable grandeur et puissance des rois et l'assurance de leur postérité. » Et c'est un cardinal qui, en 1603 et à Rome, parlait avec cette tolérance d'un prince protestant! N'y a-t-il pas là de quoi rougir pour plus d'un homme d'État de nos jours?

dit-il dans une lettre à Toby Matthew[1], a déclaré qu'il ne déplacerait aucun de ceux qui ont bien servi la reine et l'État. Mais il y a des gens extrêmes ; les uns ne voudraient pas le plus petit changement, tandis que d'autres voudraient un renouvellement complet, dût-il en résulter une révolution. Espérons que Dieu maintiendra le roi dans un sage milieu. »

Malheureusement le caractère de ce prince était peu rassurant : voici le portrait qu'en a tracé Bacon dans une autre lettre[2] (à lord Northumberland). L'influence qu'une faveur récente pouvait exercer sur le peintre, s'y laisse à peine apercevoir.

« Le langage du roi, dit-il, est doux et coulant dans le dialecte de son pays, concis dans les affaires et abondant dans la conversation. Jacques affecte de se montrer populaire, non par ses manières, qui ne le sont pas du tout, mais en caressant ceux qu'il sait être agréables au peuple. On lui reproche de n'être pas assez réservé à accorder ses bonnes grâces. Il se montre volontiers en public ; mais quoiqu'il paraisse d'un accès facile, il ne donne pas facilement audience. Pour parvenir à la réunion des deux royaumes, qu'il désire passionnément, il use des moyens que son impatience lui suggère et que la saine politique désavoue. Je voudrais qu'il prît plu-

---

[1]. *Bacon's Works*, tom. III, pag. 224.
[2]. *Idem*, tom. III, pag. 226.

tôt conseil du passé que de l'avenir : au surplus il est encore trop tôt pour asseoir une opinion sur son compte, et ce que je viens de dire n'est fondé que sur des présomptions.[1] »

Ce n'est pourtant pas le projet d'unir l'Écosse avec l'Angleterre, projet favori de Jacques, qui dut faire regretter à Bacon de s'être attaché au char des volontés de ce prince; car quelque mal-adroits que fussent

---

[1]. Comme Jacques I.{er} joue un grand rôle dans cette histoire particulière, il est bon de savoir comment l'histoire générale a complété ce portrait. (Voy. Hume, Hist. d'Angl., tom. VII.) « Jacques était familier avec ses courtisans, mais fuyait les acclamations de la multitude; entêté de ce qu'il appelait sa *prérogative*, il la faisait valoir à tout propos, moins pour opprimer le peuple que pour l'humilier gratuitement. A sa façon d'agir, on sentait qu'il aspirait bien moins à l'exercice du pouvoir absolu qu'aux frivoles jouissances que sa vanité trouvait à considérer ce pouvoir comme lui venant de Dieu même. Pusillanime à l'excès, il ne sut faire ni la paix ni la guerre; et n'eut pas une vertu qui ne fût gâtée par la contagion des vices voisins; c'est ainsi que sa générosité touchait à la profusion, son savoir à la pédanterie, ses dispositions pacifiques à la lâcheté, sa prudence à la ruse, son amitié au caprice et souvent à une tendresse puérile. Incapable de conduire une affaire difficile, il n'était propre qu'à discourir sur des thèses générales. Lourd de sa personne, sans grâce dans les manières, il était encore mal partagé des qualités qui imposent le respect; mais tous ces défauts étaient rachetés par une humanité qui se démentait rarement. »

Tel était le prince à qui Bacon se proposait de plaire, et l'on comprend d'avance que la conduite de ce dernier a dû se ressentir du caractère de celui à qui il a emprunté ses directions.

les moyens adoptés pour accomplir ce projet, on ne peut disconvenir qu'il n'y eût de l'élévation et une incontestable utilité dans le but. Ainsi, sans faire violence à sa propre pensée, Bacon put adresser au roi le mémoire[1] où il expose les voies qu'il croit les plus sûres pour opérer la réunion des deux royaumes.

1604 Cependant le parlement avait été convoqué, et sir Bacon était parvenu à se faire nommer membre de la chambre des communes. Le projet d'union ayant été mis sur le tapis, le nouveau chevalier se servit de tout son esprit et déploya toute son éloquence pour le faire goûter, mais il n'y put réussir. La partialité trop marquée du roi pour l'Écosse, qu'il voulait égaler en tout à l'Angleterre, fit avorter la proposition; mais on peut dire avec Hume, qu'en cela les communes marquèrent plus d'esprit d'indépendance que de discernement de l'intérêt national. Leur complaisance n'alla qu'à nommer quarante-quatre commissaires anglais, qui s'assemblèrent avec trente-un écossais pour délibérer et faire leur rapport sur les termes de l'union, mais sans pouvoir pour l'opérer. Bacon fut chargé de rédiger ce rapport[2], qui est parvenu jusqu'à nous, mais tronqué et altéré.

---

1. *Bacon's Works*, tom. II, pag. 152. Ce mémoire fut imprimé en 1603, in-12.
2. *Ibid.*, tom. II, pag. 170.

De son côté le roi éluda les remontrances des communes sur plusieurs objets. Par exemple, les gardes-nobles (*wardships*) grevaient la propriété territoriale et étaient un reste de la servitude féodale qui fatiguait encore la nation. Les profits qui en revenaient au roi, ainsi que du délai de l'hommage, furent estimés, et la chambre proposa de remplacer ces prérogatives par un revenu sûr et indépendant; mais après quelques débats entre les membres et quelques conférences avec les lords, il s'éleva des difficultés qu'on ne put résoudre, et l'affaire demeura cette fois sans conclusion.

La tentative que firent les communes pour délivrer la nation du fardeau de la *purveyance*, n'eut pas une issue plus heureuse. Ce droit était une ancienne prérogative, en vertu de laquelle les officiers de la couronne pouvaient à volonté tirer de toutes les provinces voisines de la capitale les denrées dont ils avaient besoin pour la maison du roi, et se servir des charrettes et des chevaux des fermiers. Le prix de ces denrées et de ces services était tarifé, et le paiement des fournisseurs souvent éloigné et incertain. Les prix, ayant été fixés avant la découverte de l'Amérique, étaient fort au-dessous du prix courant des marchés, de manière que la pourvoierie, indépendamment de la servitude qu'elle imposait, était toujours regardée comme très-onéreuse aux particuliers; car étant casuelle et arbitraire, elle était susceptible de grands abus. Sous le dernier règne, les tentatives faites par le parlement pour modérer ces abus, avaient échoué contre l'autorité despotique d'Élisabeth. Cette fois les communes manifestèrent le désir de racheter le droit de purveyance par une somme annuelle de 50,000 livres st. qu'elles offrirent au roi. Sir Bacon fut chargé d'en adresser la demande à sa Majesté, ce qu'il fit sans succès [1], mais avec tant d'éloquence que la chambre des communes lui vota des remercîmens publics.

Peu de temps auparavant il avait prouvé qu'il savait donner de sages avis au monarque, aussi bien que servir d'interprète aux vœux de la nation ; voici dans quelles circonstances. L'Angleterre jouissait de la paix extérieure ; mais à l'intérieur les controverses religieuses continuaient de bouleverser toutes les têtes. Le roi lui-même y prenait part avec toute l'ardeur d'un théologien, soit que ce fût un travers de son esprit, soit qu'il sentît le besoin d'instituer le clergé anglican sur des bases assez solides pour rassurer les réformés contre la crainte d'un retour au culte catholique, et dissuader les papistes de l'espoir de convertir le fils de Marie Stuart à la religion de sa mère. Dans cette occurrence il eut recours aux avis de Bacon, qui, à cette occasion, composa ses *Considérations pour la pacification et l'édifica-*

---

[1]. *Bacon's Works*, tom. II, pag. 148.

tion de l'église d'Angleterre[1], où il touche plusieurs points de doctrine. Ce mémoire, important par son sujet et son étendue, est dédié au roi, dont il fut bien accueilli. On y admire la grande connaissance que l'auteur paraît avoir de toutes les matières ecclésiastiques, la modération de son caractère et la sagesse de ses conseils. Il y garde le milieu entre cet esprit frondeur qui, ne respectant rien, porte atteinte au dogme, et cette timidité superstitieuse qui respecte jusqu'aux abus même. « L'Église, disait-il un jour à Jacques, est l'œil de l'Angleterre; or, quand on a quelque chose dans l'œil, c'est ce quelque chose qu'il faut extraire et non l'œil qu'il faut arracher.[2] » Il est surtout curieux de voir dans l'écrit dont nous parlons, ce que l'auteur dit des moyens de pourvoir à l'entretien des ministres du culte dans des circonstances analogues à celles où s'est trouvée la France à l'époque de la restauration. Les biens de l'Église, lors de la réforme, avaient été confisqués et aliénés par Henri VIII, soit par ventes, soit par donations. N. Bacon, par exemple, avait reçu de la munificence de ce prince plusieurs domaines provenant du couvent de S. Edmund'sbury : on conçoit dès-lors combien était délicat à traiter pour son fils la question de savoir s'il y avait lieu de restituer au clergé pro-

---

[1]. *Bacon's Works*, tom. III, pag. 147.
[2]. *Ibid.*, tom. Ier, pag. 565, apopht. 17.

testant les biens confisqués sur le clergé catholique, où s'il y avait lieu seulement d'en payer la valeur à celui-là. Bacon recherche dans ce dernier cas où cette indemnité peut et doit être prise.

Mais Bacon ne se bornait pas à servir les vues du roi, il saisissait toutes les occasions de flatter sa vanité. C'est ainsi que dans un projet de proclamation [1], dont on ne daigna faire aucun usage, il lui faisait prendre le titre de roi des royaumes unis sous le nom de Grande-Bretagne ; titre qui fut adopté deux ans plus tard.

Cependant, desservi par ses nombreux ennemis, il n'obtenait pas les faveurs que son ambition s'était promises : son dévouement aux doctrines du prince en parut un moment ébranlé, et l'on put le croire incertain du parti qu'il allait prendre. On dut même penser qu'il se rangerait du parti de l'opposition, lorsqu'on le vit se rapprocher de quelques hommes doués d'une ame élevée, qui adoptèrent à cette époque des principes de liberté encore presque entièrement inconnus à la masse de la nation. Entre ces hommes se faisait remarquer par son esprit, ses lumières et son courage, sir Edwin Sandys [2], à qui

---

[1]. *Bacon's Works*, tom. II, pag. 144.

[2]. Né en 1561 dans le comté de Worcester, auteur d'un traité intitulé : *Europæ speculum*, qu'il composa pendant un séjour qu'il fit à Paris, et qu'il acheva le 9 Avril 1599. Cet ouvrage fut imprimé in-4.° pour la première fois, sur le manuscrit

sir Bacon fut d'abord tenté de se réunir. Sir Mathew Hales a publié une remontrance pleine de raison et de liberté qu'ils rédigèrent ensemble, au nom des communes, pour se plaindre de la conduite du roi envers le parlement pendant cette session. Mais il paraît que les auteurs de cet écrit sentirent qu'il était au-dessus des principes du temps, et n'osèrent pas le présenter à la chambre basse, ou que celle-ci le rejeta par cette même raison. On appuie fortement dans cette remontrance sur la dignité et l'autorité des communes. On y dit que si elles s'étaient soumises au traitement sévère qu'elles avaient éprouvé pendant les dernières années du règne d'Élisabeth, c'avait été par égard pour l'âge et le sexe de cette princesse. Mais les auteurs de la remontrance s'abusaient sur ce point; car la chambre avait reçu avec soumission un traitement aussi dur au commencement et au milieu de ce règne, et le gouvernement n'avait pas été moins despotique sous les règnes de Marie, d'Édouard, de Henri VIII et de Henri VII.

Cette velléité d'opposition de la part de sir Bacon n'eut pas de durée. Nous avons vu qu'en 1588 Élisa-

---

original de l'auteur, à la Haye, 1629; mais il en avait paru auparavant plusieurs éditions subreptices qui avaient même été traduites en français. C'est un exposé des intrigues que les réformés attribuaient à la cour de Rome et de la politique astucieuse dont ils l'accusaient. Ce livre a été plusieurs fois réimprimé depuis.

beth l'avait nommé avocat ou conseiller extraordinaire de la couronne. Instruit du parti que cette reine avait tiré de lui dans cette charge, Jacques, lors de son avénement, l'y avait maintenu. Résolu de se l'attacher encore davantage, il le nomma, le 25 Août, son avocat ou conseiller savant ordinaire avec 40 liv. st. d'appointemens, auxquels il joignit, par lettres patentes du même jour, une pension de 60 liv. st., en récompense de ses services passés et de l'ancien dévouement de son frère Antoine.

Cependant Bacon se sentait invinciblement et toujours ramené par son inclination naturelle à l'étude de la philosophie. Cette irrésistible vocation lui fit croire qu'il avait reçu du ciel une mission spéciale pour chercher la vérité et la faire connaître aux hommes. Si c'est là de l'orgueil, on conviendra du moins que c'est celui d'un esprit supérieur, et qu'aucun ne porte davantage avec lui son excuse. C'est pour obéir à cette haute prédestination qu'en 1605 Bacon publia son traité : *De l'avancement des sciences divines et humaines* [1], en deux livres, dont il a depuis reproduit le premier, presque sans changement, dans son grand ouvrage : *De la dignité et des accroissemens des sciences divines et humaines.* Cet essai, écrit en anglais, porta la réputation de son auteur au plus haut point, et fit connaître le nom

---

1. *Bacon's Works*, tom. I.ᵉʳ, pag. 1.

de Bacon dans tout le monde savant. Un Français, le sieur Maugars, en entreprit presque aussitôt la traduction[1], distinction que jusqu'alors peu d'ouvrages anglais avaient obtenue. Il faut convenir aussi que depuis Aristote aucun livre n'avait pu prétendre avec plus de justice au titre d'original. Ici tout était nouveau : le plan, la méthode, les vues de l'auteur et la dignité du style, supérieur à tout ce que l'antiquité nous a laissé dans ce genre. La langue anglaise, de l'aveu des meilleurs juges, ne s'est jamais élevée plus haut dans les matières philosophiques, et a rarement atteint cette majesté grave et solennelle que sut lui donner Bacon. Le second livre n'est qu'une ébauche des huit derniers du grand ouvrage que nous avons cité ; mais cette ébauche est encore la meilleure préparation à la lecture de ceux-ci. L'auteur la dédia au roi et en adressa un exemplaire au comte de Northampton, qu'il chargea de le présenter à sa Majesté ; un autre à sir Thomas Bodley, restaurateur de la bibliothèque d'Oxford ; un autre au comte de Salisbury[2], qui avait alors le département des lettres et des sciences ; un autre à lord Bukhurst, grand-trésorier, en sa qualité de chancelier de l'université d'Oxford ; un autre à sir Thomas Égerton, lord Ellesmere, grand-chancelier ; un autre

---

[1]. Elle ne parut qu'en 1624.
[2]. Robert Cecil avait été nommé comte de Salisbury, le 4 Mai.

enfin, à M. Toby Matthew[1], homme d'un grand mérite et son ami particulier.

Il est intéressant de voir comment, dans sa lettre d'envoi à sir Bodley, il dépeint l'état de son ame tourmentée par de fréquens retours à des études chéries, retours qu'on pourrait appeler les remords du génie qui résiste aux inspirations de la nature.[2]

« Nul plus que moi, dit-il, n'a, je pense, le droit de s'écrier avec le psalmiste : Mon ame a été pour moi une étrangère (*Multum incola fuit anima mea*, Ps. 119, v. 6); car, je l'avoue, depuis que je me connais, mon ame n'a été pour rien dans les occupations de mon état, ce qui a été la cause de plusieurs erreurs que j'ai commises et que je me plais à confesser ; mais ma faute la plus grave est que, me connaissant plus propre à composer des livres qu'à agir, je n'ai pas laissé que de consacrer ma vie aux affaires civiles pour lesquelles la nature ne m'avait pas fait, et auxquelles la préoccupation de mon esprit me rend plus inhabile encore.

---

1. M. Matthew, né à Oxford en 1578, était fils du docteur Toby Matthew, successivement doyen de Christ'schurch, évêque de Durham et archevêque d'York, ecclésiastique également distingué par son savoir et sa piété. Peu d'années après l'avénement de Jacques, il se convertit à la religion catholique au grand regret de ses parens, séduit, dit-on, par les conseils du jésuite Parsons.

2. *Bacon's Works*, tom. III, pag. 228.

« Mais puisqu'enfin je puis aujourd'hui rentrer en moi-même, et qu'une fois il m'est permis de suivre ma vocation, je veux faire jouir le public de ce qui en est résulté. J'ai dédié au roi ce fruit de mon labeur, si tant est que je puisse appeler labeur ce qui m'a délassé de mes autres travaux. Puisse ce que cet ouvrage a de bon, s'il s'y trouve quelque chose de tel, être comme la graisse d'un holocauste brûlé en l'honneur de sa Majesté.

« Je vous en adresse le second exemplaire, non-seulement comme un gage de ma sincère affection, mais encore comme un présent auquel votre vaste et rare savoir vous donne des droits. Les livres ressemblent aux reliquaires qui contiennent ou sont censés contenir des saints; qui, mieux que celui qui leur rend un culte, mérite de les posséder? Tout moyen, tout instrument nouveau pouvant servir à l'avancement ou au perfectionnement des sciences, n'appartient-il pas de droit à celui qui a bâti une arche pour les sauver du déluge[1]? »

« Je suis sûr, écrivait-il[2] ensuite à son cousin,

---

[1]. Sir Thomas Bodley avait restauré la bibliothèque publique d'Oxford, commencée sous Henri VI par Humphrey, duc de Glocester, ou plutôt avait fondé une bibliothèque nouvelle qui porte encore son nom, et qui l'a placé au nombre des premiers bienfaiteurs de cette université. Il mourut au commencement de 1613.

[2]. *Bacon's Works*, tom. III, pag. 228.

le comte de Salisbury, que le sujet de mon livre est bon, et qu'un auteur habile en eût pu tirer un grand parti : pour moi je serai content si j'ai donné l'éveil à des esprits supérieurs au mien, n'aspirant qu'à ressembler au sonneur de cloches, qui se lève le premier pour appeler les autres à l'église. »

Enfin, dans sa lettre à M. Matthew [1], après s'être plaint du peu de loisirs qu'il a pu donner à un sujet qui en eût exigé bien davantage, il s'applaudit d'avoir tenté l'exécution de ce qu'il avait conçu étant encore enfant, et de n'avoir pas été rebelle aux encouragemens de l'amitié. Puis il ajoute : « J'ai divisé mon ouvrage sur les progrès et l'avancement des sciences en deux livres, de façon que le premier sert d'introduction au second. Puisque j'ai tant fait que de le publier, c'était bien le moins que je vous en réservasse un exemplaire, à vous qui, après l'évêque Andrews, son obligeant éditeur, y avez plus de droit que personne. »

Mais alors on ne parlait guère l'anglais hors de l'Angleterre, et les projets de Bacon pour l'avancement de l'esprit humain couraient le risque d'y rester ensevelis. Sa philanthropie s'en inquiète ; il craint que l'utilité d'un livre qu'il prédestine à la restauration intellectuelle du monde civilisé, ne soit bornée à sa patrie, et peut-être n'y devienne stérile

---

[1]. *Bacon's Works*, tom. III, pag. 230.

faute d'hommes capables de le lire avec fruit. Une seule langue peut être réputée universelle, une seule vit encore dans la bouche des savans de tous les pays, c'est le latin. Bacon n'a plus de repos qu'il n'ait fait passer son ouvrage dans cet idiome. Il cherche aussitôt un traducteur qui lui épargne, sans que son livre en souffre, un travail long, fastidieux et qui lui prendrait un temps que de nouvelles conceptions réclament. Le docteur Thomas Playfere [1], qui avait été élevé au collége de S.ᵗ John, université de Cambridge, où il était devenu professeur de théologie en 1596, passait pour écrire élégamment en latin : c'est à lui qu'il s'adresse avec toutes les précautions obséquieuses qu'il emploîrait s'il avait à solliciter quelque faveur de la cour. L'idée fixe qui le domine depuis son enfance, qui doit le dominer toute sa vie, qui se fait sentir dans ses moindres ouvrages, l'élève au-dessus de toutes les considérations vulgaires. Il écrit au docteur, et l'on voit dans sa lettre que le besoin de produire sa belle conception au grand jour, le travaille et le tourmente sans cesse. Il n'a pu contenir l'impatience qui le dévore, ni attendre que le vaste dessin dans lequel il a tout compris fût achevé ; il s'est hâté de confier au papier et de livrer à la presse le peu qu'il a fait, le peu en comparaison de ce qui lui reste à faire : il l'a

---

1. Mort au mois de Janvier ou de Février 1608.

offert imparfait au public, de peur que la mort ou quelque autre accident ne vînt le surprendre et n'en dérobât à lui la gloire et au genre humain la jouissance. Mais laissons-le parler lui-même[1] et exprimer ces vives inquiétudes du génie qu'il a depuis reproduites avec une naïveté sublime dans la préface de sa *Grande instauration*.

« Monsieur le docteur Playfere, quand on désire vivement une chose, on saisit la plus petite occasion de manifester son désir à qui peut le satisfaire. Vous avez bien voulu m'exprimer tout le bien que vous pensez de mon ouvrage sur l'avancement des sciences, et j'aime à me persuader que vous avez mis dans l'expression de ce jugement encore plus de vérité que de politesse et de complaisance. Mais plus votre suffrage m'est précieux, plus je serais heureux si je pouvais obtenir de vous ce que je désire : mon livre y gagnerait assurément. Mais avant de vous présenter ma requête, il faut que je vous explique ce que je me suis proposé dans ce livre ; car vous voyez sans doute déjà que c'est de lui qu'il s'agit. Si je ne me trompe, ce qui arrive quelquefois quand on parle de ses propres ouvrages, je devrais, pour ma gloire, imiter les jardiniers qui, lorsqu'ils ont fait un semis, attendent que la graine ait levé et que les plantes soient en pleine venue et

---

1. *Bacon's Works*, tom III, pag. 230.

en fleurs pour les transplanter. Mais peu importe ma gloire, c'est de l'intérêt des sciences qu'il est question avant tout. Me proposant bien plus d'éveiller le génie des autres que de faire valoir le mien propre, j'ai désiré prévenir l'incertitude de la vie et du temps, et j'ai donné la semence avant qu'elle eût levé : il y a mieux ; j'ai, comme dit le psalmiste, semé avec le van et non avec la main. Après m'être résigné à la moindre des fonctions, à la fonction de celui qui sonne la cloche pour éveiller les autres, c'est bien le moins que je désire faire entendre cette cloche aussi loin que possible. Incapable de produire autre chose que des étincelles, qui s'éteindront aussitôt, si elles ne tombent sur des matières combustibles, n'est-il pas naturel que je souhaite les faire jaillir assez loin pour qu'elles atteignent des esprits susceptibles de prendre feu. Or, le cercle étroit dans lequel on parle la langue que j'ai employée dans mon ouvrage, ne me permet pas d'espérer beaucoup de lecteurs, quand bien même la profondeur de la plupart des matières que j'ai traitées ne suffirait pas pour en écarter un grand nombre. J'ai donc pensé que ce serait donner à mon livre une seconde naissance que de le traduire en latin, sans lui faire éprouver de trop grandes altérations, soit sous le rapport du sens, soit sous celui de la matière. Or, pour lui procurer cet avantage, il n'est personne entre les mains de qui je désire autant le voir tomber que dans les vôtres; car à en juger par ce que j'ai lu et entendu de vous, il n'en est pas de plus habile à asservir les mots à la pensée.

« Je sais de quelle importance sont les travaux que vous imposent votre place et votre profession, et ceux que vous vous êtes imposés volontairement à vous-même : aussi ne joindrai-je aucune exhortation à celles que vous pourrez puiser dans mon ouvrage, dans la gloire du roi, à qui il est dédié, et dans votre affection pour moi. Comme il n'est aucun fruit de mes veilles que je prise autant que celui-ci, rien ne saurait m'inspirer plus de reconnaissance que les soins que vous voudrez bien lui donner, et si jamais vous avez besoin de moi pour vos travaux personnels, tout ce qui m'appartiendra, place, profession, argent, amis, voyage, coopération, sera à votre disposition. Ma gratitude sera si vive, que vous me trouverez constamment disposé à chercher et à saisir l'occasion de vous en donner des preuves. Au surplus, vous ferez, comme de raison, ce qu'il vous plaira, pourvu que vous me conserviez votre amitié. »

Malheureusement Playfere n'était qu'un grammairien exact, et la manie de phraser, si commune chez les gens de collége, le rendait peu propre à traduire un style mâle et concis. L'essai qu'il remit à Bacon était écrit avec tant de recherche et d'affectation, que celui-ci ne l'engagea pas à continuer.

Cependant Bacon commençait à s'avancer dans le monde, et déjà les faveurs qu'il avait obtenues du roi pouvaient lui paraître un gage de celles qui l'attendaient. Dès-lors il crut devoir chercher dans une union bien assortie ces consolations qu'une vie agitée rend si précieuses. Il se décida donc, suivant sa belle expression [1], à donner des otages à la fortune. Il n'avait pas perdu de vue la belle personne dont il parlait trois ans auparavant à R. Cecil : il la demanda en mariage et l'obtint. Elle se nommait Alix [2], était fille et héritière pour une part de Benoît Barnham, écuyer et alderman de la cité : elle lui apporta une assez belle dot, tant en fonds de terre qu'en argent comptant, et il est permis de croire que cet accroissement de fortune avait été pour quelque chose dans la détermination de Bacon. Il faudrait le lui pardonner, s'il ne désira cet accroissement, comme il dit n'avoir désiré du pouvoir, qu'afin d'avoir à sa disposition plus de ressources pour exécuter le plan qu'il avait conçu. Si tel fut en effet l'unique mobile de sa conduite, les moyens qu'il mit en œuvre pourraient seuls paraître répréhensibles, encore seraient-ils susceptibles d'excuse sous quelques rapports. Ne pourrait-on pas dire que,

---

1. *Bacon's Works*, tom. Ier, pag. 455.

2. *Dugdale's Baronage*, vol. II, pag. 438. Bénoît Barnham avait une autre fille, nommée Dorothée, qui épousa John Constable, qu'à cause de cela Bacon appelle toujours son beau-frère.

si parfois il crut avoir besoin de recourir à l'intrigue ou même à des voies moins honorables, ce n'est pas tant lui que les vices de son siècle et le caractère de Jacques qu'il en faut accuser. Ailleurs et à une autre époque il lui eût peut-être suffi de son seul mérite pour parvenir à tout.

En ce temps-là le roi, qui se piquait d'avoir succédé non-seulement au trône, mais encore au génie et aux grandes vues d'Élisabeth, fit élever à cette reine un mausolée magnifique dans la chapelle de Henri VII à Westminster, et le couvrit d'épitaphes de sa composition. Bacon en prit occasion d'écrire au chancelier Égerton [1], pour lui manifester le désir qu'il avait d'être invité par le roi à écrire l'histoire de la Grande-Bretagne [2], en reprenant les événemens depuis le commencement du règne de Henri VIII. En même temps il adressa à Jacques, comme essai de cette histoire, le récit des premières années de son règne [3]. Ce sujet était digne de sa plume; car, comme il le dit à ce prince [4], il aurait eu à parler non-seulement de ce dont il pouvait se souvenir pour l'avoir entendu raconter, mais encore de ce qu'il avait été à portée d'observer par lui-même.

---

1. *Bacon's Works*, tom. III, pag. 232.

2. C'est à partir du règne de Jacques I.*er*, que l'Angleterre prit le nom de Grande-Bretagne.

3. *Bacon's Works*, tom. III, pag. 116.

4. *Ibidem*, pag. 234.

Enfin, il aurait eu à faire le tableau d'un temps qui, selon la remarque qu'il en fait dans sa lettre à Égerton [1], offrait une plus grande variété d'événemens que n'en présente un aussi court intervalle dans aucune monarchie héréditaire, puisqu'il comprend le règne d'un enfant [2], une tentative d'usurpation presque aussitôt dissipée que conçue [3], le règne d'une reine mariée à un prince étranger [4]; enfin celui d'une reine célibataire et vierge [5]. Il paraît toutefois que cette proposition n'eut pas de suite et ne donna d'autre fruit que le fragment dont nous venons de parler, à moins qu'on ne considère comme se rattachant à ce projet le monument que Bacon crut devoir élever pour son compte à la mémoire d'Élisabeth, ou plutôt à la constante félicité dont cette reine avait joui [6]. Il y passe sous silence tout ce qui pouvait rappeler, même indirectement, le procès de Marie Stuart et celui du

---

1. Bacon parle dans cette lettre de la galerie du Louvre que Henri IV faisait alors bâtir, et dont la magnificence étonnait les étrangers non moins que la France.

2. Édouard VI.

3. La tentative de Jeanne Gray.

4. La reine Marie, femme de Philippe II, roi d'Espagne.

5. Élisabeth.

6. *Bacon's Works*, tom. V, pag. 505. Il faisait un cas tout particulier de cette pièce, dont il recommanda la publication dans un premier testament que le D.' Tenison paraît avoir eu en sa possession. « Je souhaite, y disait-il, qu'on publie l'éloge que j'ai composé en l'honneur de la reine Élisabeth. »

comte d'Essex. Au surplus il ne s'y écarte pas une seule fois du ton du panégyrique. Vanter Élisabeth, c'était en quelque sorte vanter son prétendu continuateur, et ce secret de la vanité de Jacques n'avait pas échappé à Bacon. Il composa cette pièce à l'occasion d'un libelle dans lequel Élisabeth était indignement diffamée. Il l'adressa à sir George Carew, alors ambassadeur près la cour de France, et le pria de le montrer au célèbre historien de Thou, « afin, dit-il, que cet opuscule devienne, autant que la distance le peut permettre, une sorte de lien entre lui et moi, et le principe d'une amitié mutuelle.[1] »

Les troubles qui avaient agité l'Irlande sous Élisabeth n'étaient qu'apaisés et menaçaient de se reproduire. Bacon présenta au roi un mémoire[2] où il exposait que le seul moyen de les éteindre entièrement, était de coloniser ce pays, en y faisant passer des tenanciers d'Angleterre et d'Écosse, auxquels on distribuerait les terres par portions médiocres. Six ans plus tard le roi suivit ce conseil et s'en trouva bien.

Le 6 Novembre le parlement fut convoqué. La principale affaire qui l'occupa, ce fut l'union projetée de l'Écosse et de l'Angleterre. On a déjà vu avec quelle passion le roi désirait cette union. Mal-

---

1. *Bacon's Works*, tom. III, pag. 239.
2. *Ibid.*, tom. II, pag. 189.

heureusement il trouva dans le parlement beaucoup de préventions contraires et de résistance. Parmi les discours qui furent prononcés en cette occasion, deux surtout se font remarquer en faveur de l'union; ce furent celui du roi et celui de Bacon[1], et il faut convenir que le premier ne le cède guère au second, soit sous le rapport du raisonnement, soit sous le rapport de l'éloquence. Néanmoins quelques trivialités le déparent et portent le cachet de son auteur. Tant d'efforts n'aboutirent qu'à l'abolition des lois hostiles anciennement établies d'un royaume à l'autre.[2]

---

1. *Bacon's Works*, tom. II, pag. 173.

2. Deux autres écrits se rattachent à cette circonstance : l'un est un discours prononcé dans la chambre des communes sur l'union des lois des deux royaumes (tom. II, pag. 185); l'autre, un travail préparatoire pour l'union de ces lois (t. II, p. 495). On trouve, dans ce dernier écrit, des traces marquées de l'animadversion que les jésuites excitaient alors en Angleterre. Bacon y classe, au nombre des faits de trahison, les cas suivans :

« Si un jésuite séjourne dans une partie quelconque du royaume,

« Si une personne élevée dans un collége de jésuites n'en sort pas dans les six mois qui suivront la proclamation de Sa Majesté, et ne prête pas le serment d'allégeance dans les deux jours suivans,

« Si une personne est surpris pour la troisième fois, professant le dogme de la suprématie spirituelle (pag. 497).

« Prêter secours à un établissement de jésuites, où même à une personne élevée dans un tel établissement, et qui refuse d'en sortir après sommation, est un cas de *præmunire* (p. 502).

On a peine à concevoir comment, au milieu d'occupations si multipliées, Bacon pouvait trouver le loisir qu'exigent les études philosophiques : mais l'admiration augmente quand on considère l'esprit de suite qu'il porta dans ces études. En 1605 il avait en quelque sorte dressé le bilan des connaissances humaines; il lui restait à exposer la méthode à l'aide de laquelle il se proposait de restaurer toutes les sciences, selon le projet qu'il en avait formé dans sa jeunesse. Aussi il n'avait pas plutôt eu terminé son *Traité de l'avancement des sciences*, qu'il avait entrepris dans ce but ce qu'il appela dès-lors sa *Grande instauration*. Un essai, intitulé *Le fil du labyrinthe*, ou *Méthode de recherche*[1], avait été le fruit de ses premiers efforts. On y trouve déjà l'ébauche du premier livre du *Novum organum*, et des idées bien arrêtées sur les vices des méthodes auparavant en vigueur; le tout exposé dans une suite de conceptions que l'auteur donne comme lui étant propres[2], et dans un style digne de la majesté du

---

[1]. *Bacon's Works*, tom. I.er, pag. 295.

[2]. Ce qui n'a pas empêché quelques personnes de prétendre qu'il les avait empruntées à un Français nommé Savigny, dont le livre se vendait au poids; lequel Savigny les aurait empruntées lui-même à un certain Bergeron plus inconnu encore. Cela peut être vrai quant à la classification des sciences, qui se retrouve, à peu de choses près, dans Aristote, arrivé certainement trop tard, pour s'être occupé le premier de cet objet.

sujet. Il y combat cette opinion alors accréditée et qu'on s'efforce de faire revivre aujourd'hui, que c'est faire trop peu d'état de l'esprit humain que de le soumettre à des expériences soumises elles-mêmes aux sens, enchaînées à la matière, pénibles à exécuter, indignes de la méditation du philosophe, difficiles à interpréter, stériles pour la pratique, infinies en nombre et mal accommodées à la gloire des arts. « Cette opinion, dit-il, a été mise en crédit par l'école de Platon, qui, pensant que la réflexion suffit pour donner la vie aux notions que la nature a déposées dans l'ame et mettre en action les facultés de celle-ci, a mélangé sa philosophie de superstitions diverses, toujours peu favorables au sensualisme, et a donné une fausse direction à l'esprit humain. » Quant à l'école d'Aristote, Bacon pense qu'après avoir posé en principe que nous tirons toutes nos idées des sens, elle a dévié de cette doctrine dans la pratique plus que Platon lui-même. « En effet, observe-t-il, les scolastiques héritiers d'Aristote ne cherchant point à s'instruire des faits, s'en sont tenus à l'argumentation, qui n'est rien qu'agitation d'esprit, tandis qu'au moins Platon a donné quelques exemples d'une saine induction dans des recherches particulières, bien qu'il n'ait pas su en tirer des résultats. » Bacon en conclut que l'esprit humain, abandonné à lui-même, ne peut rien et a besoin qu'on lui prête le secours d'une méthode.

Après cet opuscule, où il s'adresse aux enfans des hommes (*ad filios*), c'est-à-dire au genre humain, et qu'il ne continua pas au-delà de la première partie, il annonça une série de tables ayant pour objet une *Recherche méthodique sur la chaleur et le froid.* [1] Son but était de fournir un modèle de recherche à ceux qui voudraient pratiquer ses préceptes, et de prêter secours à leur mémoire en mettant de l'ordre dans les faits. Tel fut aussi depuis, du moins en partie, l'objet du second livre du *Novum organum*, et de l'*Échelle de l'entendement humain*. Ici cet objet est indiqué par la rubrique de l'ordre sous laquelle est placée la seule de ces tables qui soit parvenue jusqu'à nous, et par le titre qu'elle porte (*Table suggestive ou la mémoire fixée*).

Il paraît que Bacon abandonna cet essai, qui est écrit en anglais, quoique sous un titre latin, lorsqu'il eut pris le parti de faire traduire dans cette dernière langue son *Avancement des sciences*. En effet, on voit qu'il adopta la langue latine pour tous les essais qui suivirent. Le premier de ces essais est intitulé : *Grande instauration de l'empire de l'homme sur l'univers*, ou L'ENFANT MALE DU TEMPS [2] ; car Bacon ne renonça que plus tard à ce dernier titre, qui n'est autre que celui de l'ouvrage qu'il avait produit à vingt-six ans, si ce n'est qu'il est plus fastueux en-

---

1. *Bacon's Works*, tom. I.ᵉʳ, pag. 400.
2. *Ibid.*, tom. V, pag. 184.

core. Il ne reste de cette ébauche qu'une espèce d'invocation qui lui servait de début, et que l'auteur a reproduite dans la préface du *Novum organum*.[1] Cette invocation, par une naïveté chrétienne bien touchante, dit M. de Chateaubriant[2], dans un si grand homme, devint depuis sa prière habituelle quand il se mettait à l'étude (*student's prayer*[3]). Sous ce rapport elle doit trouver place ici.

« Nous adressons à Dieu le père, à Dieu le fils, à Dieu le saint-esprit les plus humbles et les plus ferventes prières, pour que, prenant en considération les misères du genre humain et le triste pélerinage de cette vie mortelle, où nous traînons un

---

1. *Bacon's Works*, tom. IV, pag. 4. Cette préface a été placée depuis à la tête de la *Grande instauration*.

2. Génie du christianisme, 5.ᵉ édit., 3.ᵉ vol., pag. 64. L'historien de Thou raconte dans ses Mémoires, que, tous les matins, outre la prière que chaque fidèle est obligé de faire au Seigneur, il lui adressait ses vœux en particulier pour le prier de purifier son cœur, d'en bannir la haine et la flatterie, d'éclairer son esprit et de lui faire connaître, à travers tant de passions, la vérité que des intérêts opposés avaient presque ensevelie. On aime à trouver de semblables rapports entre des auteurs contemporains.

3. La prière de Bacon, que nous donnons ici, offre une variante assez remarquable dans la préface du *Novum organum*; elle y est terminée par ces mots : « Nous lui demandons enfin (à Dieu) la force de rejeter hors de notre ame le venin de la science, dont le serpent l'a infectée dès l'origine du monde, afin que, toujours modeste dans nos sentimens et sobres dans notre sagesse, nous n'ayons jamais dans la recherche et l'étude de la vérité d'autre mobile que l'amour des hommes. »

petit nombre de jours et de mauvais jours, il fasse sourdre sous nos mains des sources de sa bonté, pour le soulagement de ces misères, de nouvelles eaux, des eaux inconnues jusqu'à ce jour. Nous le supplions encore de ne pas permettre que la science humaine nuise en nous à la connaissance des choses divines, et que pour avoir aplani la route des sens et agrandi le foyer de la lumière naturelle, notre esprit se couvre d'un nuage d'incrédulité qui lui voile les saints mystères, mais de faire plutôt que notre entendement, pur de toute illusion et de toute vanité, soumis et tout entier dévoué aux divins oracles, accorde à la foi ce qui est du domaine de la foi. »

Le second essai est intitulé : *Aphorismes et conseils de* F. Bacon, *touchant les auxiliaires de l'entendement et les moyens d'allumer cette lumière naturelle*[1]. On y trouve encore une prière que l'auteur a également reproduite avec quelques changemens dans la distribution de sa *Grande instauration*[2], et que dans la suite il prit l'habitude de dire toutes les fois qu'il prenait la plume (*writer's prayer*[3]). En voici la dernière leçon.

« Père de toutes choses, ô toi qui as commencé par la lumière visible l'œuvre de ta création et l'as terminée par la lumière intellectuelle que tu as souf-

---

1. *Bacon's Works*, tom. V, pag. 184.
2. *Ibid.*, tom. IV, pag. 13.
3. *Ibid.*, tom. III, pag. 128.

flée sur la face de l'homme, protège et dirige cet ouvrage. Il a pris commencement dans ta bonté ; ta gloire est sa fin. Toi, lorsque tu te retournas pour considérer les créatures sorties de tes mains, tu reconnus que chacune d'elles était parfaite, et tu te reposas dans la satisfaction qu'elles te causèrent ; mais l'homme, lorsqu'il s'est retourné pour considérer ses propres œuvres, a reconnu que toutes étaient tourment d'esprit et vanité (*Eccl.*, 1, 17), et n'a pu trouver le repos en elles. Veuille donc, puisque la contemplation de tes créatures fait l'objet de nos travaux et de nos sueurs, nous donner part à ta satisfaction et à ton repos. Entretiens, nous t'en supplions humblement, entretiens en nous le goût de cette contemplation, et prends plaisir à verser un torrent de lumières nouvelles sur la grande famille du genre humain, tant par nous que par ceux à qui tu inspireras les mêmes sentimens. C'est ce que nous sollicitons de ton éternel amour, par notre seigneur Jésus, ton Christ et nôtre Dieu. Ainsi soit-il. »

Le troisième essai consiste en douze *Sentences sur l'interprétation de la nature*[1], et le quatrième en trois chapitres, qui portent encore le titre d'*Enfant mâle du temps*, ou *Interprétation de la nature, en trois livres*[2], qui devaient être intitulés, le premier : *Culture et mise en œuvre de l'entendement ;*

---

1. *Bacon's Works*, tom. V, pag. 186.
2. *Ibid.*, pag. 188.

le second : *Flambeau de la nature* ou *Méthode d'interprétation* ; le troisième : *La nature dévoilée* ou *La vérité des choses*.

Il paraît qu'il composa en même temps l'espèce de préambule intitulé : *Vraies directions pour l'interprétation de la nature*[1], que les éditeurs de 1765 ont substitué à la préface du *Novum organum*, dont ils ont fait celle de toute la *Grande instauration*. Il y déclare que la cause du peu de progrès qu'ont fait les sciences et la philosophie, est la témérité de ceux qu'une excessive confiance dans les forces naturelles de leur esprit et l'ambition de se distinguer, ont portés à dogmatiser sur la nature, comme sur un sujet qui leur eût été familier et qu'ils auraient suffisamment approfondi. Utiles par les productions de leur génie, ils ont été nuisibles par les fausses directions qu'ils ont imprimées aux esprits. Une autre cause aussi de la stagnation des sciences est, suivant lui, l'erreur de ceux qui affirment qu'on ne peut rien savoir avec certitude. Les philosophes des premiers temps de la Grèce sont les seuls qui aient gardé un juste milieu : la seule chose qui leur ait manqué est la méthode, et leur seul tort d'avoir tout attendu de la méditation abandonnée à elle-même. C'est cette méthode, ce supplément de la méditation que Bacon se propose de donner. Elle consiste à établir différens degrés de certitude et à

---

[1] *Bacon's Works*, tom. IV, pag. 263.

prêter secours aux sens, en simplifiant par une analyse raisonnée les objets de leurs observations. Les anciens ont bien senti le besoin d'une méthode et cherché à s'en créer une. Mais la dialectique, qui est tout ce qu'ils ont pu trouver, ne remontant pas jusqu'aux premières perceptions, se laissa égarer par les préjugés et les illusions qui s'interposent entre elle et ces perceptions. Les règles qu'elle s'imposa l'égarèrent d'autant plus qu'elles étaient plus justes. « Le seul remède, dit Bacon, est aujourd'hui de recommencer toutes nos connaissances, à l'aide de la seule et vraie méthode. » Toutefois il confesse que cette méthode n'est pas propre à l'usage et au commerce de la vie, étant au-dessus de la portée des esprits vulgaires. Elle ne flatte nullement l'entendement humain et ne se marie point aux préjugés dont il est rempli. La tourbe commune n'est apte à la connaître que par ses effets et ses résultats. « Qu'elle ne cesse donc, continue-t-il, de pratiquer les arts comme par le passé, et nous appellerons ce que le hasard lui fera rencontrer, les *anticipations de la philosophie;* mais nous réserverons le nom d'*interprétation de la nature* à l'art même d'inventer les sciences. »

Cependant Bacon sentait le besoin de résumer ses idées et de distribuer les différentes parties de son dessein : c'était le seul moyen d'échapper à cette confusion qui souvent altère les plus beaux ouvrages. Voilà sans doute pourquoi il écrivit l'opuscule intitulé : *Plan et sujet de la seconde partie de la Grande instauration* [1], qui dut suivre de près le morceau que nous venons d'analyser, et indique que dès-lors l'auteur considérait son *Avancement des sciences* comme formant la première partie de sa vaste entreprise. L'opuscule dont nous parlons paraît être le premier jet de beaucoup de choses qu'il a depuis reproduites dans plusieurs ouvrages, notamment dans la *préface générale de la Grande instauration;* et par ce motif les éditeurs ont bien fait de la rejeter dans ce que lui-même appelait ses *impetus philosophici* (élans philosophiques), faisant sans doute allusion à ce vers d'Ovide, *Et quod nunc ratio est impetus ante fuit.* Cette pièce, où Bacon annonce plusieurs ouvrages qu'il n'a point exécutés, mérite d'être lue, malgré les longueurs et les inégalités qui la déparent. Nulle peut-être ne fait mieux pénétrer les vues de l'auteur.

On y voit que déjà le plan de la *Grande instauration* était au moins ébauché dans sa tête. La statistique qu'il avait donnée des sciences devait en former la première partie, et la nouvelle méthode ou logique qu'il préparait, la seconde. La troisième, la quatrième et la sixième devaient être consacrées à l'interprétation proprement dite de la nature. Quant à la cinquième, composée des anticipations de la

---

[1]. *Bacon's Works,* tom. V, pag. 159.

raison abandonnée à elle-même, ou tout au plus guidée par l'ancienne méthode, elle ne devait être que provisoire. Plus tard, vérifiée ou rectifiée par la méthode de Bacon, elle devait servir d'introduction à la sixième partie ou à la science des causes et des principes.

L'auteur développe ensuite d'une manière plus spéciale le plan et la distribution de la seconde partie, destinée à être, pour ainsi dire, la clef de la voûte. Enfin, il termine cet exposé par une savante réfutation des divers systèmes de philosophie[1], qu'il introduit d'une manière piquante et toute socratique.

« Je me disposais, dit-il, à réfuter les divers systèmes de philosophie, lorsqu'une circonstance fortuite est venue me dispenser de cette tâche ; voici le fait : J'avais la main à l'œuvre, quand un de mes amis, récemment arrivé de France, vint me voir. Après les premiers saluts, je le questionnai sur les choses qui l'intéressaient ; lui, à son tour, me dit : mais vous, que faites-vous des loisirs que vous laissent parfois les affaires ? — Je vous sais gré de la question, lui répondis-je, puisqu'elle me donne occasion de vous prouver que je ne reste jamais oisif. Je vous dirai donc que je m'occupe à jeter les fondemens d'une philosophie nouvelle, qui n'ait rien

---

[1]. Voyez, au livre I.er de la présente Histoire, page 7, la note 3.

de vague ni d'abstrait, et qui puisse améliorer la condition humaine. — Voilà, reprit-il, une entreprise digne d'un honnête homme; mais où sont vos collaborateurs? — Hélas! je n'en ai point. Je n'ai pas même avec qui causer familièrement de l'objet qui m'occupe. — Je vous plains! mais, ajouta-t-il aussitôt, ne croyez pas être le seul homme qui s'occupe de cet objet. — Tant mieux! m'écriai-je, vous me reconfortez; car je vous avouerai qu'il n'y a pas long-temps, certaine sorcière m'a prédit que le fruit que je nourris dans mon sein périrait abandonné. — Eh bien! dit-il, je vais, si vous le voulez, vous raconter ce qui m'est arrivé en France à ce sujet. — Volontiers, répondis-je, vous me rendrez service.

« Mon ami me fit alors le récit suivant. — Pendant que j'étais à Paris, je fus un jour invité et introduit par un de mes amis dans une réunion telle que vous en aimeriez une : jamais je n'eus tant de plaisir. Il y avait environ cinquante personnes, toutes d'un âge mûr et portant sur leur visage les caractères de la dignité et de la vertu. Mon introducteur crut reconnaître dans le nombre quelques personnages d'un rang supérieur; d'autres étaient des conseillers au parlement; il y avait même d'illustres prélats; tous enfin appartenaient à une classe distinguée. On y voyait aussi des étrangers de divers pays. Nous les trouvâmes conférant familièrement ensemble et assis sur des banquettes disposées avec ordre : ils paraissaient attendre quelqu'un. En effet, bientôt entra un homme d'une physionomie tranquille et sereine, à laquelle toutefois se mêlait un air de dédain qui paraissait lui être habituel. A son aspect, tout le monde se leva. Il promena ses regards sur l'assemblée en souriant, puis dit : j'admire comment les loisirs de tant de personnes ont pu s'accorder, et je m'en félicite. Quelqu'un lui ayant répondu qu'à lui seul en était le mérite, chacun préférant le plaisir de l'entendre à ses affaires, il reprit : allons, je vois que vous voulez que je profite seul d'un temps auquel tant d'autres avaient droit ; ce sera une raison de plus pour moi d'en être économe. Il s'assit aussitôt, et de sa chaise ou de son fauteuil, qui ne s'élevait pas au-dessus des auditeurs, il parla ainsi; car j'ai mis ses paroles en écrit avec assez de fidélité pour qu'on pût les reconnaître : je conviens pourtant avec mon ami, à qui je les ai fait lire, qu'elles sont bien inférieures à celles que nous avons entendues. "

Suit la réfutation des divers systèmes de philosophie, après quoi le narrateur continue : « Ce discours parut à tout le monde digne de l'homme et de sa destinée. On trouva que l'orateur avait parlé avec hardiesse, mais sans témérité, et nous nous disions, l'un à l'autre, nous ressemblons à des personnes qu'on aurait fait passer subitement des ténèbres les plus épaisses au jour le plus éclatant. Elles y verraient d'abord un peu moins qu'avant, mais elles auraient l'espoir d'y mieux voir un jour. »

« Eh bien ! dit le narrateur à Bacon, que pensez-vous de mon récit ? — J'en suis dans l'admiration, répond celui-ci. — S'il en est ainsi, reprend le premier, tâchez de lui trouver une place dans l'ouvrage que vous vous proposez d'écrire sur le même sujet, et sauvez de l'oubli ce fruit de mon voyage. — Je le promis, dit Bacon, et je m'acquitte. » Tel est le cadre ingénieux, vrai ou supposé, dans lequel il a renfermé un discours comparable, pour le style, à ce que Platon a écrit de plus éloquent.

Nous avons également lieu de croire qu'à cette époque se réfère la composition de l'*Introduction à l'interprétation de la nature*, espèce de vestibule que Bacon, à ce qu'il paraît, avait destiné d'abord à tout l'édifice. Comme l'auteur y fait en quelque sorte l'histoire de sa vie philosophique jusqu'à ce moment, nous le rapporterons tout entier.[1]

« Convaincu, dit-il, que j'étais né pour être utile au genre humain, et me persuadant que l'honneur de servir la société est de droit public et accessible à tous, comme l'air et l'eau, je recherchai et ce qui pouvait importer le plus aux hommes et à quel usage m'avait plus particulièrement destiné la nature.

---

1. *Bacon's Works*, tom. V, pag. 194.

« Or, d'un côté je reconnus que le meilleur moyen de bien mériter de l'humanité, est de faire des découvertes utiles et de perfectionner les arts qui aident la vie. En effet, je remarquai que dans les premiers âges, chez les hommes encore grossiers, les inventeurs et propagateurs des arts les plus simples avaient été mis au rang des dieux et étaient devenus l'objet d'un culte public; tandis que les faits et gestes des héros, fondateurs de villes ou législateurs, rois justes ou conquérans, restaient circonscrits entre les bornes étroites des lieux et des temps. Enfin, je vis qu'avec moins d'éclat les inventions utiles sont accommodées à des fins plus universelles à la fois et plus durables. Il me sembla surtout que celui qui, sans faire aucune découverte particulière, chose pourtant fort utile, parviendrait à allumer dans la nature un flambeau capable d'éclairer tout d'abord l'horizon des choses connues, flambeau qui n'aurait besoin que d'être élevé plus haut pour faire pénétrer le jour dans les choses les plus abstruses; il me sembla, dis-je, que celui-là reculerait les limites de la domination humaine sur l'univers, et mériterait le titre de libérateur et de bienfaiteur des hommes.

« D'un autre côté, à mon esprit assez agile pour saisir les ressemblances des choses, ce qui est d'une haute importance, assez capable d'attention et de fixité pour observer les différences dans leurs nuances les plus délicates; à mon ardeur dans l'investigation, à ma patience dans le doute, au charme que je trouve dans la méditation, à la circonspection avec laquelle j'affirme, à la facilité avec laquelle je renonce à mes opinions, à mon amour pour l'ordre, à mon peu de penchant pour ce qui est nouveau et de superstition pour ce qui est ancien, à mon aversion pour toute imposture; enfin, à une sorte d'affinité et de sympathie qui existent entre ma nature et la vérité, je jugeais que j'avais été formé pour la contemplation dont celle-ci est l'objet, plutôt que pour autre chose.

« Cependant ma naissance et mon éducation m'appelaient aux affaires, et parfois, comme un jeune homme, je me laissais ébranler par les préjugés. Je pensais d'ailleurs que je devais à mon pays des services particuliers, auxquels les autres contrées n'avaient pas un droit égal; enfin, j'imaginais que si je parvenais jamais à quelque poste un peu important dans l'État, le génie et l'industrie mettraient à ma disposition plus de ressources pour exécuter ce que j'avais conçu. En conséquence je m'appliquai aux affaires et me recommandai avec la modestie convenable et sans qu'il en coutât rien à ma candeur, à ceux de mes amis qui pouvaient quelque chose; et puis il me vint à l'esprit que les avantages que je m'étais d'abord proposé de procurer à mes semblables, ne s'étendraient pas, quels qu'ils fussent, au-delà des besoins et de l'embellissement de cette vie mortelle, tandis que je me laissai aller à l'espoir que des fonctions publiques, si j'en obtenais, me procureraient à moi, né dans un temps où l'état de la religion n'est rien moins que prospère, les moyens de concourir au salut des ames.

« Mais mes vues furent taxées d'ambition : mon âge déjà mûr, ma santé altérée, m'avertissaient d'ailleurs que je m'y prenais trop tard. Je jugeai donc que je ne remplirais pas ma vocation, si je négligeais de procurer aux hommes les avantages qui ne dépendaient que de moi, pour leur en procurer d'autres qui exigeaient le concours d'autrui. Ainsi je renonçai absolument à mes vues d'avancement et de fortune, et revins tout entier à mon premier plan.

« L'espèce de décadence dans laquelle je vois tomber les sciences et la philosophie reçues ne m'a point découragé : je dis, décadence; non que je craigne une nouvelle invasion de barbares, à moins que l'Espagne n'ajoute encore à sa puissance et n'écrase ou du moins ne courbe les autres nations sous le poids de ses armes, et elle-même sous celui de ses triomphes; mais je sais que les guerres civiles qui, par la tournure qu'elles ont prise depuis quelque temps, me paraissent devoir faire le tour de l'Europe, que la malignité des sectes et cette subtilité cauteleuse et perfide qui a pris la place de la véritable érudition, ne menacent pas les sciences et les lettres d'une moindre catastrophe; et qu'on ne se flatte pas que l'art des typographes sera un obstacle suffisant à un si grand malheur; que pourra une science désarmée, nourrie dans l'oisiveté, accoutumée aux caresses et aux louanges, contre les violens assauts de l'opinion, les artifices et les impostures? il faudra de nécessité qu'elle cède et fléchisse. Il en serait autrement d'une science qui serait appuyée sur ses œuvres et son utilité; à peine craindrais-je pour elle les atteintes du temps, et je serais bien rassuré contre celles que pourraient lui porter les hommes. Que si l'on m'accusait de parler un langage présomptueux, je répondrais ingénument que la modestie peut convenir dans les choses de la vie, mais que dans les matières contemplatives il ne faut que de la vérité. Toutefois, si quelqu'un exigeait que je lui exhibasse sur-le-champ des résultats, je lui dirais avec assurance que pour un homme valétudinaire, sans être vieux, impliqué dans les affaires du monde et réduit à aborder seul, sans guide et sans flambeau, de tous les sujets le plus obscur, c'est avoir assez fait que d'avoir inventé et exécuté la machine, quoiqu'il ne l'ait pas mise en jeu et en action. D'ailleurs je l'avoue avec la même candeur, je tiens qu'une saine interprétation de la nature doit, à son début et tant qu'elle n'est pas parvenue à une certaine hauteur dans la région des généralités, rester pure et libre de toute application à la pratique; car j'ai remarqué que tous ceux qui se sont tant soit peu abandonnés aux flots de l'expérience avant de s'être suffisamment pourvus de patience, obéissant à une ambition prématurée, et demandant indiscrétement et d'abord des résultats à leurs propres essais, ont été par suite dévoyés et ont fait naufrage. Enfin, si quelqu'un voulait au moins savoir positivement ce que promet la méthode expérimentale, je lui répondrais que la science n'est pas même assez avancée pour dire ce qui lui manque et ce qu'elle doit désirer. Quant à celui qui irait jusqu'à vouloir raisonner en cette matière comme on le fait en politique, où l'on est dans l'usage d'estimer chaque chose d'après les calculs de l'intérêt personnel et de former à grand'peine des conjectures d'après des analogies, je veux qu'il se rappelle bien qu'un boiteux dans la droite voie devance le coureur qui en est hors, et qu'il n'y a pas d'exemples à suivre là où il n'y a pas de précédens. Ce qu'il faut publier et faire voler de bouche en bouche, ce sont les principes qui satisfont également tous les esprits et suffisent pour balayer l'aire de l'entendement humain : le reste doit être transmis de la main à la main, avec choix et discernement. Je n'ignore pas qu'un artifice habituel et commun à tous les imposteurs, c'est de se réserver et de soustraire au vulgaire certains secrets qui ne valent pas mieux que les absurdités qu'ils débitent. Moi, au contraire, qui fuis toute imposture, je me complais dans le noble espoir que ma méthode et les inventions qu'elle m'a fait faire, gagneront et deviendront plus fécondes entre les mains des beaux génies que l'avenir fera sans doute éclore. Je suis le premier à provoquer le perfectionnement de ce que je livre au public, sans m'embarrasser que d'autres fassent ce que je ne puis faire; car la gloire me touche peu et mon dessein n'est pas de fonder une secte à la façon des hérésiarques : il y a plus, je tiens qu'il serait ridicule et honteux à moi d'attendre un prix si mesquin d'une aussi grande entreprise. Il me suffit de la conscience d'avoir bien fait et d'avoir exécuté un monument à l'abri des vicissitudes de la fortune. »

Nous devons croire qu'en parlant ainsi, Bacon était sincère et se trouvait dans l'un de ces momens où les plus ambitieux éprouvent le dégoût des honneurs. Que si dans la suite, ou même peu de temps après, il reprit tous ses désirs de fortune, il suffit, pour se l'expliquer, de songer à la versatilité du cœur humain, qui souvent n'a de philosophie que celle dont les circonstances lui font une nécessité. Quoi qu'il en soit, ce retour de Bacon sur lui-même fut accompagné d'un sentiment religieux qui lui dicta vers la même époque une *confession de foi*[1],

---

1. *Bacon's Works*, tom. III, pag. 121.

où l'on peut voir que son génie savait concilier les investigations les plus hardies sur les mystères de la nature avec un respect aveugle pour ceux que la religion enseigne. On aime encore à lire cet écrit, où se trouvent exposés tous les dogmes qu'admettait Bacon, et où l'on peut voir à quoi se réduisaient alors les points sur lesquels la foi protestante différait de la foi catholique. Après la mort de l'auteur, le D.' Rawley engagea le D.' Roger Maynwaring à lire cette confession et à lui en dire son opinion. Celui-ci fit sur cinq ou six articles quelques observations très-courtes et très-modestes, où il ne parlait de Bacon qu'avec vénération, se reconnaissant un simple écolier auprès d'un si grand maître, et n'entendant nullement, dit-il, faire la critique d'une pièce également pieuse et profonde.

Cependant Bacon, qui n'avait pas la prétention qu'ont ordinairement les gens médiocres de ne pouvoir rien apprendre de personne, désirait se rassurer lui-même sur le mérite de ses conceptions, et juger de l'accueil que leur ferait le public par celui qu'elles recevraient de ses amis les plus éclairés. Déjà il s'était adressé dans ce but à son cher Matthew [1]. « Je vous ai envoyé, lui avait-il écrit, les exemplaires de l'*Avancement des sciences* que vous m'avez demandés, et j'y ai joint un petit livre, fruit de mes loi-

---

1. Bacon's *Works*, tom. III, pag. 239.

sirs (probablement l'*Éloge d'Élisabeth*). Quant à mon *Instauration*, je me réserve de vous en entretenir moi-même. Tout ce que je vous dirai pour le moment, c'est qu'elle ne dort pas. Pour ce que j'appelle mon *Alphabet*, ce que j'en ai fait fixera moins, je crois, votre attention où vous êtes en ce moment (en Espagne) que si vous étiez encore à Paris ; aussi conçois-je très-bien que vous en ayez en quelque sorte contremandé l'envoi. Je ne vous l'adresse pas moins, pour satisfaire aux instances de quelques-uns des amis que vous avez ici. De mon côté, je l'avoue, je mets plus de prix à être lu par vous que par tout autre. » Mais c'était l'*Instauration* (depuis le *Novum organum*) que Bacon avait surtout à cœur de soumettre à des critiques éclairées avant d'y mettre la dernière main. Dans ce but il rédigea ses *Pensées et vues* (*cogitata et visa*)[1], dans lesquelles il déposa de nouveau, mais avec plus d'étendue qu'il ne l'avait fait dans ses précédens opuscules, les idées mères de la méthode ou logique dont la composition absorbait presque entièrement son esprit. C'était un ballon d'essai, par lequel il voulait préjuger le sort de son entreprise. On peut au surplus se faire une juste idée de l'objet que Bacon se proposa dans cette nouvelle ébauche, en lisant la lettre suivante[2], qu'il adressa au savant

---

1. *Bacon's Works*, tom. V, pag. 105.
2. *Idem*, tom. III, pag. 249.

D.ʳ Andrews, évêque d'Ély et depuis de Winchester, en lui envoyant un exemplaire de cet ouvrage.

« Digne Mylord, fatigué, comme vous devez l'être, des disputes des rois et des papes qui vous ont si long-temps retenu dans le palais et le temple [1], il ne vous déplaira pas, je pense, de promener vos regards dans les champs paisibles de la philosophie

---

[1]. Le roi et la nation, exaspérés par la conspiration des poudres, avaient jugé nécessaire de prendre une mesure efficace qui mît à même de discerner ceux des papistes qui payaient au roi le tribut d'obéissance qui lui était dû d'avec ceux qui le refusaient. En conséquence le parlement, dans sa session de Novembre 1605, avait rédigé un nouveau serment d'allégeance, par lequel il était déclaré que le pape n'avait pas le droit de déposer les rois, de délier leurs sujets et de disposer de leurs royaumes. La cour de Rome vit avec regret une doctrine, en possession de laquelle elle était depuis plusieurs années, lui échapper. S'apercevant que plusieurs catholiques romains consentaient à prêter ce serment, comme ne portant aucune atteinte à la foi, elle se hâta d'en prohiber la prestation par deux brefs qui se succédèrent immédiatement. De son côté, Jacques, sentant que cette prohibition était principalement dirigée contre lui, eut recours aux armes qu'il maniait le mieux, et fit aux brefs une réponse qu'il adressa à tous les princes de la chrétienté, les exhortant à épouser une querelle qui leur était commune. Le cardinal Bellarmin, à qui la pourpre romaine donnait la prétention de s'égaler aux princes, et qui, du côté du savoir, se croyait bien supérieur, entra en lice avec le roi. Une foule de seconds accoururent au secours des deux antagonistes; mais parmi ceux du roi, celui qui se fit le plus remarquer, ce fut le D.ʳ Andrews, alors évêque d'Ély, prélat renommé pour sa science et ses vertus.

et d'y rafraîchir votre esprit dans un sujet qui est de son domaine. Vous ne dédaignerez pas cette science, bien qu'elle soit aujourd'hui retombée en enfance et paraisse abandonnée aux écoliers et aux jeunes gens. Encouragé par le plaisir que vous m'avez souvent témoigné prendre à la lecture de mes écrits, je vous envoie ce nouveau fruit de mes loisirs, ou plutôt ce nouveau fragment de l'entreprise que j'ai formée. Je ne suis pas impatient de le publier, je veux seulement prévenir sa perte, ne devant pas moins d'égard à mon siècle qu'à mon sujet. Voilà comme je suis et comme sont la plupart des hommes dans le même cas; tout plan auquel je m'enchaîne exclusivement, m'accable l'esprit, tandis que les pensées auxquelles je me laisse aller suivant l'occasion, le récréent. Telle est l'origine des mélanges que je vous soumets. Je me propose de les supprimer, si Dieu me permet de mettre à fin l'ouvrage de philosophie que j'ai projeté. Je ne vous en envoie pas davantage, de peur de vous ennuyer. Maintenant permettez-moi de vous faire connaître ce que je désire. Si vous avez conservé un peu de la bienveillance que vous aviez pour moi quand vous n'étiez encore que doyen de Westminster, je vous prierai non pas seulement de souligner, mais d'indiquer dans des notes marginales ce qui vous paraîtra incorrect dans le style, contraire aux opinions et aux croyances reçues, et inconvenant de la part de l'auteur. Nul ne saurait être à la fois juge et partie, et lorsque, par un retour sur nous-mêmes, nous voulons nous juger, nous sommes sujets à l'erreur. Aussi, quoique sous bien des rapports j'aie une opinion faite sur le fond du sujet que j'ai traité et que je sois inaccessible à celle de toute personne qui ne marcherait pas dans la même voie, je ne doute pas que les conseils d'un ami ne pussent me faire rendre les mêmes choses autrement que je ne l'ai fait. »

Enfin, Bacon adressa, toujours dans le même but, ses *Pensées et vues* à Thomas Bodley, qui répondit à ce témoignage de confiance par une lettre remarquable qui nous a été conservée[1]. « Votre livre, dit-il entre autres choses à Bacon, est un si riche trésor d'utiles spéculations, que je ne puis revenir de l'étonnement où il me jette, quand je songe, qu'accablé comme vous l'êtes d'affaires civiles qui n'ont pas le moindre rapport avec les discussions de l'École, vous avez trouvé le loisir de transporter dans votre ouvrage, avec un admirable discernement, tout ce que les principales sciences recèlent de solide; car, quoique vous vous écartiez entièrement de la méthode en usage à l'École, la seule que les sages de tous les lieux et de tous les temps aient suivie dans la recherche de la vérité, vous prouvez que vous

---

1. *Bacon's Works*, tom. III, pag. 242.

n'êtes pas moins habile à vous servir de leurs armes qu'à vous en créer de nouvelles. »

Un caractère propre aux productions du génie, c'est de féconder la pensée de l'homme de talent qui les lit, et de l'élever quelquefois à leur niveau. Tel est l'effet que les *Pensées et vues* semblent avoir produit sur Diderot, dont les *Pensées sur l'interprétation de la nature* offrent presque à chaque page comme un reflet de l'opuscule où Bacon a semé avec profusion tant d'aperçus ingénieux et profonds. C'est ainsi que plus tard le même philosophe puisa dans la lecture de l'*Avancement des sciences*, l'idée de l'*Encyclopédie*, que les progrès des connaissances humaines lui permirent d'édifier dans de plus grandes dimensions, quoique sur les mêmes bases.

LIVRE III.

How can the magistrate maintain his authority, when the man is dispised?
Quelle autorité peut avoir comme magistrat celui qu'on méprise comme homme?
(*Bacon's Works*, tom. I.ᵉʳ, pag. 563).

Peu de temps après le mariage de Bacon, une promotion importante avait eu lieu dans l'ordre judiciaire. Le 30 Juin 1606, E. Coke avait été nommé grand-juge[1] des communs-plaids, et le 4 Juillet suivant Henri Hobbart, en le remplaçant dans la charge d'attorney général, avait laissé vacante celle de solliciteur, que Bacon convoitait depuis si long-temps. Ce dernier qui, dès avant le mois de Juin, avait prévu ces mutations et avait senti toute son ambition renaître, s'était hâté d'écrire à Coke[2] pour tâcher, sinon de s'en faire un appui, au moins de neutraliser ses mauvaises dispositions. Il ne s'était pas borné à cette démarche; il avait en même temps écrit au comte de Salisbury, au chancelier et au roi lui-même; mais le succès n'avait pas encore couronné ses efforts, et sir John Doderidge l'avait emporté sur lui. Enfin, celui-ci ayant été promu à la charge de sergent ès-lois du roi, Salisbury, qui se voyait au comble de la faveur et n'avait plus de rival à craindre, témoigna l'intention de servir Bacon, et

1607

---

1. Charge correspondante à celle de président en France.
2. *Bacon's Works*, tom. III, pag. 234.

parut avoir déposé la jalousie qui, dans les dernières années d'Élisabeth et dans les premières de Jacques, avait fait obstacle à l'avancement de son cousin. Le 25 Juin Bacon fut donc enfin nommé solliciteur général, sinon par la protection, au moins du consentement de ce ministre; et c'est, dit Mallet, une remarque non moins instructive que mortifiante pour tous les hommes de mérite qui se laissent dominer par l'ambition, qu'un homme aussi supérieur et dont les talens étaient avoués par tout le monde, n'ait pu parvenir à un poste un peu important qu'à l'aide de sollicitations. De ce moment Bacon parut plus souvent à Westminster-Hall, se fortifia dans la pratique du barreau, et prit part à presque toutes les causes importantes. Enfin, on peut dire qu'il fut fidèle à la promesse qu'il avait faite au roi avant d'obtenir la place de solliciteur, de croître en capacité, sinon en zèle, pour le service de sa Majesté, et d'effacer ses efforts passés par ses efforts à venir.

En effet, dans cette même année il approfondit tellement les questions variées qu'il traita, que l'on put former un volume de quelques-unes de ses dissertations sur les matières les plus difficiles du droit; il les adressa, avec une épître dédicatoire, à ses amis et condisciples, lecteurs, anciens, stagiaires et étudians de Gray's inn.[1]

---

1. *Bacon's Works*, tom. II, pag. 447.

Le roi eut bientôt à se louer personnellement de son dévouement et de son habileté dans la charge qu'il venait de lui accorder. Le monarque désirait que tous ceux qui, depuis la réunion de l'Angleterre et de l'Écosse, seraient nés dans l'un ou l'autre des deux États, fussent tenus pour naturalisés dans les deux pays; doctrine très-importante dans ses conséquences; car, bien qu'elle exclût la génération qui existait à l'avénement de Jacques, elle comprenait cependant tout ce qui la suivait, et conférait en peu d'années le bénéfice de la naturalisation à toutes les personnes nées dans les deux royaumes. Ce point fut vivement controversé; c'était bien le même roi dans les deux pays, mais les parlemens n'étaient pas les mêmes, et admettre que le roi avait le droit de faire ainsi de deux peuples un seul peuple, c'était admettre que l'autorité souveraine résidait toute entière dans le prince, et que les parlemens n'étaient établis que pour l'aider de leurs conseils et lui procurer l'argent des peuples. L'affaire fut portée à la cour de l'échiquier[1], où l'opinion du

---

[1]. Quand cette cour est formée par les quatre barons ou juges de l'échiquier réunis au chancelier et trésorier de ladite cour, elle siége comme *cour d'équité*; quand elle est formée par les douze juges, auxquels se joint quelquefois le grand-chancelier, comme dans la circonstance dont il s'agit, sa fonction est de délibérer et de donner son avis sur des causes importantes et difficiles avant qu'elles soient jugées dans les cours

roi, soutenue par Bacon, trouva dans Coke une vive opposition, dont le solliciteur général triompha. On remarque dans le discours de ce dernier le passage suivant [1] :

« Il est évident que tous les gouvernemens, à l'exception des seules monarchies, subsistent par une loi qui les a précédés ; ainsi dans ceux où l'autorité est partagée entre plusieurs officiers non perpétuels, mais annuels et temporaires, ces officiers reçoivent cette autorité par une élection dans laquelle il n'y a que certaines personnes qui aient droit de suffrage, ou par d'autres voies analogues : là le système compliqué du gouvernement suppose nécessairement une loi précédente, écrite ou non, qui le guide et le dirige ; tandis que dans les monarchies, surtout dans les monarchies héréditaires, c'est-à-dire dans les pays où plusieurs familles ou tribus se sont soumises à une dynastie, soit royale soit impériale, la soumission est plus naturelle et plus simple. Sans doute les lois peuvent lui donner ensuite plus de perfection et de régularité, mais elle n'en a pas moins son premier fondement dans la nature. »

Il est permis de croire qu'un tel discours se ressent de la reconnaissance qu'avait inspirée à son auteur la faveur qu'il venait d'obtenir.

---

auxquelles elles ressortissent, et quand elles lui sont déférées à temps et d'une manière convenable.

[1]. *Bacon's Works*, tom. II, pag. 514.

Bacon se concilia ensuite les suffrages de la nation dans une affaire qui intéressait son commerce. Les déprédations espagnoles avaient donné lieu à des plaintes multipliées de la part des négocians anglais, et la chambre basse avait demandé à celle des lords une conférence pour s'entendre sur la rédaction d'une adresse à présenter au roi. Il fut chargé de faire un rapport à la chambre sur les discours prononcés en cette occasion par les comtes de Salisbury et de Northampton, et s'en acquitta en patriote éclairé.[1]

Peu de temps après il reçut une mission qui fut un hommage rendu à l'universalité de ses connaissances. Il fut nommé, le 30 Avril, membre d'un comité institué pour rechercher les abus qui s'étaient introduits dans l'administration de la marine.

1608

Un autre hommage rendu à son savoir, ce furent les questions sur l'office de constable que lui adressa, vers le même temps, sir Alexandre Hay. On trouve dans la consultation[2] par laquelle il répondit à ce dernier, des documens curieux sur l'origine et les fonctions de cette charge.

En ce temps-là aussi un jurisconsulte, sir Stephen, présenta au roi un projet de code pénal, dont l'examen fut confié à Bacon : celui-ci prouva dans son

---

1. *Bacon's Works*, tom. III, pag. 197.
2. *Ibid.*, tom. II, pag. 508.

rapport[1], qu'il ne possédait pas moins l'ensemble de la législation que ses détails.

Les jésuites, expulsés d'Angleterre par Élisabeth, avaient trouvé le moyen d'y rentrer lors de l'avénement de Jacques et de s'y faire tolérer; mais ils n'avaient pas tardé à reprendre leurs manœuvres, et s'étaient fait chasser de nouveau le 2 Février 1604, non comme catholiques, mais comme perturbateurs du repos public et partisans fougueux de la suprématie temporelle du pape. Ils n'en entretenaient pas moins encore des intelligences dans le parlement. Plusieurs d'entre eux même n'avaient pas quitté l'Angleterre et étaient parvenus à se soustraire à la surveillance ou aux recherches de l'autorité. Entre autres les pères Gérard, Hall-Oldecorn, Holte, R. Parsons et Henri Garnet, leur supérieur, avaient profité de la sécurité générale pour ourdir un des plus abominables complots qu'on ait jamais vus. Il ne s'était agi de rien moins que de faire sauter le roi et les deux chambres, le jour de la séance qui avait ouvert la session de 1605. Cet attentat, immédiatement découvert, avait jeté la terreur dans tous les esprits, et depuis les catholiques étaient plus suspects que jamais. De là le serment dit d'allégeance, que le parlement exigeait d'eux. Plusieurs personnages illustres, les uns par leurs talens, les autres

---

1. *Bacon's Works*, tom. II, pag. 207.

par leur naissance, furent exilés d'Angleterre pour l'avoir refusé. De ce nombre fut le D.ʳ Toby Matthew, fils de l'évêque de Durham, qui s'était laissé aller un des premiers aux séductions de R. Parsons. Depuis 1607 cet homme, distingué par ses connaissances littéraires et son profond savoir, vivait en pays étranger. Bacon, à qui Jacques rendait le témoignage qu'il avait le talent de traiter et de terminer toutes les affaires par des voies douces, n'était pas partisan de la rigueur avec laquelle on exigeait le serment d'allégeance, qui priva bientôt l'Irlande de ses meilleurs magistrats. « Mon avis, disait-il, est qu'on laisse la démarche hasardeuse, de demander le serment aux magistrats, tomber d'elle-même au lieu de la continuer. » Il aurait désiré voir cesser des mesures qui ne produisaient que de fâcheux résultats : il l'aurait voulu par amour pour la paix, et pour cette unité dont personne n'a mieux apprécié les avantages et déterminé la nature [1], mais il l'aurait aussi désiré par amitié pour Toby Matthew, avec lequel il ne cessa point d'entretenir une correspondance qui n'eût pas manqué de déplaire au roi si elle en avait été connue. Il l'aurait surtout désiré dans l'intérêt des sciences, auxquelles les dissentions religieuses enlevaient tant

---

[1]. *Bacon's Works*, tom. I.ᵉʳ, pag. 449; tom. IV, pag. 252; tom. V, pag. 353.

d'hommes recommandables, et qu'elles privaient de la sécurité nécessaire à leurs progrès. « Je ressemble, écrivait-il [1] à ce même Toby Matthew, en lui envoyant la première partie de sa Grande instauration, au meunier de Manchester [2], qui priait au milieu de ses saules pour la tranquillité de l'air, parce que, disait ce bon meunier, quand les vents soufflent, les moulins à vent travaillent, et mon moulin à eau ou ne travaille plus ou travaille moins. »

1609

Cependant la réputation de Bacon s'affermissait de jour en jour et acquérait de la popularité. Ses talens devenaient une sorte de propriété nationale, dont l'usage tourna plus d'une fois au profit du peuple. Par exemple, la chambre des communes employa son éloquence pour présenter au roi une de ces nombreuses doléances qu'elle fit entendre pendant cette session, au sujet de certaines vexations sous lesquelles gémissait l'Angleterre. Bacon réunit tous les suffrages par la manière dont il remplit cette mission difficile, dans laquelle il sut concilier l'énergie des remontrances avec les ménagemens qu'exigeait la susceptibilité du monarque. Dans son discours [3] il applique au roi l'éloge que Tacite fait de Nerva et de Trajan,

---

1. *Bacon's Works*, tom. III, pag. 246.

2. Manchester, aujourd'hui l'une des villes les plus populeuses et les plus commerçantes de l'Angleterre, n'était alors, et même il y a quarante ans, qu'un village.

3. *Bacon's Works*, tom. II, pag. 212.

qui surent, dit cet historien, *allier deux choses qu'on avait cru jusqu'alors incompatibles, le souverain pouvoir et la liberté;* il supplie ensuite sa majesté de lui permettre de porter à ses oreilles royales *le gémissement de la colombe et les plaintes du ramier*, expressions qui attestent la réserve et la mesure avec lesquelles se produisait alors la plainte, lors même qu'elle était regardée comme un acte de courage chez ce peuple anglais qui, trente ans plus tard, devait tenir un langage si altier.

La chambre basse fit encore usage des talens de Bacon dans une conférence qu'elle eut avec celle des lords, pour engager celle-ci à se joindre à elle, à l'effet de supplier le roi de supprimer les anciennes tenures et de consentir à ce qu'elles fussent remplacées par un revenu certain. A cette occasion Bacon prononça un discours [1] où il mit la justice de cette demande dans une telle évidence, qu'il finit par obtenir la dissolution de la cour des gardes nobles; dissolution qu'on regarda avec raison comme une conquête de haute importance pour les libertés du royaume.

Dans le même temps Bacon apaisait la chambre irritée de la manière dont les messages du roi lui étaient portés [2], et par un discours de peu d'étendue,

---

[1]. *Bacon's Works*, tom. II, pag. 214.
[2]. *Ibid.*, pag. 222.

mais prononcé à propos à la fin de la session, prouvait aux communes que la nation devait secours au roi dans la circonstance [1]. Ces succès durent faire sentir à ce prince combien il était intéressant pour lui d'avoir à son service dans la chambre basse, un orateur aussi éloquent et aussi populaire.

Malgré les obstacles que les dissentions religieuses mettaient à la communication des esprits, il s'établissait entre l'Angleterre et les autres nations de l'Europe un échange de lumières qui faisait juger que celle-là ne resterait pas en arrière. La meilleure étude de ce siècle était celle des anciens : Isaac Casaubon, qui y excellait, fut invité par Jacques à quitter la France pour l'Angleterre, ce qu'il fit l'année suivante (en Octobre 1610). Il y a lieu de croire que Bacon ne fut pas étranger à cette invitation, et que ce fut lui qui en suggéra l'idée au roi. Ce qu'il y a de certain, c'est qu'en 1609 il écrivit à ce savant [2], et l'on voit par sa lettre que ses propres ouvrages commençaient à être lus et prisés hors de l'Angleterre.

---

[1]. *Bacon's Works*, tom. II, pag. 228.

[2]. *Ibid.*, tom. II, pag. 462. Cette lettre paraît avoir été écrite après le retour de sir George Carew, ambassadeur de France, qui eut lieu en Octobre 1609, un an avant l'arrivée de Casaubon en Angleterre. Jacques goûta beaucoup Casaubon, lui fit une pension de 300 liv. st., et le revêtit de quelques dignités ecclésiastiques.

« J'ai lu, lui dit-il, dans vos lettres à Carew, que vous approuvez mes écrits. Glorieux de votre suffrage, j'ai pensé que je vous devais des remercîmens, et je trouve du plaisir à vous en faire. Vous me rendez justice en conjecturant que mon plus grand désir est de tirer les sciences des ténèbres profondes où elles sont comme ensevelies : qu'importent les ouvrages que l'oisiveté crée et que l'oisiveté lit ; mon but à moi est, à l'aide de contemplations sages et vraies, de porter la lumière dans les choses de ce monde et dans les vicissitudes qui les bouleversent : peut-être après tout, trouverez-vous que c'est beaucoup entreprendre et avec bien peu de moyens. De votre côté, vous me ferez un sensible plaisir si vous voulez bien me dire ce que vous vous proposez de faire. Suivant moi, l'union des esprits et la confidence réciproque des études que l'on fait, alimentent plus l'amitié que ne le pourraient faire des services mutuels semés dans le cours ordinaire de la vie. En ce qui me concerne, je ne sache personne qui puisse, à plus juste titre que moi, s'appliquer cette parole du psalmiste : *mon âme fut toujours pour moi une étrangère ;* aussi vit-elle beaucoup plus, ce me semble, avec les anciens qu'avec les contemporains. Est-il donc si étonnant qu'elle communique plus volontiers avec les absens qu'avec les personnes présentes, et qu'en amitié elle se détermine par choix plutôt que par occurrence ?

Mais je reviens à ce que je disais; si mon amitié peut être bonne ou agréable en quelque chose à vous ou aux vôtres, je vous l'offre de bon cœur. Je vous salue.

« Votre ami. »

1610 Peu de temps après, une nouvelle production de Bacon, non moins remarquable que les précédentes, contribua encore à étendre sa réputation; je veux parler de son traité *De la sagesse des anciens*[1], qu'il publia en 1610, et dont la composition l'avait délassé de travaux plus sérieux. C'est une explication de plusieurs parties de la mythologie. Dans le dénombrement qu'il avait fait des sciences, Bacon avait signalé comme une lacune, le silence qu'on avait gardé jusqu'alors sur le sens allégorique des fictions de la poésie, et sur ce qu'on pourrait appeler *la philosophie de la fable*. Il voulut, par cet ouvrage, donner une idée de ce qu'il était possible de faire pour remplir cette lacune. Ce traité, comme tous les écrits sortis de sa plume, porte l'empreinte de son génie original et créateur. L'auteur, évitant de marcher sur les traces de ceux qui l'ont précédé, gens, suivant son expression, d'une érudition vulgaire et commune, se fraye une route toute nouvelle et s'enfonce seul et sans guide dans les plus profondes retraites de cette région enveloppée de

---

1. *Bacon's Works*, tom. V, pag. 439.

ténèbres. Si ses conjectures sur le sens renfermé dans les fictions du paganisme ne sont pas toujours fondées, elles sont au moins toujours ingénieuses. Toutefois nous ne dirons pas comme l'un de ses biographes, que lorsqu'il ne réussit pas à montrer la sagesse des anciens, il réussit encore à montrer la sienne propre; car, suivant nous, c'est toujours compromettre la raison que de s'occuper de conjectures hasardées et plus frivoles que savantes; mais c'était alors une mode, et l'interprétation donnée à la mythologie par Bacon serait aussi facile à justifier que celle des livres saints par les auteurs ascétiques de cette époque, dont le père Mesaugury nous a conservé les curieuses rêveries. Aussi la *Sagesse des anciens* est-elle celui des ouvrages de Bacon qui, après les *Essais*, eut le plus de succès. Les enthousiastes de l'antiquité furent charmés d'y trouver de nouveaux motifs à leur enthousiasme, et les admirateurs des modernes, de rencontrer dans un de leurs contemporains, un homme qui savait faire sortir des écrits des anciens, des beautés supérieures à celles que ces auteurs y avaient mises. Les uns et les autres lui tinrent compte de cette heureuse conception. C'est ainsi que dans les savantes notes dont il a enrichi sa traduction des Métamorphoses d'Ovide, M. George Sandyn, poète et voyageur célèbre, après avoir reconnu les obligations qu'il a à l'auteur de la *Sagesse des anciens*, appelle cet auteur le prince des écrivains modernes.[1]

On voit par une lettre [2] de Bacon, du 27 Février, à M. Matthew, alors à Salamanque, qu'il avait à cœur que son ouvrage se répandît en Espagne, et qu'il le croyait assez orthodoxe pour braver l'examen du grand-inquisiteur.

Cependant le parlement était assemblé depuis le 9 Février; la question de savoir si le droit d'imposer les marchandises à l'importation et à l'exportation appartenait au roi, fut vivement débattu. Bacon parla dans le sens de la prérogative royale [3], mais la question resta de fait indécise, quoique les argumens de l'opposition l'eussent évidemment emporté dans cette circonstance sur l'éloquence du solliciteur général [4]. Reproduite en 1614, elle fut discutée de nouveau et de nouveau ajournée. Elle ne fut définitivement résolue qu'en 1641, époque où les événemens dictèrent sa solution.

La présence de Bacon au comité de marine n'était pas purement honorifique; là, comme à West-

---

[1]. *Translation of Ovid*, pag. 257.

Il paraît que c'est dans ce traité de Bacon que Dupuis a puisé l'idée première de son *Origine des cultes*, quoique les deux auteurs se soient proposé chacun un but bien différent.

[2]. *Bacon's Works*, tom. III, pag. 249.

[3]. *Ibid.*, tom. II, pag. 223.

[4]. Voyez les réponses de Hakewike et de Yelverton à Bacon, dans Holwell, II, 407—529. Borderie, v. 271, 355.

minster-Hall et à la chambre des communes, il se faisait distinguer par sa sagesse et la supériorité de ses lumières. Il y puisa les données nécessaires pour traiter, d'une manière sans doute fort imparfaite, mais satisfaisante pour le temps, une question d'économie politique née des circonstances. Après la conquête des Indes occidentales, l'or et l'argent devenant de jour en jour plus communs en Angleterre, comme dans le reste de l'Europe, le prix des denrées était monté plus haut qu'on ne l'avait encore vu, depuis la décadence de l'empire romain; par suite, la rareté relative de l'or et de l'argent monnayé se faisait tellement sentir, que le gouvernement crut devoir s'assurer s'il y avait lieu d'y porter remède. Ce fut encore Bacon qui fut chargé, par les lords du conseil, de faire un rapport à ce sujet. [1] On le trouvait partout, et quand il ne prêtait pas au gouvernement le secours de son éloquence, il lui prêtait celui de ses avis. C'est ainsi que, cette même année, la promulgation de la loi martiale, par laquelle Thomas Dale sauva, dit-on, la Virginie, fut le résultat de ses conseils.

Des services aussi importans ne restèrent pas sans récompense. Le 27 Avril le roi lui concéda, par lettres patentes, à lui et à plusieurs autres personnages marquans, toute la partie de l'île de Terre-

---

[1]. *Bacon's Works*, tom. II, pag. 229.

Neuve qui s'étend depuis le cap de Bonavista au nord, jusqu'au cap Sainte-Marie au sud. Les concessionnaires y envoyèrent une colonie sous la conduite d'un marchand nommé John Guy[1], qu'ils en nommèrent gouverneur.

1611 A cette époque le crédit de Bacon auprès du roi, de sa cour et du peuple était si grand, qu'il y a moins lieu de s'étonner des faveurs qu'il recevait, que de ce qu'il n'en obtenait pas davantage. Le fait est qu'il n'usa de ce crédit que pour se faire nommer, conjointement avec sir Thomas Vavasor, juge de la cour du palais[2], institution nouvelle et qui n'eut qu'une existence éphémère[3]. C'est dans ce poste qu'il composa sa savante dissertation[4] sur la juridiction des commissions royales d'*ouïr et de juger* (*oyer and terminer*[5]), devant lesquelles étaient

---

[1]. Ce John Guy devint depuis maire de Bristol.

[2]. Le ressort de cette cour comprenait un espace de douze milles autour du lieu où était établie la maison du roi, qui était l'objet spécial de cette juridiction. Elle se composait du roi et des grands-officiers de la couronne. Bacon l'appelle le marchepied du trône : « en conséquence, dit-il, elle doit être plus pure qu'aucune autre cour du royaume, afin qu'on ne puisse pas dire que rien de blâmable ait trouvé un refuge sous les ailes du roi. »

[3]. *Dugdale's Baronage*, tom. II, pag. 438.

[4]. *Bacon's Works*, tom. II, pag. 552.

[5]. Ces deux mots sont d'origine française. Guillaume le conquérant avait aboli la langue anglaise dans les cours de justice

portées certaines causes, et singulièrement certaines causes criminelles. La modération que Bacon s'imposa dans des circonstances qui paraissaient si propices à une ambition vulgaire, prouve au moins qu'il savait quelquefois attendre du temps et de ses services ce qu'il aurait pu demander à la faveur.

Il faut convenir aussi que jamais ses affaires domestiques n'avaient été dans une meilleure situation. Outre ses belles propriétés et le délicieux séjour de Gorhambury, en Herfortshire, dont il jouissait depuis plusieurs années, il joignait à une nombreuse clientelle comme jurisconsulte, la place de solliciteur général, celle qu'il venait d'obtenir, et le greffe de la chambre étoilée, dont il avait en même temps recueilli la survivance après vingt ans d'attente; de sorte qu'abstraction faite des concessions dont nous avons parlé, il pouvait avoir cinq mille liv. st. de rentes, y compris la fortune de sa femme. A la vérité, il y a quelque raison de croire qu'il ne tirait pas personnellement grand profit de cette fortune, mais au moins le dispensait-elle de pourvoir à des dépenses qui autrement seraient restées à sa charge. Il faut remarquer encore qu'aucun des emplois qu'il exerçait n'exigeait de représentation. On voit donc

---

et y avait substitué la langue qu'on parlait en France de son temps. Ce n'est que sous Édouard III que l'anglais fut remis en usage dans les tribunaux. De là cette foule d'anciens mots français qu'on retrouve dans les lois anglaises.

qu'il jouissait, à l'époque à laquelle nous sommes arrivés, d'une sorte d'opulence qui, jointe à la faveur marquée du roi et aux suffrages alors sans mélange de toute la nation, devait le rassurer contre ces vicissitudes auxquelles les hommes d'État sont d'ordinaire exposés : enfin, la promesse que le roi lui fit de la place d'attorney général dès qu'elle serait vacante, dut encore augmenter sa confiance dans un avenir que presque aucun nuage n'obscurcit pendant les neuf années qui suivirent.

1612 Au commencement de 1612 l'attorney général, sir Henri Hobbart, fit une maladie grave, ce qui donna lieu à Bacon de rappeler au roi sa promesse [1], et d'en prendre acte auprès du comte de Salisbury; mais ce dernier mourut le 4 Mai à Marlborough, en revenant des eaux de Bath, et n'eut pas le temps de donner à son cousin une nouvelle preuve que son ancienne jalousie était entièrement dissipée. Jacques regretta peu ce ministre, dont la sévère économie avait peine à s'accommoder des profusions du monarque, et il fallut tout le désordre qui s'introduisit immédiatement dans les finances, pour lui faire sentir la perte qu'il avait faite. Ainsi se trouva vérifiée l'opinion de Bacon sur cet homme d'État, sauf certaines restrictions dues à un reste de ressentiment [2] : « Votre majesté, avait-il dit dans une lettre

---

[1]. *Bacon's Works*, tom. III, pag. 249, 250 et 251.
[2]. *Ibidem*, pag. 465.

au roi, a perdu un fidèle sujet et un utile serviteur; mais si j'avais à dire ce que je pense, j'ajouterais qu'il était plus propre à empêcher la chose publique de se détériorer qu'il n'était capable de l'améliorer; d'un autre côté, il faut convenir qu'il aimait un peu trop à attirer sur lui les yeux de tout Israël, et à tenir toutes les affaires sous le marteau, ainsi que l'argile est entre les mains du potier, pour les modeler à son gré; de sorte qu'on peut dire qu'il était plus *in operatione quam in opere.* »

Hobbart se rétablit, et Bacon fut obligé d'ajourner ses espérances. En attendant, il ne négligea aucune occasion d'affermir sa réputation et de se recommander par ses ouvrages. Dans ce but, il donna cette année une seconde édition de ses Essais avec des additions considérables. Il avait dédié la première à son frère Antoine; il dédia celle-ci à son beau-frère sir John Constable. Son projet avait d'abord été d'en faire hommage au prince de Galles, Henri; mais la mort de ce dernier le prévint. Il s'était déjà concilié la faveur de ce prince en lui faisant hommage d'une découverte dont parle Bushel[1] en termes peu intelligibles, et que néanmoins l'exactitude biographique nous fait un devoir de rapporter. « Bacon, dit-il, avait inventé une machine pour connaître ce qui se passe dans l'ame : il la présenta

---

1. *Extract.*, pag. 17 and 18.

au prince Henri comme les prémices de sa philosophie : elle consistait en deux pierres triangulaires qui imitaient le mouvement sympathique du fer et de l'aimant, et avaient été composées aux rayons du soleil, principalement de rosée et autres pareils ingrédiens magiques. La chaleur que la main lui communiquait, rendait visibles les mouvemens du cœur au moyen de leur attraction réciproque, à peu près comme l'aiguille d'une montre indique l'heure, et cela dix minutes après qu'on les avait posées sur une table de marbre. » Bushel ajoute : « Après la mort de Henri je n'eus pas de repos que je n'eusse acquis ce précieux joyau de M. Archy Primerose, page de ce prince. » Le merveilleux dont le narrateur a environné ce récit défigure à tel point la découverte de Bacon, qu'il serait difficile de dire en quoi elle consistait.

Le prince Henri emporta l'estime des étrangers, qui commençaient à le craindre, avec les regrets de l'Angleterre, dont il était l'espoir et l'amour. Ainsi le roi de France, Henri IV, avait recommandé à ses ambassadeurs de cultiver son amitié, « un tel prince devant bientôt, disait-il, avoir la principale influence en Angleterre, où le roi et la reine jouissaient de si peu d'estime. » Bacon composa l'éloge de ce jeune prince[1], et l'on peut supposer sans

---

1. *Bacon's Works*, tom. III, pag. 467.

invraisemblance que ce fut avec l'intention de fournir à l'historien de Thou les moyens, non-seulement de dire de celui que pleurait l'Angleterre tout le bien qu'il méritait, mais encore de réfuter le bruit qui s'était répandu que, regretté comme Germanicus, il en avait eu le sort. Ce qui rend cette intention vraisemblable, c'est que la voix publique, en n'épargnant pas le roi, dut faire désirer à ce monarque une réfutation. Malheureusement le récit de l'historien de Thou s'arrêta à l'année 1607.

La fondation de l'hôpital de *Charter-House* par Sutton[1], fut encore, à cette époque, l'occasion d'un

---

[1]. Thomas Sutton, né à Knaith, dans le comté de Corke, en 1532, fut secrétaire du comte de Warwick et servit en Écosse, puis sur mer contre les Espagnols sous le règne d'Élisabeth. Très-riche de son patrimoine, qu'augmentèrent encore d'heureuses spéculations et un opulent héritage, il dépensait son bien à secourir les indigens. Désirant perpétuer ses bienfaits, il acheta pour 30,000 liv. st. la chartreuse de Smithfield aux héritiers du comte de Suffolk, à qui elle avait été donnée lors de la suppression de l'ordre des Franciscains, dont elle était un couvent. Il la convertit, en 1611, en un hôpital, qu'il dota magnifiquement et qui subsiste encore. La cour lui fit offrir la pairie, s'il voulait instituer le duc d'Yorck, depuis Charles I.er, son héritier; mais peu jaloux des honneurs, il préféra consacrer son immense fortune au soulagement des malheureux. Cette fortune consistait en un million cinquante mille francs de notre monnaie, somme énorme, surtout pour ce temps-là. Cet homme bienfaisant mourut le 11 Décembre 1611, et fut enterré dans l'église de son hôpital.

mémoire[1] que Bacon adressa au roi. Il y blâme cette fondation, d'abord en sa qualité de conseil de Simon Baxter, neveu et héritier légitime de Sutton, ainsi que MM. Walter et Yelverton, jurisconsultes distingués. Puis, en sa qualité de solliciteur général, il fait observer au roi que si Baxter succombait dans sa réclamation, il y aurait encore lieu de réformer une fondation faite sans discernement, et qu'il compare à un sacrifice sans sel. Il prévoit que les intentions du fondateur ne seront pas remplies, qu'on finira par recevoir dans cet établissement, à titre de pauvres, des personnes qui ne le seront point, et que sa direction deviendra une place lucrative au lieu d'être une charge gratuite et de pure charité; il craint que le revenu légué par Sutton et qui était de près de 6000 liv. st., n'enrichisse un petit nombre d'individus au lieu de servir à l'entretien de plusieurs pauvres. Un écrivain[2] a prétendu que Bacon n'avait combattu cette fondation que dans l'espoir d'avoir sa part dans ce revenu; mais cette opinion est sans fondement, car on peut voir dans le mémoire de notre auteur qu'il demandait de deux choses l'une, ou qu'on rendît Charter-House à l'héritier, ou qu'on substituât à un établissement de pure ostentation,

---

[1]. *Bacon's Works*, tom. II, pag. 232.
[2]. *Account of the Charter-House*, by Samuel Herne, p. 107.

1.° une école de théologie dirigée contre les papistes; 2.° une retraite, car le nom de séminaire n'était pas de son goût, pour les convertis à la religion protestante; 3.° des pensions pour des prédicateurs chargés de parcourir les provinces où il n'y en avait point, comme le comté de Lancastre, dans lequel Élisabeth avait eu soin d'en envoyer de son temps. Édouard Coke avait épousé la cause contraire, et les ennemis de Bacon ne manquèrent pas encore de dire que c'était un des motifs qui l'avaient engagé de défendre un système impopulaire.

Enfin, cette même année l'Angleterre vit exercer un acte mémorable de justice, dont Bacon fut l'instrument. Lord Sanquhar, Écossais d'une illustre naissance, avait fait lâchement assassiner un maître d'armes anglais, nommé Turner. Le peuple, généralement mécontent des Écossais, se montra furieux de ce crime, dont l'atrocité égalait la bassesse; mais Jacques l'apaisa en faisant prévaloir la rigueur des lois sur l'intercession de la famille et des amis du coupable. Bacon, chargé de l'accusation, s'en acquitta avec une fermeté dont témoigne son réquisitoire[1]. Lord Sanquhar fut condamné et exécuté le 29 Juin devant la porte de Westminster-Hall.

La correspondance de Bacon, vers cette époque, offre une extrême variété, qui atteste celle de ses

---

1. *Bacon's Works*, tom. II, pag. 560.

occupations : on y remarque, après un réquisitoire contre un certain Whitelocke[1], une lettre à sir Henri Savile[2], où il expose en peu de mots, mais avec une grande lucidité, les idées fondamentales qu'il développa depuis dans son *Novum organum.* Il y traite spécialement des auxiliaires dont les facultés de l'ame ont besoin pour parvenir à la connaissance de la vérité, sujet sur lequel on n'avait presque encore rien écrit auparavant. On croyait généralement qu'il fallait se laisser guider par la nature seule, sans chercher à l'aider ni à la diriger; mais Bacon démontre très-bien que la méthode est à l'esprit ce que sont à la main les instrumens qui lui donnent l'adresse et la force nécessaires pour exécuter certains ouvrages. Bacon écrivit cette lettre, ou plutôt cette dissertation, dans l'intention de remplir ou au moins d'exciter quelqu'un à remplir la lacune qu'il avait signalée sur ce point dans son dénombrement des sciences.

---

1. *Bacon's Works*, tom. III, pag. 471.
2. *Ibidem*, pag. 253. Sir Henri Savile, à qui sont dus une belle édition de S. Chrysostome et d'autres savans ouvrages qui lui ont valu une juste célébrité, fut plusieurs années inspecteur du collége de Merton (université d'Oxford), où il fonda une chaire de géométrie et d'astronomie le 25 Mai 1620. Il observe dans le préambule de l'acte par lequel il fixa le salaire des professeurs de mathématiques et d'astronomie, que la géométrie était alors tout-à-fait abandonnée et presque inconnue en Angleterre.

Cependant la place de grand-juge du banc du roi[1], charge plus honorable que lucrative, étant devenue vacante, Bacon fit si bien qu'Édouard Coke y fut appelé sans l'avoir demandée, et fut remplacé dans celle de grand-juge des communs-plaids[2] par l'attorney général, Henri Hobbart, de sorte que rien ne s'opposa plus à ce qu'il succédât lui-même à ce dernier. A quelques jours de là, Coke l'ayant rencontré, lui dit : « M. l'attorney, c'est vous qui êtes cause de tout ce mouvement; je vous reconnais bien là. » — « Ah! mylord, répondit Bacon faisant allusion à son avarice, depuis assez long-temps vous travaillez à vous arrondir, il est temps que vous grandissiez un peu, sans quoi vous seriez difforme.[3]

Le roi ne tarda pas à mettre le dévouement du

---

1. La cour du banc du roi forme la partie de l'*Aula Regis*, qui subsista après que la cour des communs-plaids en eût été détachée. C'est le tribunal dont l'autorité est la plus étendue. Il a la surintendance de toutes les corporations et maintient les diverses juridictions dans leurs limites respectives. Il connaît de toutes les causes criminelles et même de plusieurs causes civiles. Il est composé d'un lord grand-juge et de trois juges. Les appels comme d'erreur (*writs of error*) en sont portés à la cour de l'échiquier, ou, dans le plus grand nombre de cas, à la cour des pairs.

2. Cette cour, qui siége aujourd'hui à Westminster-Hall, était autrefois ambulante. Toutes les actions civiles, soit réelles, soit personnelles, y étaient portées pour être jugées selon la rigueur des lois du royaume.

3. *Bacon's Works*, tom. I.er, pag. 541, apopht. 98.

nouvel attorney à l'épreuve. Le trésor étant vide, sa majesté avait pris sur elle d'établir une taxe de *bénévolence*, qui avait soulevé tout ce qu'il y avait d'esprits indépendans dans la nation. M. Olivier S. John en ayant dit publiquement sa pensée, qui était que cette taxe était contraire à la raison et à la loi, Bacon fut chargé d'instruire son procès devant la chambre étoilée, sous la direction du chancelier. Mais la santé de celui-ci s'affaiblissait visiblement, et cette circonstance, qui n'échappa pas à Bacon, fit naître en lui l'espoir d'arriver au premier poste de la magistrature. Il résolut de préparer de bonne heure les voies qui devaient l'y conduire, et d'abord il eut soin de se tenir au courant des variations qu'éprouva la santé de lord Ellesmere. Il en instruisait ensuite le roi, et lui faisant pressentir le moment où la retraite de son ministre deviendrait nécessaire, 1614 il le disposait à lui chercher un successeur. « Je sais, écrivait-il à Jacques, le 29 Janvier, que votre majesté sera bien aise d'avoir des nouvelles de mylord-chancelier par moi, pour qui ce ministre a une ancienne et vive amitié, que sa maladie a encore fait ressortir; par exemple, il m'a accordé cet après-midi un long entretien, ce que presque personne n'avait obtenu de lui depuis trois jours. Je l'ai trouvé dans son lit, la tête saine, l'esprit présent, parlant bien et sans effort. Il m'a d'abord et de lui-même entretenu des affaires de V. M.; entre autres choses, il m'en a dit une que je ne dois pas omettre, c'est qu'il désirait terminer sa carrière publique par l'affaire d'Olivier S. John, et que ce fût là le dernier témoignage de son dévouement à V. M. Je lui ai répondu que je savais, à n'en pouvoir douter, que vous teniez beaucoup à ce qu'il assistât à ce procès, pourvu qu'il le pût sans inconvénient pour sa santé; car vous prisiez encore plus le serviteur, et surtout un tel serviteur, que ses services. »

Le surlendemain, nouvelle lettre de Bacon au roi[1]. « V. M., lui dit-il, sait que l'affaire de M. Olivier S. John tire à sa fin. Quant à mylord chancelier, son âge et la saison ne permettent pas d'espérer qu'il se rétablisse si promptement. » Puis il reproduit à peu près dans les mêmes termes le récit de la visite qu'il lui a faite l'avant-veille.

Mais huit jours après[2] Bacon se convainquit par lui-même qu'Égerton n'était pas aussi mal que son impatiente ambition se l'était figuré, et il lui fallut encore ajourner ses espérances.

Cependant Suffolk, homme d'une capacité médiocre, avait succédé à Salisbury dans la charge de lord-trésorier, et avait recours à tous les moyens pour faire face à la profusion de Jacques. Le titre de baronnet[3], inventé par le ministre qui l'avait

---

1. *Bacon's Works*, tom. III, pag. 264.
2. *Ibid.*, pag. 266.
3. *Ibid.*, pag. 470. Le titre de baronnet avait été créé par

précédé, fut vendu, et l'on fit distribuer deux cents patentes de cette espèce de chevalerie pour autant de mille livres sterling. Chaque ordre de noblesse, chaque emploi subalterne de la cour eut son tarif. Mais ces expédiens et la création de quelques monopoles ne suffisant pas, il fallut recourir à un nouveau parlement. Le roi avait déjà essuyé tant de défaites dans les sessions précédentes; ses nerfs étaient tellement agités à l'idée de nouvelles contestations, que pour surmonter sa répugnance, ses conseils entreprirent, et de là leur vint le surnom d'*entrepreneurs* (*undertakers*), d'assurer une majorité décidée à la cour par un plan régulier d'élections et en distribuant leur crédit dans toutes les parties de l'Angleterre. Sous les règnes précédens il avait suffi, pour parvenir à ce but, que le chancelier fit connaître aux shérifs les volontés du roi; sous le règne actuel, quoiqu'on eût mis en usage toute l'influence de la couronne et de ses officiers, le résultat démontra qu'il existait dans le peuple un esprit évidemment contraire au système adopté par le gouvernement.

Le roi ouvrit la session, le 5 Août, par un discours

---

lettres-patentes de Jacques, en date du 22 Mai 1611. L'année suivante, un décret détermina le rang des baronnets. Un autre décret de 1616 eut le même objet (*Seldem, titles of honour*, partie II, chap. 5, pag. 821; chap. 11, pag. 906 et 310, 2.ᵉ édit., fol. 16 et 31).

conciliateur, à la fin duquel il demanda des secours pécuniaires, et fit l'offre de redresser une multitude de petits abus, signalés dans les pétitions du dernier parlement. Mais on donna peu d'attention à cette offre, et avant tout la chambre basse retentit de plaintes violentes sur l'arrogance des *entrepreneurs*, qui, par leur intervention, avaient violé les priviléges des communes : on contesta même la validité de plusieurs élections. Bacon fit ce qu'il put pour conjurer l'orage, et prononça à cette occasion un discours [1] que des circonstances analogues rendent peut-être plus curieux pour nous que pour les Anglais eux-mêmes.

On éleva ensuite la question de savoir si l'attorney général qui, par ses fonctions, était obligé à un service assidu dans la chambre des pairs, pouvait siéger dans celle des communes [2]. Le parlement, quoiqu'il fût alors extrêmement irrité contre les ministres, crut devoir accorder à Bacon cette faculté, mais en déclarant expressément que cette exception ne s'étendrait pas à ses successeurs, non plus qu'aux sessions suivantes, n'étant faite cette fois qu'à raison

---

1. *Bacon's Works*, tom. II, pag. 236.

2. En recherchant les précédens, on reconnut que des membres de la chambre avaient été nommés attorneys par le roi, sans perdre le droit de siéger; mais on ne trouva aucun exemple d'un individu nommé membre de la chambre, étant déjà employé par le roi (*Petyt's Planta parliament.*, pag. 174).

de la nécessité d'État et des services que l'attorney général actuel avait rendus au royaume dans la chambre basse.

A cette distinction si flatteuse pour Bacon, il vint bientôt s'en joindre une autre qui ne l'était pas moins. La barbare coutume du duel était passée de France, où elle avait fait répandre bien du sang, en Angleterre, où, depuis quelque temps surtout, elle faisait une foule de victimes. Les choses en vinrent au point que la chambre étoilée, l'une des quatre cours souveraines, crut devoir s'assembler extraordinairement pour réprimer cet abus. Bacon, uni d'intention avec elle, saisit la première occasion qui s'offrit à son zèle. Deux Anglais, Priest et Wrigth, s'étant battus en duel, il les traduisit devant la chambre étoilée, où il prononça un réquisitoire[1] plein de force contre cette mode sanguinaire. Son discours fut tellement goûté, que la cour ordonna qu'il fût imprimé à la suite de son arrêt, honneur qui n'avait encore été accordé à personne.

Bacon signala également son zèle contre les doctrines ultramontaines. Les catholiques, en butte à toute la rigueur des lois que la crainte qu'ils inspiraient avait suscitées contre eux, avaient envoyé deux pairs, deux chevaliers et deux avocats de leur communion, pour déposer au pied du trône une péti-

---

[1]. *Bacon's Works*, tom. II, pag. 563.

tion dans laquelle ils exposaient leurs griefs. Cette pétition avait été mal accueillie, et deux des députés, Lutterel et William Talbot, avaient été arrêtés et conduits, l'un à la prison de la Flotte, et l'autre à la Tour. On fit plus, on voulut éprouver ce dernier : l'ouvrage dans lequel le jésuite Suarès prétend établir que le pape a le droit de déposer les rois, lui fut présenté, avec injonction de donner son opinion par écrit sur plusieurs passages qui lui furent indiqués. Mais Talbot chercha à éluder cette tâche, en déclarant que sur les points de foi il pensait comme l'Église romaine, mais qu'il reconnaissait d'ailleurs Jacques pour roi légitime d'Angleterre, d'Écosse et d'Irlande. Cette réponse évasive ne satisfit point. En conséquence Bacon traduisit Talbot devant la chambre étoilée, et prononça contre lui un réquisitoire[1] dont on ignore quel fut l'effet. Il est seulement probable que l'accusé fut renvoyé sans autre peine qu'un avertissement de se mieux conduire à l'avenir.

---

1. *Bacon's Works*, tom. III, pag. 279.

LIVRE IV.

*Ante omnia integritas judicum quasi portio est,
virtusque propria.*
L'intégrité est en quelque sorte une partie du
juge ; c'est proprement la vertu de son état.
(Bacon, *De officio judicis*, t. V, p. 426.)

1615 Tant que Salisbury avait vécu, aucun courtisan n'avait possédé exclusivement l'affection du roi, ni dirigé seul la distribution de ses faveurs ; mais la mort de ce puissant ministre permettait depuis trois ans à Jacques de suivre ses inclinations, et le livrait aux scandaleux caprices d'un indigne favori. Robert Carr le gouvernait despotiquement, et par lui les trois royaumes. Un accident avait été le principe de la brillante fortune de ce jeune homme. Vers la fin de 1609, lord Hay l'avait choisi dans un tournoi pour présenter au roi, selon l'usage, son bouclier et sa devise. En accomplissant ce devoir, Carr fut jeté de cheval, et, dans sa chute, se cassa la jambe. Jacques ordonna qu'il fût porté dans un appartement voisin, envoya un chirurgien pour le soigner et lui fit plusieurs visites en personne. Il se trouva que Carr, qui n'avait alors que vingt ans, avait été son page en Écosse ; qu'il était de la famille de Ternyhest, et fils de celui qui avait tant souffert pour la cause de l'infortunée Marie Stuart. La beauté de sa personne et l'esprit de ses réponses ajoutèrent aux droits que lui donnaient ses services et ceux de son père, si bien que la pitié du roi se changea insensiblement en une tendre affection. Les bontés de Jacques pour Carr furent extrêmes, comme sa passion, et ses enfans eux-mêmes ne parurent avoir que la seconde place dans son cœur. Il se fit son précepteur, lui apprit la langue latine, et ne dédaigna pas d'échanger son sceptre contre une férule. Les affaires d'État servaient d'intermède à cette ridicule occupation, et alors l'écolier devenait le maître à son tour. Les honneurs et les richesses lui furent prodigués; c'est ainsi qu'il était successivement devenu chevalier, baron de Branspeth, vicomte de Rochester, chevalier de la jarretière et membre du conseil privé; c'est ainsi qu'il avait amassé en peu de temps une fortune énorme. Tel était l'homme qui, resté étranger aux affaires du vivant de Salisbury, l'avait remplacé de fait après sa mort.

Bacon montra un grand jugement dans sa conduite à l'égard de ce favori. Il s'en tint constamment éloigné et resta sous ce rapport dans une réserve dont l'événement justifia la prudence. En effet, au temps où nous sommes arrivés la faveur de Carr commença à décliner, et l'on put s'apercevoir qu'un autre l'avait remplacé dans le cœur du roi. Ce changement d'affection eut sa source dans un événement tragique arrivé récemment, mais dont l'affreux mystère ne devait être dévoilé que plus tard.

R. Carr entretenait un commerce scandaleux avec Françoise Howard, comtesse d'Essex. A la fin de 1612, son ami, son conseiller le plus intime, sir Thomas Overbury[1], qui d'abord avait servi leurs amours, lui ayant entendu manifester le désir de faire divorcer sa maîtresse et de l'épouser ensuite, ne négligea rien pour l'en détourner. Mais cette femme méprisable maintint son ascendant sur le cœur de Rochester, et dans sa fureur contre Overbury, offrit 1000 liv. st. à sir John Wood pour le tuer en duel. Cette offre ayant échoué, elle résolut de faire servir son amant lui-même à sa vengeance. Elle engagea Rochester à demander au roi l'ambassade de Russie pour son incommode ami; mais Overbury voyant, comme elle s'y était attendue, une espèce d'exil dans cette prétendue faveur,

---

[1]. Sir Thomas Overbury était né en 1581 dans le comté de Warwick. C'était un homme à caractère, d'un esprit cultivé et d'excellent conseil. Rochester lui dut les succès qu'il obtint d'abord à la cour, et l'en paya par la plus lâche ingratitude, soit qu'il ait participé à sa mort, soit qu'il y ait seulement consenti. Overbury mourut à trente-trois ans d'un lavement empoisonné. On a de lui, entre autres ouvrages, un poëme intitulé : *La femme*, où il traite du choix d'une bonne femme. Cette pièce qui, de son vivant, eut plusieurs éditions, fut imprimée après sa mort sous ce titre : *La femme à présent veuve de sir Thomas Overbury*. La mort de cet infortuné est le sujet d'une tragédie qui se joue quelquefois sur le théâtre anglais.

ne voulut point l'accepter, disant que, selon les lois du pays et la justice, le roi ne pouvait l'obliger à sortir d'Angleterre. Jacques, irrité de ce refus, qu'on lui présenta comme une marque de dédain, fit conduire Overbury à la Tour (21 Avril 1613). Sir Gervaise Elwys, lieutenant de cette prison, était une créature de Rochester, à qui il devait son emploi; de sorte que le malheureux Overbury fut étroitement renfermé, et privé pendant près de six mois de toute communication au dehors.

Délivrés de cet obstacle, les amans pressèrent l'exécution de leurs projets. Enfin le divorce de la comtesse fut prononcé pour cause d'une prétendue incapacité physique de son mari, *relativement à elle*[1], par une commission nommée par le roi, qui parut avoir sollicité lui-même cette scandaleuse décision. Le mariage de Rochester avec l'ex-comtesse d'Essex suivit de près (4 Novembre 1613), et fut célébré en présence de la cour et de Jacques, qui, à cette occasion, décora son favori du titre de comte de Sommerset, afin que son épouse ne déchût pas du titre de comtesse qu'elle avait porté jusqu'alors.

Ce triomphe n'avait pas satisfait cette dernière; la mort d'Overbury avait pu seule assouvir sa haine. De concert avec le comte de Northampton, son oncle, et au moins du consentement de Rochester,

---

[1]. Il avait eu des enfans d'une maîtresse.

elle s'était défait par le poison d'Overbury, qui n'avait pas assez vécu pour être informé du divorce et du mariage. Son enterrement précipité dans la chapelle de la Tour[1], sans visite préalable du coroner, fit naître de graves soupçons; mais bientôt le crime parut étouffé et le public n'en parla plus.

Mais Sommerset ne put se dérober à cette voix tacite qui a le pouvoir de se faire entendre au milieu du tumulte des cours, et qui effraye perpétuellement les coupables par le juste reproche de leurs plus secrets attentats. La conscience du favori lui remettait sans cesse sous les yeux les tristes circonstances de la mort de son ami, et ne lui laissait pas trouver plus de consolation dans les plaisirs de l'amour que dans la pusillanime affection du roi. Ses grâces étaient disparues par degrés; l'enjouement de son humeur s'était altéré; sa politesse et ses manières obligeantes avaient fait place à la tristesse et à la taciturnité. Enfin Jacques, qui s'était laissé prendre à ses qualités superficielles, s'était visiblement refroidi pour un homme qui ne l'amusait plus. Dans cette situation il était facile de prévoir qu'un prince qui ne pouvait se passer de favori, allait devenir la conquête du premier intrigant qui saurait lui plaire.

Au nombre des emplois subalternes de la cour

---

[1]. Il eut lieu le jour même.

que la pénurie du trésor avait obligé de vendre, était la charge d'échanson. George Villiers, l'un des fils cadets de sir Édouard Villiers de Brookesby, dans le comté de Leycester, l'avait achetée. C'était un jeune homme de vingt-un ans, de belle taille et bien proportionné, toujours vêtu dans le meilleur goût. Ses traits annonçaient un esprit actif et un caractère aimable, que sa mère, qui n'avait pas de biens à lui laisser, avait cultivé comme un moyen d'en acquérir. Enfin, une courte résidence en France avait donné à ses manières un vernis de politesse que Jacques aimait dans les autres sans avoir pu se le donner à lui-même. Le nouvel échanson attira bientôt l'attention de son maître; ses réponses à diverses questions augmentèrent l'impression favorable produite par ses agrémens extérieurs, et la chaleur avec laquelle le roi parla de son mérite, suggéra aux comtes de Bedfort, de Pembroke et de Hartfort, ennemis de Sommerset, de l'opposer à celui-ci comme un rival. La résolution en fut prise dans un grand dîner politique, donné au château de Baynard, et l'archevêque Abbot fut chargé de solliciter la coopération de la reine. Après plusieurs refus celle-ci y consentit; mais sa réponse prouve combien le caractère de son faible époux lui était connu. « Mylord, dit-elle, vous ne savez pas ce que vous demandez. Si Villiers obtient la faveur du roi, vous en serez les premières victimes.

et moi je ne serai pas plus épargnée que les autres; le roi lui apprendra à nous traiter tous avec hauteur et mépris. » On prit soin de placer Villiers au théâtre sous les yeux du monarque, qu'il finit de captiver, et dès ce moment sa faveur fut décidée. Nommé gentilhomme de la chambre à la S. George, jour de sa fête, avec un traitement annuel de 1000 liv. st., le lendemain, pendant qu'il commençait les fonctions de sa nouvelle charge, il reçut les honneurs de la chevalerie.

Dès ce moment la cour fut divisée en deux partis, laborieusement occupés à se nuire. Tous ceux qui enviaient la puissance de l'ancien favori ou qui avaient souffert de son ascendant, s'attachèrent à la fortune naissante de son compétiteur; ceux au contraire qui trouvaient plus de sûreté dans un crédit établi, restèrent attachés à Sommerset. Le roi lui-même, partagé entre son inclination et la bienséance, augmentait l'incertitude des courtisans, et la sombre jalousie de l'ancien favori, qui rejeta toute avance d'amitié de la part de son rival, devint une source fréquente de querelles entre leurs partisans.

Dans la foule de ceux qui se hâtèrent d'offrir leurs services à Villiers, Bacon se montra le plus ardent, comme le plus capable de le servir; de son côté Villiers, que la fortune n'avait pas eu le temps de corrompre, lui demanda des conseils. Ceux que

Bacon lui adressa [1] ne font pas moins d'honneur à celui qui les recevait qu'à celui qui les donnait, par la sévérité de principes et la franchise qui y règnent. Bacon y entre dans un détail exact de toutes les connaissances que doit posséder un ministre, et y trace la conduite qu'il doit tenir dans l'administration des matières religieuses, judiciaires et politiques. Il serait à désirer que cette lettre, ou plutôt cette instruction, devînt le bréviaire et le manuel de tous les hommes d'État.

Tout en cherchant à faire de Villiers un ministre utile à son pays, Bacon ne négligea rien pour s'en faire aussi un protecteur, et lui faire appuyer les vues de son ambition. En effet, il songeait toujours à la place de chancelier. Au commencement de Février, lord Ellesmere ayant éprouvé une rechute, dès le 9 de ce mois il s'était hâté d'en instruire le roi [2]. « La maladie de mylord chancelier, lui avait-il dit, arrive dans un mauvais moment; car j'ai toujours reconnu en lui un homme sage et dont l'élévation a été un bonheur pour la monarchie. Mais le service de V. M. ne doit pas être sujet à la mort, et si vous perdez mylord chancelier, vous ne manquerez pas d'hommes dévoués pour le remplacer. » Enfin, dans une lettre postérieure [3] de trois

---

1. *Bacon's Works*, tom. II, pag. 257.
2. *Ibid.*, tom. III, pag. 279.
3. *Ibid.*, pag. 280.

jours seulement, il avait ouvertement sollicité la place de chancelier, et n'avait pas rougi d'y employer des moyens qui, pour être d'un usage assez ordinaire à la cour, n'en sont pas moins honteux. Mais laissons-le lui-même mettre le lecteur dans la confidence de son caractère et de ses intrigues.

« Votre chancelier, disait-il au roi, touche, j'en ai bien peur, à sa fin. Jusqu'à ce jour, ceux qu'il a plu à Dieu d'enlever à V. M. commençaient à devenir moins propres à la servir; tandis que cette fois c'est un vrai sage [1] qu'il retire à lui; c'est la plante (*salvia*) la plus précieuse de votre jardin qu'il cueille. Il ne faut pourtant pas que le service de V. M. soit sujet à la mort.

« Me permettra-t-elle de lui soumettre à ce sujet quelques humbles mais sincères réflexions? Je ne puis oublier que lorsque j'aspirai à la charge d'attorney général, vous accédâtes à mes vœux de votre propre mouvement et sans l'intercession de mylord Sommerset, qui ne prit part à ma nomination que lorsqu'il sut qu'elle était arrêtée dans votre esprit, et seulement afin de s'en attribuer le mérite. Je n'ai donc aucune raison pour m'adresser aux saints.

« Or, voici que je me trouve encore avoir l'occasion de renouveler à V. M. l'offrande de mon cœur

---

1. Il y a un jeu de mot dans le texte original; le mot *sage* en anglais signifiant à la fois *sage* et *sauge*.

et de mes services, à laquelle je joins celle de ma charge d'attorney général, qui vaut bien 6000 liv. st. par an, et celle de greffier de la chambre étoilée, qui m'en vaut bien 1600. Toutes les deux réunies n'ont, comme vous le voyez, guère moins de valeur et de considération que celle de chancelier. J'espère donc ne pas être taxé de présomption si je songe à cette dernière, d'abord parce que mon père l'a occupée, ce qui lui donne à mes yeux je ne sais quel attrait, et me fait désirer d'avoir encore vingt années à employer aussi utilement pour votre gloire, que mon père a employé les vingt dernières de sa vie pour celle d'Élisabeth. J'y songe encore parce que je me suis assuré que cette charge a toujours été conférée à un conseiller savant de V. M. et jamais à un juge. Audeley était sergent ès-lois du roi quand il y fut porté; mon père, attorney près la cour des tutelles; Broucley, solliciteur; Pukering, sergent ès-lois de la reine; Égerton, maître des rôles et auparavant attorney général. Souffrez maintenant que j'examine les droits de mes concurrens : si vous choisissez mylord Coke, il en résultera deux inconvéniens : vous mettrez un homme impérieux dans une place d'autorité, ce qui peut avoir des conséquences très-graves, et vous paralyserez son habileté en matière de finances, qui semble l'appeler à un autre emploi, outre que les hommes populaires sont mal en selle sur la monture de V. M. Prendrez-vous mylord Hobbart, vous aurez un juge éclairé sans doute, mais à idées étroites, très-propre à administrer ses propres affaires, mais non à diriger les vôtres en homme d'État; un homme enfin qui mesurera votre prérogative au pied de la lettre; car il ne se peut faire qu'un légiste ne cherche pas à faire prévaloir la loi : cette nomination, au lieu de donner un appui à V. M., lui créerait donc un obstacle. Quant à l'archevêque de Cantorbery, je me contenterai de vous faire observer que le cancellariat réclame un homme tout entier, et qu'il n'appartient qu'à V. M. de ne pas succomber sous le double faix des juridictions spirituelles et temporelles.

« Pour moi, tout mon mérite est dans l'obéissance (*gloria in obsequio*)[1]; toutefois je puis promettre, si j'obtiens ce que je désire, que je ne m'en tiendrai pas à ce que vous m'aurez textuellement ordonné,

---

1. Ici Bacon fait allusion à ce que M. Terentius disait à Tibère un jour qu'on lui reprochait son intimité avec Séjan, dernier favori de l'empereur. « Nul n'a le droit de juger ceux que vous élevez au-dessus des autres, non plus que les raisons pour lesquelles vous les élevez. C'est à vous que les dieux ont commis le droit de juger souverainement de toutes choses, *ils ne nous ont laissé à nous que l'honneur de souscrire à votre jugement.* »

Non est nostrum estimare quem supra cæteros, et quibus de causis extollas : tibi summum rerum judicium dii dedere : nobis obsequii gloria relicta est. (*Tacit., Annal., lib. VI.*)

et que je suivrai vos directions jusque dans leurs dernières conséquences.

« Je me flatte aussi d'avoir quelques partisans en Angleterre, que je dois aux souvenirs qu'a laissés mon père, et aux services que j'ai rendus à la chambre basse, ce qui me donne les moyens nécessaires pour exercer de l'influence dans cette partie du parlement qu'on peut considérer comme le pivot sur lequel tournent les affaires de l'État. Or, V. M. me permettra de lui faire observer que les fonctions qui appellent le chancelier à statuer avec équité entre les parties, et qu'on pourrait appeler son domaine judiciaire, domaine dont on n'a que trop étendu la juridiction depuis mon père, ne sont pas celles qui intéressent le plus V. M.; car elles n'ont d'autre objet que de décharger votre conscience de la dette de justice que lui impose votre qualité de roi. Ce qui vous importe le plus dans les circonstances où nous sommes, c'est de trouver dans votre chancelier un sage président pour votre conseil et un administrateur capable de surveiller vos juges et de faire un bon choix de magistrats et de gouverneurs pour votre royaume.

« J'ajouterai que par mes soins j'espère fortifier la partie inventive de votre conseil, dont les membres montrent plus de jugement que d'imagination, tous les expédiens utiles leur étant la plupart du temps suggérés par des faiseurs de projets et de simples particuliers, ce qui n'est pas sans inconvénient..... »

Le chancelier était réellement dans un état déplorable, qu'une menace de *præmunire*, dirigée par Coke contre la chancellerie toute entière, n'avait fait qu'aggraver. Voici le fait : deux individus étaient accusés, devant le banc du roi, par un certain Courteney, et devaient être jugés par cette cour d'après les règles du droit coutumier. On voulait les sauver et l'on s'y prit de la manière suivante : un de leurs amis s'empara du témoin le plus à craindre, et dont la déclaration était indispensable au procès, le conduisit au cabaret, le fit boire et l'enivra. Puis il alla dire à la cour, sous la foi du serment, qu'il venait de laisser le témoin dans un tel état d'ivresse, que s'il y restait un quart d'heure de plus, c'était un homme mort. La comparution du témoin devenant impossible, les accusés furent acquittés; mais les plaignans ne se découragèrent pas et portèrent l'affaire à la chancellerie. Les accusés argumentèrent de leur acquittement, refusèrent de se soumettre à un nouveau degré de juridiction, sur quoi le chancelier les fit mettre en prison, comme ayant manqué à la cour qu'il présidait. Ceux-ci portèrent plainte contre lui à la chambre étoilée, et Coke, en sa qualité de grand-juge du banc du roi, se joignit à eux, prétendant que le grand-chancelier avait enfreint le statut de la quatrième année du règne de Henri IV, chap. 3. Ce magistrat alla même jusqu'à menacer le chancelier et toute la chancellerie d'un *præmunire*, fondé sur le 27.ᶜ statut d'Édouard III, chap. 1, ce qui n'allait à rien moins qu'à les faire mettre en prison.

Cependant le rétablissement de lord Ellesmere trompa encore cette fois l'attente de Bacon, qui eut soin de cacher son impatience sous les dehors d'un tendre intérêt pour la santé du chancelier. « Dieu merci, écrivit-il au roi le 15 Février 1615 [1]; j'ai trouvé chez mylord chancelier un mieux sensible. J'eus hier avec lui une conversation particulière qui dura une demi-heure. Aujourd'hui j'en ai eu une autre pendant qu'il scellait, ce qu'il a fait durant une heure sans incommodité, malgré l'odeur de la cire qui lui est contraire. Il n'a pas la moindre fièvre; sa mémoire est parfaite, sa voix n'a rien de cassé, ses yeux ne sont point enfoncés, sa respiration est libre et sa toux n'est ni sèche ni faible. Toutefois ceux qui croient que sa maladie n'est autre chose que de la mélancolie, sont dans l'erreur; c'est évidemment un catarrhe, accompagné d'une toux si forte, qu'on croirait parfois qu'il va rendre l'ame. »

Réduit encore à l'attente, Bacon songea à gagner au moins du terrain. « La santé de mylord chan-

---

[1]. *Bacon's Works*, tom. III, pag. 282.

celier, écrivit-il à Villiers le 21 Février[1], semble se fortifier à mesure qu'il avance en âge, et il est fort incertain qu'il résigne les sceaux. En attendant je serais bien aise que vous employassiez votre crédit à me faire nommer membre du conseil privé. Indépendamment de ce que je trouverais dans ce titre des arrhes pour la place de chancelier, il me donnerait une considération et une consistance qui profiteraient au service du roi dans ma charge d'attorney général..... Hier, mylord chancelier m'a dit en propres termes, que si le roi le consultait sur le choix de son successeur, en cas de mort ou d'impuissance, il me désignerait comme celui qu'il croit le plus capable de remplir sa place. Qu'en pensez-vous? Dois-je profiter de cette ouverture? »

Le même jour, Bacon saisit l'occasion que lui fournit la contestation qui s'était élevée entre Coke et le chancelier, pour jeter dans l'esprit du roi des préventions fâcheuses contre celui-là. « D'après les ordres de V. M., lui écrit-il[2], j'ai été voir hier mylord chancelier. J'ai trouvé le bon homme fort consolé, et du côté du monde et du côté de Dieu, et je pense qu'il ne fallait pas moins qu'une consolation d'un ordre à la fois divin et humain, telle qu'elle peut provenir de vous, qui êtes le lieutenant

---

1. *Bacon's Works*, tom. III, pag. 283.
2. *Ibid.*, pag. 284.

de Dieu sur la terre, pour l'aider à supporter à son âge une maladie si grave. Au surplus, je ne me suis pas trompé, lorsque j'ai prédit que l'affaire de la chancellerie le réveillerait. Il affecte de la mépriser, mais au fond il en est presque aussi préoccupé qu'un jeune homme qui a le dessous dans un duel. » Vient ensuite le compte que Bacon rend au roi de cette affaire. « Enfin, ajouta-t-il, et ce que tout le monde blâme, le jour même que l'on crut devoir être le dernier de mylord chancelier, deux accusations de *præmunire* furent portées contre la chancellerie, l'une par Richard Glanville, et l'autre par William Allen, qui se plaignent d'avoir été punis par cette cour après avoir été acquittés par le banc du roi, conformément à la loi coutumière. Je n'entrerai pas dans le fond même de cette affaire, cela serait trop long et fatiguerait V. M.; je me contenterai de dire que si ces accusations sont l'ouvrage de ceux qui les ont portées, ces derniers sont les plus mal-adroits des hommes; car je les défierais de trouver deux cas qui fissent plus d'honneur à la chancellerie que ceux dans lesquels ils se trouvent, soit qu'on considère l'équité des arrêts, soit qu'on considère la conduite scandaleuse de ceux qui les attaquent. Aussi le grand jury, composé ce me semble d'hommes graves et judicieux, a-t-il refusé d'accueillir ces accusations malgré les clameurs des plaignans, et quoique la cour du banc du roi l'eût saisi par deux fois. Dix-sept ou dix-neuf jurés ont persisté à répondre avec fermeté par un *ignoramus*, qui, suivant moi, est beaucoup plus sage dans la circonstance que toutes les belles doctrines de ceux qui ont prétendu en savoir plus long. »

Bacon attribue cette levée de boucliers contre la chancellerie principalement à Coke; levée de boucliers qu'il appelle un grand et public affront, fait non-seulement à un respectable vieillard dans le temps où il était mourant, ce qui était, dit-il, le comble de l'inhumanité, mais à la cour suprême de chancellerie toute entière. Enfin, il conseille au roi de faire un exemple sur un juge qui a osé attenter ainsi à une juridiction où S. M. est personnellement intéressée. Il en prend occasion de citer des juges qui, pour une cause analogue, furent obligés, du temps d'Élisabeth, de demander pardon à genoux devant le conseil. « Toutefois, avait-il eu soin de faire observer auparavant, je ne suis nullement d'avis que Coke soit disgracié sur-le-champ, d'abord parce que personne n'est aussi bien au courant que lui des affaires capitales actuellement en litispendance; puis, parce qu'il ne saurait être remplacé dans les matières fiscales. Le meilleur moyen de châtier son orgueil serait, si j'ose le dire, d'élever au-dessus de lui quelqu'un de ses rivaux.... » C'était se désigner assez clairement pour la place de chancelier, que Coke ne convoitait pas moins que lui.

Pour le moment le roi suivit une partie de cet avis, et la disgrace de Coke fut ajournée.

Le jury, en refusant de connaître de la question qui divisait la chancellerie et le banc du roi, n'avait fait qu'aigrir les esprits. Le roi, qui se regardait comme le juge souverain des juridictions, chargea son attorney général Bacon, son solliciteur général Yelverton, sir Henri Montagne et sir Randolph Crew, ses sergens ès-lois, et M. Walter, attorney du prince, d'examiner le cas et de lui en dire leur avis.

Cependant l'instruction de l'affaire d'Olivier S. John était terminée, et le roi attendait avec impatience le jugement ou plutôt la condamnation d'un homme qui avait osé lui refuser le droit d'établir un impôt de sa propre autorité. Cet indiscret patriotisme fut puni le 15 Avril, conformément aux conclusions de Bacon[1], de 500 liv. st. d'amende. Olivier S. John fut en outre condamné à rester en prison le temps qu'il plairait au roi et à se rétracter par écrit; ce qui fut exécuté.

On s'occupa ensuite des affaires dans lesquelles Bacon avait jugé le ministère de Coke indispensable. La première était celle d'un ecclésiastique nommé Edmond Peacham, dans le cabinet duquel on avait trouvé un sermon qui n'avait pas été prêché, et qui, dit-on, n'était pas même destiné à l'être, mais qui

---

1. *Bacon's Works*, tom. II, pag. 590.

contenait quelques passages qui parurent repréhensibles. L'auteur s'y plaignait des dépenses du roi, en ce que ce prince tenait pour lui-même une cour distincte de celle de la reine et de son fils; de l'argent qu'il prodiguait pour des danses et des banquets; il lui reprochait le luxe de ses vêtemens et les exactions de ses officiers, etc. On rédigea des questions pour découvrir ses motifs et ses conseillers; puis, ce vieillard (il avait alors soixante ans au moins) fut interrogé en présence de la torture, pendant la torture et après la torture, par ordre exprès du roi. Jacques était tellement irrité, qu'il soutenait que son délit était un crime de haute trahison. Coke au contraire prétendit, que ce pouvait être une diffamation, mais que ce n'était certainement pas une trahison, puisqu'il n'y avait aucune attaque contre les droits du souverain. Le roi, craignant que l'issue de ce procès ne fût pas conforme à ses vues, chargea Bacon de prendre d'avance l'opinion des juges du banc du roi. Ceux-ci ne refusèrent pas de faire connaître la leur; mais Coke ne s'y prêta qu'avec beaucoup de répugnance, observant que ce mode de s'assurer d'avance de la décision qui serait rendue, était insolite et susceptible de dangereuses conséquences. Peacham, conformément aux conclusions de Bacon[1], n'en fut pas moins

---

1. *Bacon's Works*, t. III, p. 258, 259, 271 et 478. Mal-

déclaré coupable et condamné à mort, le 7 Août, dans le comté de Sommerset. Mais cette sentence inique ne fut pas exécutée, et le malheureux Peacham mourut en prison le printemps suivant.

La seconde cause dans laquelle Bacon avait jugé Coke nécessaire, était celle de M. O-Wen de Godstove en Oxfordshire, qui, revenant d'Espagne, avait présenté, sinon comme certaine, au moins comme probable, la doctrine que Suarès et quelques autres jésuites avaient répandue dans ce pays, qu'il est permis de tuer les princes excommuniés et déposés par le pape, doctrine en opposition directe avec le serment d'allégeance. O-Wen soutint que ce n'était pas là une trahison, puisque Jacques n'était pas excommunié, et que cette doctrine ne lui était pas applicable. Coke maintint, contre l'opinion de ses collègues, que cette réponse était bonne. Cependant il finit par se rétracter, quoique avec répugnance, et admit qu'il avait été dans l'erreur de supposer que le roi n'était pas excommunié; il croyait maintenant qu'il l'était, et que les expressions d'O-Wen étaient criminelles. Peut-être aussi céda-t-il à la nécessité

---

gré cette décision, on n'en tient pas moins en Angleterre que la publication d'un écrit injurieux constitue seule l'offense. L'opinion contraire n'a jamais été adoptée que dans les temps où régnait l'arbitraire. C'est ainsi qu'Algernon Sydney fut condamné pour certaines opinions spéculatives, trouvées parmi des papiers renfermés dans une armoire secrète.

de faire un exemple que réclamaient les progrès que faisait tous les jours la pernicieuse doctrine du régicide. M. O-Wen fut déclaré coupable et condamné, vers le temps de Pâques, toujours conformément aux conclusions de Bacon [1], et d'après le 25.ᵉ statut d'Édouard III.

Le parlement n'accordant aucun subside, ce qui lui fit donner le nom de stérile et détermina plus tard Jacques à le dissoudre (7 Juin 1616), un alderman de Londres, sir William Cockayne, avait obtenu de la couronne une licence qui autorisait, sous le titre de *Compagnie nouvelle*, une société de marchands aventuriers dont il était le chef, à exporter tous les ans plusieurs milliers de draps anglais non teints. On avait espéré que les produits de la douane en recevraient un accroissement considérable; mais les concessionnaires n'ayant pas rempli leurs engagemens et ayant formé de nouvelles prétentions, Bacon, à qui le roi demandait souvent son avis sur les matières d'État et de finance, fut consulté, et ne fut pas favorable *à la nouvelle compagnie*. Les lettres [2] qu'il écrivit au roi à ce sujet, le 12 Août 1615, et depuis, le 12 Octobre 1616, amenèrent la suppression de cette société et le réta-

---

1. *Bacon's Works*, tom. II, pag. 590; tom. III, pag. 267 et 479.
2. *Idem*, tom. III, pag. 275.

blissement de l'ancienne compagnie, qui furent proclamés le 12 Août 1617.

La mort d'Overbury était oubliée, lorsqu'une découverte imprévue vint en réveiller le souvenir, finit de précipiter Sommerset, et ne laissa plus d'obstacle à l'élévation de Villiers.

On se rappelle que sir Gervaise Elwys était lieutenant de la Tour, lorsque Overbury y avait été conduit: c'était lui qui, le 6 Mai 1613, avait introduit et placé auprès de son prisonnier, comme gardien, Richard Weston, ancien garçon apothicaire, par qui le poison avait été administré. Ce même Elwys, ayant besoin de la protection de lord Shrewsbury, se fit recommander par un de ses amis à ce seigneur; mais celui-ci ayant objecté la conduite de sir Elvys envers Overbury, mit ce solliciteur dans le cas de chercher à se disculper, ce qu'il fit en protestant qu'il avait fait tout ce qu'il avait pu pour empêcher Weston de commettre le crime et l'engager à y renoncer. Cette involontaire indiscrétion, rapportée au secrétaire d'État Windwood, fut un trait de lumière qui mit aussitôt sur la voie de la vérité. D'autres ont prétendu que Weston, s'étant réfugié à Flessingue après la mort d'Overbury, s'était exprimé fort librement sur tout le fond du secret; que ses révélations allèrent jusqu'aux oreilles de Trumbal, ambassadeur d'Angleterre dans les Pays-Bas, et par ce dernier jusqu'à celles de Windwood.

Quoi qu'il en soit, celui-ci, poussé par l'archevêque Abbot et assuré de l'appui de la reine, se hasarda à communiquer au roi ces horribles lumières. Jacques proposa par écrit certaines questions à Elwys, dont les réponses élevèrent des doutes suffisans sur l'honneur du comte et de la comtesse, de sorte qu'il ordonna à Coke de les faire arrêter. En attendant il laissa son favori dans l'ignorance du sort qui le menaçait; il l'admit même, comme à l'ordinaire, dans son intimité, et le messager Royston le trouva, quand il vint pour se saisir de la personne du comte, les bras passés autour de son cou et lui baisant la joue. Sommerset se plaignit de son arrestation en présence du roi, comme d'une insulte; mais Jacques lui imposa silence par cette exclamation : « Oui, si Coke m'envoyait prendre, je devrais moi-même marcher! » Et dès que son favori eut le dos tourné, il ajouta : « Le diable t'accompagne, de ma vie je ne reverrai ton visage! » Peu de temps après Coke arriva, et le roi le chargea d'approfondir cette affaire avec la plus scrupuleuse attention. « Que Dieu, dit-il, vous maudisse vous et les vôtres, si vous épargnez aucun d'eux, et que sa malédiction tombe sur moi si je leur pardonne! »

Coke exécuta cet ordre avec un zèle peu commun, stimulé peut-être par la crainte d'encourir le soupçon de partialité, à raison de quelques obligations qu'il avait à Sommerset. Après l'audition de trois cents témoins, il présenta au roi un rapport établissant que Françoise, comtesse d'Essex, avait employé la sorcellerie pour aliéner l'affection de son mari et gagner celle de Rochester; qu'un plan avait été concerté entre les deux amans et le comte de Northampton pour éloigner Overbury, seul obstacle à leur mariage; que, par leurs manœuvres combinées, Overbury avait été envoyé à la Tour, le lieutenant Warde destitué pour faire place à Elwys, et Weston donné pour gardien au prisonnier : que la comtesse s'étant fait donner, à l'aide de mistress Turner, trois espèces de poison par l'apothicaire Franklin, les avait remis à Weston, qui les avait préparés et administrés au prisonnier, à la connaissance du lieutenant Elwys. Enfin Coke fit mention d'une lettre d'Overbury [1], où il était question des secrets de Sommerset, et prétendit, à l'aide de quelques conjectures, que ces secrets avaient trait au genre de mort du malheureux prince Henri.

Les accusés subalternes, sir Gervaise Elwys, James Franklin, Robert Weston et mistress Anne Turner, veuve d'un médecin, furent d'abord mis en jugement, condamnés à mort sur leurs aveux et exécutés le 19 Août [2]. Le décès du comte de Northamp-

---

[1]. On trouve une copie de cette lettre dans la Bibliothèque cottonienne, tit. B, VII.

[2]. Hume fait remarquer que dans le procès de mistress Turner, Coke la traita de M., de P., de sorcière, de magi-

ton, arrivé quelque temps auparavant, l'avait soustrait au même sort. Sir William Mounson était accusé d'avoir indiqué Weston pour garder Overbury. Coke l'exhorta à reconnaître sa complicité et à s'abandonner à la clémence du roi; mais celui-ci rejeta cette insinuation avec mépris, et, à la grande surprise du public, il fut ramené de la barre à la Tour, d'où il sortit peu de temps après.[1]

Bacon fut ensuite chargé, toujours en sa qualité d'attorney général, de poursuivre devant la chambre étoilée M. Lumbsden, gentilhomme écossais, sir John Hollis, depuis comte de Clare et John Wentworth, accusés d'avoir tenté d'avilir la justice du roi. Il prononça contre eux un réquisitoire éloquent dont l'histoire s'est emparée[2]. Hollis et Went-

---

cienne, de papiste, de félonne, de meurtrière, et dit qu'elle était coupable des sept péchés capitaux. Bacon lui-même avait pris soin d'observer, *que l'empoisonnement était un tour de papiste* (*State trials*, vol. 1, pag. 240). Telles étaient les fanatiques préventions de ce siècle; le crime d'empoisonnement ne paraissait pas assez odieux par lui-même, si on ne le représentait comme un crime inhérent au papisme.

1. On avait jugé à propos de le réserver comme témoin pour l'information qui devait avoir lieu à l'arrivée de Digby, et pour que sa déclaration eût du poids, il ne fallait pas qu'elle fût flétrie d'avance par une condamnation. Le public n'en supposa pas moins que l'exception faite en sa faveur, avait sa cause dans la crainte qu'il ne révélât le secret de la mort du prince Henri.

2. *Bacon's Works*, tom. II, pag. 594. Voyez aussi l'Histoire de la cour de Jacques, par Wilson.

worth furent condamnés chacun en une année d'emprisonnement et à 1000 liv. st. d'amende.

Le procès du comte et de la comtesse avait été ajourné jusqu'à l'arrivée de John Digby, ambassadeur près la cour d'Espagne, à qui l'ordre de revenir en Angleterre avait été expédié. On pensait qu'il pourrait donner des éclaircissemens sur certaines intelligences avec l'Espagne qu'on imputait au comte, mais on n'en put rien tirer qui l'accusât. Dès-lors l'affection de Jacques pour ce dernier parut renaître; cependant il sentit qu'il allait de son honneur qu'il fût jugé. Il chargea donc Henri Yelverton, solliciteur général, de commencer les poursuites; mais ce magistrat refusa[1] d'exercer son ministère contre un homme à qui il en était redevable. Bacon, qui avait tenu une conduite si différente envers son bienfaiteur, l'infortuné comte d'Essex, put du moins cette fois accepter le rôle d'accusateur qui lui fut confié, 1616 sans manquer à la reconnaissance. La prudence qu'il avait montrée dans les affaires précédentes[2] le fit

---

1. Aul. Coqui, pag. 186.
2. De son côté, Bacon, dans son réquisitoire contre MM. Lumbsden, Hollis et Wentworth, s'était plu à rendre justice à la conscience et à la fermeté avec lesquelles Coke avait procédé dans le procès de Weston.

« Ce fut, dit-il, M. Lumbsden qui, dans le temps qui s'écoula entre le silence de Weston et ses aveux, composa, écrivit de sa propre main et remit à l'un des officiers de la chambre, pour la faire tenir à S. M., une relation diffamatoire qui con-

choisir à la place d'Yelverton pour cette poursuite, que des raisons d'État rendaient fort délicate.

En effet, nous avons vu que, dans son rapport, Coke avait mis la mort du jeune prince Henri au nombre des chefs d'accusation, et l'opinion publique s'obstinait à croire que le roi lui-même n'y était pas étranger. En vain les médecins qui avaient ouvert le cadavre n'y avaient trouvé aucune trace de poison, le peu d'affection que Jacques avait toujours montré à ce fils, le secret dont il était parlé dans la lettre d'Overbury, la partialité renaissante de Jacques pour son favori, rapprochée de l'arrogance de ce dernier, toujours plus menaçante à mesure qu'il approchait de son jugement; les précautions que prit le roi pour que Sommerset se conduisît avec discrétion devant ses juges; enfin, le pardon qu'il lui accorda ensuite malgré ses sermens; la pension qu'il lui fit, et surtout la lettre impérieuse que le comte lui écrivit après sa condamnation pour demander la restitution de ses biens, ont fait croire à quelques historiens que la malignité contemporaine ne s'était pas beaucoup écartée de la vérité.

---

tient autant de mensonges que de lignes. Il y falsifie tout ce qui s'est passé. Le lord grand-juge d'Angleterre, sur le nom duquel je ne puis passer légèrement, quelle que soit mon aversion pour la flatterie, y est indignement calomnié. Oui, je dois le dire pour la postérité, jamais homme ne remplit mieux les devoirs de sa charge que mylord Coke dans cette affaire. »

Néanmoins Hume, et plus récemment Lingard, ont cherché à disculper Jacques d'une imputation aussi odieuse, et nous adhérons pleinement à leur opinion. Le caractère naturellement humain du roi ne permet pas de croire qu'il se soit souillé d'un si grand crime. Son affection renaissante pour Sommerset explique suffisamment son anxiété aux approches d'un jugement qui allait flétrir l'objet de cette affection et cette affection elle-même. Rien d'ailleurs n'empêche de supposer que les menaces du comte s'appliquaient uniquement à la révélation des épanchemens d'une tendresse puérile et peut-être honteuse. Au surplus nous n'avons rien trouvé dans la correspondance de Bacon qui permette d'asseoir des conjectures plausibles à cet égard, quoi qu'en ait dit Mallet dans la vie qu'il a donnée de notre auteur.

Bacon se mit à l'œuvre le 11 Avril : quoique l'instruction officielle fût presque terminée, le roi choisit[1] quelques personnes pour examiner de nouveau l'affaire sous la direction de son attorney général. Lui-même avait marqué les articles sur lesquels l'accusé devait être principalement interrogé.[2] Les commissaires reçurent ordre de ne pas trop aggraver les charges, de crainte que l'accusé ne parût indigne de merci.

---

1. *Bacon's Works*, tom III, pag. 291.
2. *Ibid.*, pag. 488.

Mais Sommerset aurait voulu se soustraire entièrement à la honte d'un tel procès. Il sollicita la permission de voir le roi, ou du moins de lui écrire une lettre. Se voyant refusé, il prit un ton plus hardi et essaya d'intimider Jacques, en déclarant qu'à la barre il tirerait une ample vengeance du prince qui l'avait ainsi livré au pouvoir de ses ennemis. Alarmé de cette menace, le roi prit la précaution de demander à Bacon un détail exact de tous les cas possibles du procès, avec son sentiment sur chacun d'eux, afin qu'il ne pût arriver de surprise, ou que, s'il survenait quelque accident, on y fût préparé. Bacon envoya au roi l'écrit qu'il demandait[1], et ce prince y ajouta de sa main plusieurs observations. Nous ne citerons qu'un endroit de cet écrit, avec la remarque que le roi mit en marge. « L'espérance, dit Bacon, que l'on donnera au comte d'obtenir son pardon de la bonté du roi, doit être subordonnée à la condition, qu'il ne s'en rendra pas indigne par une conduite hautaine à la barre de la cour. » — « C'est surtout, observe le roi sur cet article, c'est surtout le danger qu'il faudra prévoir et éviter, de peur que Sommerset, aveuglé par sa fierté naturelle, ne tombe dans des fautes que je ne pourrais lui pardonner, et qu'alors il ne sem-

---

1. *Bacon's Works*, tom. III, pag. 294.

ble que je le punis plutôt par esprit de vengeance que par esprit de justice. »

En conséquence on déclara à l'accusé qu'il y avait plus de preuves qu'il n'en fallait pour le convaincre, mais qu'il devait tout espérer de la clémence du roi, s'il ne s'en rendait pas indigne par une opiniâtreté mal entendue. « Le roi, dit Bacon dans une lettre à Villiers [1], a parfaitement bien imaginé ce petit adoucissement, qu'il faudra laisser entrevoir au comte la veille de son jugement; je voudrais seulement que l'espérance dont on doit le flatter fût un peu plus étendue. Si on ne lui promet que la vie, ce ne sera pas assez pour vaincre son caractère inflexible et violent. » Bacon n'avait pas seulement pénétré les intentions du roi, il connaissait Sommerset, et jugeait qu'un homme accoutumé aux douceurs d'une vie opulente se résignerait difficilement à vivre dans les privations.

Enfin, on procéda à l'examen particulier qu'avait désiré le roi. Sommerset, ainsi que Bacon l'écrivit à ce prince [2], affecta un maintien sage et modeste qui ne lui était pas ordinaire. On lui dit qu'après bien des tergiversations et des dénégations, la comtesse avait tout avoué, et qu'il ferait bien d'en faire autant, un aveu franc et sincère pouvant seul déter-

---

1. *Bacon's Works*, tom. III, pag. 297.
2. *Ibid.*, pag. 299.

miner le roi à lui laisser la vie et sa fortune. « La vie et la fortune, reprit-il avec indignation, ne méritent pas qu'on les accepte, quand l'honneur est perdu. »

Il fallait que ces menées se pratiquassent avec beaucoup de prudence et de discrétion, puisque les magistrats chargés de l'instruction de cette affaire ignoraient eux-mêmes de quelle façon le roi voulait que l'on s'y conduisît. Chargé de distribuer les rôles, Bacon seul avait le secret de ses volontés; les autres n'avaient que des indications vagues.

Quand le jour du jugement approcha, Sommerset annonça qu'il ne quitterait pas sa chambre. Il feignit d'être malade et simula un accès d'aliénation mentale; il attenta même ou voulut attenter à sa vie. Jacques fut inexorable, et ordonna au lieutenant de la Tour d'employer la force s'il était nécessaire, et d'informer le prisonnier que s'il se permettait un langage inconvenant pour son roi, il serait éloigné de la barre, sans que son absence mît aucun obstacle à la continuation de la procédure.

Les exhortations du ministre Whiting, qui avait donné les dernières consolations à Weston et à ses complices, avaient, comme on l'avait déclaré à Sommerset, amené la comtesse à un aveu plein et entier. Le 24 Mai elle fut traduite à la barre de la chambre des pairs : elle parut pâle et tremblante pendant que le greffier lut l'acte d'accusation, et au nom de

Weston, elle cacha son visage sous son éventail. Après qu'elle eut fait l'aveu de son crime, Bacon exposa [1] à la cour les preuves qu'il aurait produites s'il eût été nécessaire. Mais il avait eu la précaution de renvoyer la comtesse de la barre, afin qu'elle ne l'interrompît pas, en protestant de l'innocence de son mari. Quand il eut achevé, la comtesse fut rappelée pour entendre sa sentence de mort.

Quoique, par cette conduite adroite, Bacon eût évité un incident qui n'eût pas manqué d'émouvoir la cour et de la prévenir en faveur de Sommerset, il n'en attendait pas moins le jugement de ce dernier avec anxiété. Il savait, ainsi qu'il l'avait fait précédemment observer au roi [2] dans une lettre, qu'autre chose est d'obtenir un verdict de condamnation d'un jury de Londres ou de Middlesex, autre chose de l'obtenir de la chambre des pairs. Le lendemain, 25 Mai, le comte parut à la barre, froid et recueilli, contre son attente. Il ne fit aucune mention du roi, mais repoussa toute exhortation à un aveu, maintenant hautement son innocence, opposant des objections aux prétendues preuves, et expliquant à sa décharge les circonstances qui semblaient militer contre lui. Mais toute l'adresse et toute l'habileté qu'il mit dans sa défense furent inutiles; Bacon établit sa culpabilité avec tant de

---

1. *Bacon's Works*, tom. II, pag. 600 et 605.
2. *Ibid.*, pag. 609.

force et de clarté[1], qu'après de longs débats il fut déclaré coupable et condamné à la peine capitale. Mais il n'eut pas, non plus que sa femme, le sort qu'avaient eu leurs complices. Le roi eut égard d'un côté à la famille de la comtesse, qui tenait le premier rang dans le royaume, et de l'autre à l'intercession des pairs en faveur du comte : il se rappela sans doute aussi de l'affection dont il avait longtemps honoré ce dernier, et pensa peut-être avec le public, que sans la femme méprisable à laquelle il s'était attaché, il n'eût pas plus consenti que participé à un si grand crime. Le 11 Juillet le comte et la comtesse reçurent leur grâce, que le premier repoussa comme un outrage. Il paraît même, par la lettre qu'il écrivit[2] au roi après sa condamnation et dont nous avons déjà parlé, qu'il ne se croyait pas, ou du moins affectait de ne pas se croire coupable. Cette grâce se trouva ainsi réduite, quant à

---

1. *Bacon's Works*, tom. II, pag. 609.

2. Cette lettre de Sommerset à Jacques est écrite d'un ton singulier pour la circonstance, et paraît être d'un homme qui demande justice, plutôt que d'un suppliant qui attend une faveur. Il demande qu'on lui restitue ses propriétés, et prétend que, s'il avait eu accès auprès du roi, il aurait prouvé que ce qu'on pouvait lui imputer n'était point un crime, et qu'il succombait plutôt pour s'être mal défendu, qu'à cause de la force des preuves alléguées contre lui; qu'il s'était abandonné lui-même et avait trahi sa propre cause. (*Cabala*, pag. 204, édit. de 1690.)

lui, à un simple sursis, qui fut renouvelé plusieurs fois. Enfin, en 1624, le comte sollicita ce qu'il avait dédaigné, et obtint avec sa grâce la promesse que ses propriétés lui seraient rendues. Mais peu de temps après Jacques mourut, et Sommerset réclama en vain de son successeur l'accomplissement de cette promesse. Le 6 Janvier 1622 il avait obtenu la permission d'aller chercher une retraite à la campagne, avec ordre d'y rester confiné dans la maison de lord vicomte de Wallingford et dans le voisinage. Il y termina, avec sa femme, une assez longue vie [1], sous le poids de l'infamie et dans l'obscurité, jouissant d'un revenu de 4000 liv. st. en fonds de terre que Jacques lui avait donnés après sa condamnation, sous le nom d'un de ses domestiques.

En ce temps-là Galilée, en soutenant après Pythagore et Copernic, que le soleil est placé immobile au centre du monde et que la terre est animée d'un double mouvement, l'un diurne sur son axe et l'autre annuel autour du soleil, excitait une grande rumeur

---

[1]. La comtesse mourut en 1632 : le comte lui survécut trois ans. Leur coupable amour se convertit en une haine mortelle, et pendant plusieurs années qu'ils passèrent ensemble dans une même maison, ils n'eurent aucun commerce. Le comte vécut assez long-temps pour voir sa fille mariée au duc de Bedfort, alliance d'où naquit John Russel, qui fut décapité sous Charles II.

en Italie, où une assemblée de théologiens nommés par le pape, venait de condamner ces deux propositions. Il n'était bruit que de la lettre que le savant astronome avait écrite à la grande-duchesse de Toscane pour concilier son système avec les termes de l'Écriture. Il semblait que les prêtres, suivant l'expression de Condorcet, craignissent de voir Dieu s'abîmer dans ce nouvel univers. Toby Matthew, qui était alors à Bruxelles, fit aussitôt part de ces rumeurs à Bacon[1], qui eut le malheur de prêter appui à l'ignorance et à la superstition. Il faut convenir que le nouveau système, si simple à la fois et si ingénieux, contrariait trop le témoignage immédiat des sens; que le sacrifice de nos premières notions qu'il demandait était trop entier, que les preuves qui devaient forcer notre conviction étaient trop faibles encore, pour qu'il pût subjuguer de prime abord, même les philosophes. Est-il donc étonnant que l'orgueil d'un homme tel que Bacon se soit cru en quelque sorte humilié du peu d'importance où la petite portion du globe que nous embrassons se trouvait réduite dans le système général du monde? Il avait étudié toutes les sciences, hors les mathématiques, et il ne pouvait appliquer à l'astronomie ni l'observation ni le calcul, procédés nécessaires pour vérifier par soi-même la nouvelle

---

1. *Bacon's Works*, tom. III, pag. 487.

théorie. D'ailleurs les preuves d'une vérité nouvelle ont une tout autre force pour celui qui les a trouvées, que pour celui à qui on les offre pour la première fois à peu près. Dans le même temps Descartes, qui faisait grand cas de Galilée, quoiqu'il ne le trouvât pas assez géomètre, adoptait son opinion sur le mouvement de la terre, et travaillait à lui donner l'appui d'une démonstration mathématique. Mais, par une faiblesse moins philosophique encore que l'ignorance de Bacon, lorsqu'il apprit la condamnation de Galilée, il n'hésita pas à supprimer sa démonstration et l'ouvrage entier qui la contenait.

Quant à Bacon, voici ce que lui écrivit Toby Matthew : « Je vous envoie la copie d'un fragment de la lettre que Galilée a adressée à un religieux italien de ma connaissance, au sujet du passage de l'Écriture où il est dit que Josué commanda au soleil de s'arrêter. Il y justifie du mieux qu'il peut, l'hypothèse de Copernic. Il a écrit cette lettre à l'occasion des attaques dirigées contre lui en Italie par quelques personnes qui prétendent que ce système contredit l'Écriture sainte. Vous verrez dans le fragment que je vous envoie, que le passage invoqué de l'Écriture serait plutôt favorable à l'opinion de Copernic qu'à celle d'Aristote. Appeler sur des choses de cette nature l'attention d'un attorney général, occupé comme vous l'êtes, dans la capitale, des affaires du royaume, pourra vous paraître hors de saison. Mais je sais combien vous avez la vérité à cœur, et que vous ne laissez jamais passer un jour sans jeter un coup d'œil sur le grand livre de la nature. Vous me pardonnerez donc mon importunité, quoique je ne le mérite guère, n'étant nullement résolu, je l'avoue, à renoncer à ce péché. Je vous baise humblement les mains. 21 Avril 1616. » Bacon ne répondit à cette lettre que l'année suivante, et ce fut pour se moquer des astronomes italiens. « Je voudrais, dit-il [1], qu'au lieu de nous amuser de leurs chimériques et folles hypothèses, ils se rapprochassent un peu plus de l'expérience et de l'observation. » Le précepte ici valait mieux que l'application.

Cependant la commission chargée d'examiner la contestation élevée entre lord Ellesmere et Coke, avait répondu au mois d'Avril que les statuts invoqués par le banc du roi ne s'appliquaient pas à la chancellerie; que le droit d'appel de la première de ces juridictions à la seconde, même après l'exécution, avait été constamment exercé depuis le règne de Henri VII jusqu'au chancelier actuellement en charge, et que sous le règne de plusieurs rois et pendant l'administration de plusieurs chanceliers (*serialim*), la plupart grands jurisconsultes, il l'avait été toutes les fois que la rigueur du droit

---

[1]. *Bacon's Works*, tom. III, pag. 300.

coutumier, dont les juges du banc du roi prêtent serment de ne jamais s'écarter, n'avait pas laissé d'autres ressources aux justiciables.

Coke, qui n'avait pas d'égal dans la science des lois, s'était fait de nombreux ennemis par sa hauteur et son orgueil. Afin d'accroître son autorité et peut-être ses profits, il avait agi comme si tous les tribunaux étaient subordonnés à celui qu'il présidait. Les juges de l'amirauté, la cour de haute commission, et même les membres des conseils provinciaux du nord et du pays de Galles, se plaignaient des atteintes portées à leur juridiction par les prohibitions émanées de la cour du banc du roi. Bacon sentit tout l'avantage que lui donnait sur son rival ce *tolle* universel, et en tira parti pour finir de le ruiner dans l'esprit du roi. En même temps, pour jeter Coke dans le découragement par la représentation de tous ses torts, il lui écrivit, au mois de Mai, une lettre[1] anonyme, signée A B, où la justice des reproches excuse à peine la crudité de l'expression. Au demeurant, cette lettre, dégagée des personnalités qui la déparent, est une excellente mercuriale, et contient des leçons utiles pour les magistrats de tous les temps et de tous les pays.

L'auteur commence par conseiller à sir Ed. Coke de s'humilier sous la main qui le châtie, « car, dit-

---

[1]. *Bacon's Works*, tom. III, pag. 300.

il, l'orgueil élève en nous des montagnes que l'adversité seule peut aplanir. C'est aussi l'adversité qui prépare le cœur à recevoir les semences que la sagesse y jette, et que la grâce fait germer et croître...

« Votre premier défaut est d'aimer trop à parler et de n'écouter pas les autres, ce qui est d'un plaideur et non d'un juge. Il arrive de là que vous êtes souvent prévenu en faveur de vos propres raisons, quoique plus faibles que celles que vous rejetez, et dont vous reconnaîtriez vous-même la force, si vous vous laissiez le temps de les examiner. Dans les matières de droit, on voit que vous êtes sur votre terrain, et quand vous en traitez quelqu'une, il est rare que personne vous égale; mais quand vous vous en écartez, comme vous aimez à le faire, vous vous égarez tout-à-fait, et ne répondez nullement aux besoins de la circonstance. Cela ne vient d'aucun défaut qui vous soit naturel, mais seulement de ce que vous ne savez pas choisir. Avec le génie vaste et profond que vous avez, vous devriez moins vous attacher à dire tout ce qu'on peut dire, qu'à ne dire que ce qui convient : les terres fertiles ont besoin d'être souvent sarclées.

« En second lieu, vous fatiguez et rassasiez vos auditeurs, tandis qu'ils vous écouteraient avec plaisir si vous parliez avec grâce et concision.

« Troisièmement, vous avez le tort de converser avec les livres plus qu'avec les hommes ; encore vos livres sont-ils des livres de collége, et les hommes avec qui vous conversez, des hommes sans mérite et sans capacité, de sorte que vous ressemblez à un magister au milieu de ses élèves. Vous enseignez toujours et n'apprenez jamais rien, tandis que si vous consentiez quelquefois à converser familièrement avec d'autres, et si vous choisissiez des gens sachant parler à leur tour, vous apprendriez que bien des choses que vous aimez à répéter et à produire comme nouvelles, sont fort communes et fort anciennes. Indépendamment de l'habitude que vous avez en plaidant, d'insulter au malheur et d'invectiver avec amertume les personnes, ce qui vous a fait cette foule d'ennemis dont le nombre augmente tous les jours, et qui se venge dans ce moment, vous avez toujours semé la louange et le blâme avec si peu de discernement et quelquefois avec tant d'injustice, qu'on ne fait pas plus de cas de vos éloges que de vos reproches, et qu'on méprise également les uns et les autres; tandis que la censure du juge, lorsqu'elle arrive lentement et frappe juste, imprime au coupable une flétrissure ineffaçable, en même temps qu'elle place une couronne immortelle sur la tête de l'homme vertueux. Vous vous permettez aussi de railler tout le monde en public, sans égard à la dignité des personnes et à la vôtre propre, et vous ne faites pas attention que cela fait plus de tort à votre caractère que d'honneur à votre esprit. Il en est de même de tout ce qu'on vous voit faire par vanité, sans vous embarrasser de la justice du but. Vous tordez trop les lois pour les accommoder à vos opinions, et par là vous faites qu'on ne voit plus en vous qu'un tyran revêtu de leur autorité, qui s'escrime capricieusement avec cette arme, tantôt contre l'un, tantôt contre l'autre, en attendant l'occasion d'en faire un usage légitime. Aussi un professeur de droit judicieux doit-il avertir ses jeunes élèves de bien prendre garde, au lieu de profiter de vos savantes leçons, de se laisser faire illusion par les subtilités auxquelles votre exemple donne de l'autorité. Votre amour pour les biens de ce monde se fait aussi trop voir. Comment se fait-il qu'ayant 10,000 liv. st. de rentes, vous secouriez à peine les malheureux ? Comment la main qui a tant pris peut-elle donner si peu ? Vous montrez bien par là que vous n'avez aucun sentiment d'humanité ; il semble que vous pensiez que tout ce que vous avez ne vous suffit pas, ou que Dieu ne vous l'ait donné que pour l'entasser, n'être jamais content et voir de quelle somme vous aurez à rendre compte au grand jour, si tant est que vous regardiez le bien comme un don de Dieu ; je veux parler de celui que vous avez légitimement acquis, car pour celui que vous auriez acquis autrement, je suis bien sûr qu'il ne vient pas de Dieu. Je vous souhaite de vous corriger en cela. Soulagez vos pauvres fermiers, qui vous envoient tout ce qu'ils récoltent et ne gardent rien pour eux, sûr moyen d'appauvrir vos terres. »

Bacon dit ensuite à Coke, qu'il a usé de trop de délais dans l'affaire de Sommerset et de sa femme, ayant attendu qu'ils eussent les mains libres et que les siennes fussent liées pour agir; qu'il s'était trop ouvert dans ses procédures, et qu'il avait par là fourni lui-même aux accusés des moyens de défense.

« Mais, continue-t-il, ce que j'admire en vous, ce sont les talens naturels et la profonde connaissance des lois qui vous distinguent; qualités qui ne sont bonnes toutefois, que lorsqu'on en fait un bon usage. Ainsi je vous loue sincèrement de la fermeté avec laquelle vous défendez le trésor public; car j'aime à croire que vous ne le faites pas par esprit d'opposition et d'hostilité contre tout ce qu'il y a de distingué à la cour, comme vos ennemis le disent, mais par esprit de justice et pour maintenir les droits de la vérité, sans acception de personnes. »

Le 9 Juin Bacon reçut la récompense des services qu'il venait de rendre; il fut, ainsi qu'il l'avait désiré, nommé membre du conseil privé, avec permission de cumuler cette place avec celle d'attorney général, faveur rarement accordée auparavant. Cette nouvelle fonction faisait de lui un homme d'État, sans lui ôter son caractère de magistrat judiciaire. C'est en cette double qualité que, peu de temps après, il adressa au roi un projet[1] dans lequel il proposait la révision générale des lois anglaises et leur réunion en un seul corps. Il dit au commencement de ce mémoire que, déchargé désormais du soin de plaider dans les causes entre particuliers (ce qui était incompatible avec ses nouvelles fonctions), il ne se croit pas autorisé pour cela à prendre plus de loisir; qu'il se croit au contraire obligé de consacrer celui qu'il acquiert, non-seulement aux devoirs de ses deux charges et au service de S. M., mais à rechercher de lui-même ce qu'il peut faire pour étendre autant que possible le bienfait des vertus du roi sur son peuple, et accroître la reconnaissance du peuple envers son roi. Il déclare qu'après y avoir réfléchi, il n'a rien trouvé de mieux pour S. M., qui est la maîtresse, comme pour lui qui est l'ouvrier, que de réduire et de réunir en un seul corps toutes les lois anglaises. Voici le plan qu'il propose : De faire un recueil des lois de droit coutumier, et un autre des statuts parlementaires. Pour le premier, il voudrait qu'on fît trois choses : 1.° qu'on compilât un livre *des antiquités du droit;* 2.° qu'on réduisît et qu'on perfectionnât le corps du droit coutumier; 3.° qu'on composât quelques ouvrages qui servissent comme d'introduction à l'étude

---

1. *Bacon's Works*, tom. V, pag. 532.

de ces lois. Quant à la réforme des statuts parlementaires, elle consisterait en quatre points : 1.º rayer les dispositions qui portent sur des cas qui n'existent plus par suite du changement des temps ; 2.º annuler les statuts tombés en désuétude ; 3.º mitiger les peines décernées par d'autres ; 4.º réduire à une seule loi, claire et précise, tous ceux qui tendent au même but. Malheureusement cette proposition, qu'il renouvela après sa disgrâce dans des termes peu différens, n'eut aucune suite ; aussi les lois anglaises sont-elles encore aujourd'hui éparses et dans la confusion qu'il signalait il y a deux cents ans, si ce n'est que le temps et les révolutions, plus fécondes en cela que le temps, ont aggravé le mal.

L'université de Cambridge, fière d'avoir eu Bacon pour élève, lui écrivit pour le féliciter de la nouvelle distinction qu'il venait d'obtenir, et lui manifesta ses regrets de ce que cette promotion la privait de l'avocat éloquent et dévoué qui jusqu'alors avait défendu ses intérêts. Celui-ci répondit [1] le 5 Juillet : « Votre lettre de félicitation, dit-il, m'a fait grand plaisir et me rend tout fier. Quant à ma promotion, elle ajoutera à ma satisfaction et à ma gloire, si je continue à servir la chose publique avec le même zèle et la même pureté d'intention :

---

1. *Bacon's Works*, tom. V, pag. 532.

or, les deux choses que j'ai le plus à cœur dans la chose publique, ce sont les lettres et vous ; ma vie passée et mes écrits l'ont bien prouvé. Ainsi vous pouvez vous considérer comme ayant obtenu vous-mêmes les avantages qui m'ont été accordés. Quant à l'appui que j'ai pu vous prêter jusqu'à ce jour, ne craignez pas d'en être privés ni même de le voir diminuer, si je reste en pleine possession de cette partie du ministère de l'avocat, qui consiste à donner des consultations. Il y a plus, s'il en était besoin, je pourrais même plaider pour vous, avec la permission du roi. Au surplus, ce que vous perdez sous le rapport de l'appui que je pouvais vous prêter comme avocat, vous le retrouverez dans l'accroissement de mon autorité. En ce qui me concerne, je forme des vœux pour que cette transition des affaires privées aux affaires publiques soit dans la dernière partie de ma vie, si Dieu la prolonge, le présage d'une pareille transition des affaires publiques aux loisirs de l'étude. En attendant je me laisse aller parfois à l'espoir, qu'au milieu des nombreuses et importantes affaires qui m'occupent, il me sera permis d'aller tous les ans passer quelques jours au milieu de vous, pour mieux m'assurer de ce que réclament vos intérêts. Votre ami le plus fidèle et le plus dévoué. »

Les procès dont l'instruction avait été confiée à Coke, étant terminés, le roi crut pouvoir se livrer aux ressentimens que la raideur de ce magistrat lui avait inspirés. Indépendamment de sa conduite envers le chancelier, Coke, dans les causes de Peacham et d'Owen, ne s'était pas seulement écarté de l'avis de ses collègues, il avait contrarié l'infaillible jugement du roi; il avait fait pire : son opinion sur l'illégalité du dernier don gratuit avait déterminé beaucoup de gens à garder leur argent. Enfin, son indiscrétion dans le procès de Sommerset avait réveillé d'odieux soupçons. L'affaire suivante consomma sa disgrâce.[1]

Le roi avait donné en commande un bénéfice vacant à l'évêque de Lichtfield et de Coventry. De là procès entre l'évêque et un autre individu. Chiborne, qui plaidait contre l'évêque, avait avancé quelques propositions qui furent traitées de séditieuses et d'attentatoires à la prérogative du roi, que l'on distinguait de son autorité ordinaire, et que l'on disait être d'une nature et d'un ordre bien plus relevés. Jacques, en ayant été informé par Bacon, envoya aux juges l'injonction de casser toutes les procédures et de suspendre le jugement jusqu'à ce qu'il en eût conféré avec eux. Les juges assemblés arrêtèrent unanimement qu'ils n'obéiraient pas à l'ordre du roi, cet ordre leur paraissant contraire

---

[1]. *Bacon's Works*, tom. III, pag. 305, 308, 311, 313, 314, 315, 316, 318, 534.

aux lois. Ils considérèrent que le devoir de leur charge et le serment qu'ils avaient prêté ne leur permettaient pas un ajournement qui eût ressemblé à un déni de justice. En conséquence ils décidèrent que la procédure commencée serait continuée. Cet arrêté, signé de tous les juges, fut envoyé au roi, qui y répondit par une lettre fort dure, et leur enjoignit par un commandement exprès de ne pas connaître de cette affaire qu'il ne fût de retour à Londres. A son arrivée, il les manda en son conseil et les réprimanda fortement d'avoir souffert que des avocats et de simples particuliers missent sa prérogative en controverse; sa prérogative, qui devait être respectée en silence. Puis, sur la fin de son discours, élevant la voix pour les ramener par la crainte à l'obéissance et à la soumission, il leur proposa cette question : lorsque le roi, averti qu'une affaire en litispendance l'intéresse personnellement, demande à en conférer avec les juges, ceux-ci doivent-ils suspendre le cours de la justice jusqu'à ce que cette conférence ait eu lieu? La réponse de Coke mérite d'être conservée. « Le cas échéant, dit-il, je ferai ce qui sera du devoir d'un juge. » Ses collègues furent moins courageux et répondirent affirmativement.

Le roi vit dans la réponse de Coke une injure personnelle, et chargea l'archevêque Abbot, le chancelier et Bacon de faire une enquête sur la conduite du grand-juge et de lui en faire leur rapport. En même temps Coke fut mandé devant le conseil à White-Hall. Il y comparut le 26 Juin, et reçut à genoux la réprimande que le solliciteur général lui adressa. Le 30 du même mois il fut suspendu de la charge de grand-juge du banc du roi, et l'accès du conseil lui fut interdit pour tout le temps que durerait l'enquête. Il fut invité à consacrer cet intervalle à revoir, corriger et refondre ses rapports judiciaires, dans lesquels plusieurs choses avaient déplu au roi, entre autres le titre de premier juge d'Angleterre que prenait l'auteur, lorsqu'il n'était que premier juge du banc du roi. Jacques ordonna que cet ouvrage lui serait remis lorsque Coke l'aurait corrigé, afin qu'il pût l'examiner de nouveau, et prendre tel parti qu'il jugerait convenable.

Enfin, au mois de Juillet, le procès pendant entre la chancellerie et le banc du roi, fut plaidé devant Jacques et définitivement jugé. Il fut décidé par ce prince que le statut de la 27.º année d'Édouard III (chap. 1 et 4), et celui de Henri IV (chap. 3), ne s'étendaient pas à la cour de chancellerie. Cette sentence, préparée dans un mémorial[1] rédigé par le roi et corrigé par Bacon, fut transcrite sur les registres du banc du roi.

---

1. *Bacon's Works*, tom. III, pag. 507.

LIVRE V.

That your hands, and the hands of your hands, i mean those about you, be clean, and uncorrupt from gifts, from meddling in titles, and from serving of turns, be they of great ones or small ones.

Que vos mains et les mains de vos mains, c'est-à-dire les personnes qui vous environnent, soient pures et non souillées par des présens; qu'elles ne s'immiscent point dans vos fonctions et ne vous suppléent ni dans les grandes ni dans les petites choses.

(Bacon, *To justice hutton*, tom. II, p. 631.)

1616 Villiers, depuis la chute de son rival, montait d'un vol rapide au faîte des honneurs et du pouvoir. Au mois d'Août il fut créé vicomte, et bientôt après comte de Buckingham[1]. Sa mère, lady Compton, obtint le titre de comtesse de Buckingham, et son frère, sir John, celui de vicomte de Purbeck. Sa nombreuse et indigente parenté fut comblée d'honneurs et de richesses, et contracta des alliances avec les premières maisons du royaume. Cependant au temps où nous sommes arrivés, Villiers était encore digne de recevoir de sages conseils; Bacon lui adressa les suivans[2] : « Maintenant que votre for-

---

[1]. Titres auxquels succédèrent en peu d'années ceux de marquis et de duc. Villiers finit en outre par réunir les dignités de chevalier de la jarretière, de grand-écuyer, de grand-maître des eaux et forêts, de gouverneur des cinq ports, de président de la cour du banc du roi, de grand-maître de Westminster, de connétable de Windsor et de lord grand-amiral.

[2]. *Bacon's Works*, tom. III, pag. 325.

tune est faite, il me semble que vous ne devez plus vous proposer d'autre but que le service du roi et le bien de la patrie. Les brutes ne vivent que pour manger, mais il en est autrement de l'homme, qui est évidemment né pour agir. Or, dans le généreux dessein que vous avez formé, de vous dévouer tout entier au bien public, il est une chose importante et que je crois devoir vous recommander par dessus tout, c'est d'encourager, de protéger les talens et les vertus, en quelque endroit que vous les trouviez réunis. L'inobservation de ce précepte que je n'ai pas encore vu pratiquer, est la cause de tout ce qui manque au service du roi et au bonheur public. » Le favori remercia Bacon de ses excellens avis et les négligea.

Le 3 Octobre Coke fut appelé devant le chancelier[1], qui lui ordonna de s'expliquer sur les diverses erreurs qu'on avait signalées dans ses rapports judiciaires; mais il répondit qu'il n'y avait trouvé que cinq méprises de peu d'importance. Le roi, attribuant cette réponse à l'orgueil et à l'obstination, lui interdit définitivement de paraître à Westminster, et, le 16 Novembre, le remplaça dans sa charge de premier juge par Henri de Montague, garde des archives de Londres, qui se montra plus docile. Le chancelier, en recevant le serment de ce

---

1. *Bacon's Works*, tom. III, pag. 503, 504, 505 et 507.

dernier, eut soin de lui dire que Coke perdait sa charge pour avoir été trop populaire ; mais il la perdait encore pour une autre cause, à laquelle le favori n'était pas étranger. Sir Nicolas Tufton, clerc à vie du banc du roi (*the green wax office*) étant fort âgé, Villiers lui avait proposé de le faire nommer comte de Thanet, s'il voulait résigner sa charge. En même temps il avait fait sonder Coke par Bacon, pour savoir s'il consentirait qu'il disposât de cette charge selon son gré. Coke se contenta de répondre qu'il était vieux, et ne se sentait pas en état de faire tête à mylord; et cependant, quand Tufton eut résigné, il refusa d'admettre le sujet présenté par Villiers, insista sur son droit et prétendit que les juges du banc du roi servant S. M. à leurs dépens, il était juste que les places vacantes leur profitassent. La destitution de Coke suivit immédiatement ce refus, qu'il avait accompagné de cette sentence : « Un juge ne doit pas plus faire de présens qu'en recevoir. »

Il devenait de jour en jour plus évident qu'il n'y avait de faveur à espérer du roi que par l'intermédiaire de Villiers ; aussi Bacon faisait-il à ce dernier une cour assidue et parfois avilissante : il descendait pour lui aux plus basses complaisances, jusqu'à se charger de l'administration de ses biens [1] ;

---

[1]. *Bacon's Works*, tom. III, pag. 332.

et l'Angleterre eut la honte de voir un de ses premiers magistrats servir d'intendant au mignon du roi. On prétend qu'il fit bien ses affaires dans ce servile emploi ; mais la plus belle fortune acquise par des voies si humiliantes et si suspectes, aurait-elle dû avoir du prix aux yeux d'un homme tel que lui !

Bacon s'était en outre assuré la bienveillance du roi par l'ardeur avec laquelle il avait défendu sa prérogative. La disgrâce de Coke, en le débarrassant d'un adversaire redoutable, donna plus de confiance à son ambition, dont lord Ellesmere, en se rétablissant toujours lorsqu'on le croyait mourant, exerçait et irritait depuis long-temps la patience. Enfin l'âge et les infirmités avertirent le vieux chancelier que l'heure de la retraite était arrivée pour lui. Quoiqu'il tînt beaucoup aux émolumens de sa place et qu'il n'eût rien perdu de la faveur du roi, il se décida à donner sa démission. Deux lettres qu'il écrivit à Jacques à ce sujet, prouvèrent que sa détermination était sérieuse. Voici la dernière. « Mon très-gracieux maître, enfin mon âge et mes infirmités l'emportent, mon esprit s'appesantit, ma mémoire se perd, mon jugement faiblit, l'ouïe commence à me manquer et ma langue à bégayer ; en un mot, toutes mes facultés corporelles et intellectuelles déclinent. Plein du sentiment de ma décadence, je supplie V. M. très-sacrée de me décharger de l'emploi que j'occupe depuis si long-temps, et de m'accorder de sa main royale quelque témoignage honorable qui prouve que je me retire sans perdre sa faveur et de mon plein gré. Dès-lors je passerai avec joie le peu de jours qui me restent dans la méditation et la prière, à supplier Dieu de conserver V. M. et ceux qui lui appartiennent, et de les combler de ses bénédictions spirituelles et temporelles. Il y a déjà plusieurs années que j'ai le dessein de vous présenter cette requête ; mon amour pour V. M. et la crainte de lui déplaire m'ont seuls retenu ; mais aujourd'hui la nécessité me contraint à vous l'adresser. Il ne m'est plus possible de soutenir le poids d'une aussi grande charge, et je n'aspire plus, selon l'expression de S. Paul, qu'à déloger et à me réunir à J. C. En conséquence je supplie très-humblement V. M. d'accepter ma démission. »

Jacques, qui aimait Ellesmere, accueillit avec regret ses instances réitérées, et lui fit dire, le 7 Novembre, par son secrétaire Waidwood, qu'il chargea d'aller reprendre les sceaux, que le roi voulait qu'il mourût chancelier et se proposait de le suppléer lui-même dans cette charge tant qu'il vivrait. De cette manière les sceaux restèrent entre les mains du roi, et Bacon fut encore réduit à l'attente.

A cette époque deux causes lui fournirent l'occasion de prouver qu'il ne manquait pas de la fermeté qui convient à un magistrat, toutes les fois que l'ambition ne faisait pas prévaloir à ses yeux cette raison d'État dont on se sert si souvent pour colorer des injustices. Ce furent les dernières affaires qu'il plaida comme attorney général.

La première concernait un vieillard de soixante-dix ans, nommé Bertram, homme grave et d'une bonne réputation jusqu'alors, qui avait tué d'un coup de pistolet dans Incoln's inn, sir John Tyndal, membre de la cour de chancellerie, pour se venger d'un rapport que ce juge avait fait contre lui dans un procès dont l'objet n'excédait pas 200 liv. st. Bacon le poursuivit avec vigueur [1], mais Bertram, après avoir confessé son crime, se pendit.

La seconde cause était relative à un cartel que M. Markham avait envoyé à lord Darcy. Elle lui fournit l'occasion [2] de reproduire, sous forme de proposition, les fins de son réquisitoire de 1614. Markham fut censuré et condamné à 500 liv. st. d'amende.

Cependant lord Ellesmere ayant définitivement résigné les sceaux de l'État le 3 Mars suivant, le roi les remit à Bacon le 7 du même mois, avec le titre de lord garde du grand-sceau [3], sous les trois conditions suivantes : qu'il ne l'apposerait à aucune pièce qu'après mûre délibération; qu'il serait équi-

1617

---

1. *Bacon's Works*, tom. III, pag. 330, 331 et 510.
2. *Ibid.*, pag. 335, 336 et 510.
3. Les lettres-patentes de Bacon sont datées du 30 Mars 1617.

table dans les jugemens qu'il rendrait entre parties; enfin, qu'il n'étendrait pas trop loin la prérogative royale. Cette dernière recommandation prouve jusqu'où Bacon avait porté un zèle dont un roi tel que Jacques I.er se croyait obligé de modérer l'excès. Le nouveau garde du grand-sceau se rendit immédiatement chez l'ex-chancelier pour lui témoigner sa gratitude et lui annoncer que le roi le nommait comte de Brackley, lui assurait une pension jusqu'à la fin de ses jours, et promettait de faire son fils comte de Bridgewater. Mais Égerton ne jouit pas long-temps de toutes ces faveurs, et mourut le 15 Mars. Il avait ordonné que la simplicité avec laquelle il avait toujours vécu, l'accompagnât au tombeau. En conséquence il fut enterré sans aucune pompe dans un cimetière de campagne à Dodleston, une de ses terres, près Chester.

Quoiqu'il eût désigné Bacon comme l'homme le plus capable de lui succéder, celui-ci ne se dissimulait pas que c'était au comte de Buckingham qu'il devait son élévation. Il le reconnaît avec l'expression de la sensibilité la plus vive dans la lettre suivante [1] qu'il lui adressa le jour même de sa nomination. « Cher mylord, il en est de la joie comme du chagrin; quand elle est légère, elle flotte sur

---

1. *Court and character of king James I*, pag. 116 et 118, and *Bacon's Works*, tom. III, pag. 337.

la langue; mais quand elle est intense, elle descend en silence jusqu'au fond du cœur. Aussi dirai-je aujourd'hui peu de choses à votre seigneurie, d'autant que le temps me manque. Il faut pourtant que je le proclame; dans ce qui vient de se passer, vous avez donné le plus parfait exemple de l'amitié à la fois la plus généreuse et la plus solide qu'on vit oncques à la cour. Aussi regarderais-je désormais comme perdus tous les jours que je laisserais se passer sans penser à vos bienfaits, sans faire votre éloge, sans vous servir. Daignez, cher mylord, m'agréer pour le plus reconnaissant et le plus dévoué de vos serviteurs. »

S'il faut en croire Weldon [1], historien dont la véracité est souvent à bon droit suspecte, Buckingham avait envoyé à Bacon un de ses affidés pour lui dire : « Qu'il le connaissait pour un homme à grands talens et très en état de bien servir le roi, mais qu'il le connaissait aussi pour avoir l'ame basse et le cœur ingrat et inconstant, capable dans la prospérité de ruiner ceux qui l'auraient élevé; que néanmoins la préférence qu'il donnait au service de son maître sur toute autre considération, l'avait porté à demander les sceaux pour lui. Mais que, s'il le payait comme il en avait payé d'autres auxquels il devait encore davantage, il pouvait compter qu'il

---

1. *Court and character of king James I*, pag. 116 et 118.

saurait bien le faire tomber aussi bas qu'il venait de l'élever au-dessus de ses espérances. » Bacon ayant écouté tranquillement ce message, répondit, selon le même auteur : « Je suis charmé que mylord allie tant de franchise à tant de bonté; je me félicite surtout du choix qu'il a fait d'un ami discret pour m'informer de ses intentions avec tant de clarté. Mais comment mylord peut-il m'accorder les grandes qualités dont vous venez de parler, et croire en même temps que, parvenu au poste le plus élevé auquel un homme de ma profession puisse atteindre, ces qualités m'abandonneront tout à coup, et que j'aurai assez peu de sens et de jugement pour me précipiter moi-même du faîte des honneurs dans l'abyme de l'ignominie par de mauvais procédés envers mon protecteur. J'ai de la peine, je l'avoue, à me persuader que mylord ait aussi mauvaise opinion de son protégé. » — « Rien de ce que je vous ai dit, répliqua l'affidé de Buckingham, ne vient de moi. Je vous prie de croire que, si la chose eût été mise à ma discrétion, je lui aurais donné un tour plus doux et plus honnête. Je vous rends mot pour mot ce que sa seigneurie m'a chargé de vous dire. Je lui rapporterai avec la même fidélité ce que vous m'avez répondu. » — « Ce message, observe Weldon, faisait allusion à la conduite que Bacon avait jadis tenue envers l'infortuné d'Essex, et je ne vois, continue-t-il, qu'un siècle aussi corrompu qui ait pu regarder comme digne d'un si haut rang un homme capable de tant de bassesse. »

Quoi qu'il en soit de ce jugement, dont l'excessive sévérité peut avoir été dictée par l'envie contemporaine, on ne peut s'empêcher de gémir en voyant un homme de génie se dégrader à ce point et se ravaler à la condition d'un vil courtisan. Son hypocrite ambition ne trompa personne. Témoin cette anecdote qu'il raconte lui-même dans ses apophtegmes[1]. Gondomar, ambassadeur d'Espagne, étant venu le voir, il lui dit, que bien qu'il fût redevable à Dieu et au roi de l'honneur qu'il venait de recevoir, il voudrait pouvoir s'en dépouiller; qu'il avait toujours aspiré et qu'il aspirait encore à une vie retirée. — « Je n'en doute pas, répondit le malin étranger, mais permettez-moi de vous conter une fable : Un vieux rat voulant quitter le monde, déclara aux jeunes rats ses confrères, qu'il allait se retirer dans son trou pour y vivre dans la retraite et loin des plaisirs du monde. Il défendit de l'y venir troubler, sous peine d'encourir sa disgrâce. Les jeunes rats obéirent pendant deux ou trois jours; mais au bout de ce temps, l'un d'eux, plus hardi que les autres, persuada à quelques camarades d'aller rendre visite au bon vieux père pour savoir comment il se portait; car peut-être il était mort. Ils

---

[1]. *Bacon's Works*, tom. I.ᵉʳ, pag. 542.

entrèrent donc dans l'hermitage, où ils trouvèrent le pieux solitaire campé au milieu d'un excellent fromage. » L'allusion était facile à saisir et n'échappa point à Bacon, qui prit le parti d'en rire.

Les premières félicitations qu'il reçut furent celles de l'université de Cambridge, auxquelles il répondit avec autant de grâce que de modestie.[1]

Le 7 Mai, Bacon se rendit en grande pompe à Westminster, et prit possession de sa nouvelle dignité au milieu d'une grande affluence de nobles et de personnes de distinction, après avoir prêté, entre les mains du garde du sceau privé et du grand trésorier, le serment dont le clerc de la couronne avait lu la formule. Il prononça à cette occasion un discours[2] où il exposa les devoirs de la charge qu'il allait exercer, ce que l'on avait le droit d'attendre de lui, et les conditions que le roi lui avait imposées en le nommant. Ce discours eut un grand succès et ajouta à sa réputation de savoir et d'éloquence. Le roi lui-même lui en témoigna sa satisfaction par l'entremise de Buckingham[3]. Bacon, par respect pour la mémoire de son prédécesseur, n'avait voulu être installé dans sa charge qu'après ses funérailles. Il en commença l'exercice par sceller les

---

[1]. *Bacon's Works*, tom. III, pag. 338.
[2]. *Ibid.*, tom. II, pag. 617.
[3]. *Ibid.*, tom. III, pag. 522.

lettres-patentes de comte de Bridgewater, qui furent expédiées le 28 Mai, nonobstant la mort du titulaire.

Dès le 14 Mars, après avoir nommé des commissaires chargés de ménager un mariage entre le prince de Galles et l'infante d'Espagne [1], Jacques, accompagné de son favori, était parti pour l'Écosse, où il n'était pas retourné depuis son avénement à la couronne. Son but était d'y raviver par sa présence l'ancienne affection des Écossais pour sa personne et de les disposer par son exemple à adopter les mœurs anglaises, seul moyen d'opérer une fusion entre les deux peuples. Le 7 Juin il ouvrit le parlement d'Édimbourg avec tout le cérémonial usité à Londres en pareille circonstance. On trouve, dans les OEuvres de Bacon, une lettre [2] qui fut adressée d'Écosse à ce dernier à cette occasion, et qui contient des documens sur les efforts que fit le roi pour parvenir à son but. On y trouve entre autres choses, un passage du discours du roi, où ce prince disait: « qu'il n'avait rien de plus à cœur que de convertir la barbarie des Écossais à la politesse anglaise, et que s'ils voulaient se prêter aux leçons de bienséance qu'ils recevaient des Anglais, comme ceux-ci le faisaient aux moyens qu'emploient les

---

1. *Bacon's Works*, tom. III, pag. 340.
2. *Ibid.*, pag. 522.

Écossais pour gravir leurs montagnes, il ne doutait pas qu'ils n'y réussissent; car, ajouta-t-il sur un ton moitié sérieux, moitié plaisant, ils avaient déjà appris des Anglais à porter des toasts, à se servir de voitures, à se bien vêtir, à prendre du tabac et à parler une langue qui n'était ni anglaise ni écossaise. »

Depuis le départ du roi, le nouveau garde du grand sceau se trouvait de fait et de droit à la tête du conseil, et chargé pour ainsi dire du gouvernement, sous le titre de protecteur ou de régent du royaume. Mais cet accroissement temporaire de pouvoir lui procura moins d'honneur qu'il ne lui suscita d'envieux. Le fait est que sa vanité, le luxe qu'il déploya et l'importance qu'il voulut se donner, jetèrent sur lui quelques ridicules que la malignité publique exagéra. La malveillance paraît surtout avoir dicté le récit que sir Antoine Weldon a laissé de la conduite de Bacon pendant cette espèce d'interrègne. « Le nouveau garde-des-sceaux, dit-il, commença à croire qu'il était roi; logé dans le palais, il donnait audience dans la grand'salle, faisant faire antichambre aux autres membres du conseil, et s'environnant de la même pompe que S. M. lorsqu'elle reçoit les ambassadeurs des puissances étrangères. Dans le conseil, quelqu'un s'asseyait-il auprès de lui, il l'invitait à ne pas oublier quelle distance les séparait, si bien que le secrétaire d'État

Windwood lui-même restait debout pour ne pas s'exposer à un pareil affront. Mais ce ministre dépêcha un exprès au roi pour l'inviter à revenir au plus tôt, s'il ne voulait pas trouver sa place prise. Je me souviens, continue Weldon [1], qu'en nous lisant cela, le roi rit beaucoup, et nous aussi. Le garde-des-sceaux recevait-il une dépêche de Buckingham, il ne permettait pas qu'elle fût ouverte et lue en plein conseil, quelque pressée qu'elle fût : il se réservait d'en prendre lecture en particulier et souvent ne répondait point. Il se conduisit ainsi jusqu'au moment où il apprit que le retour du roi ne pouvait tarder; alors il commença à croire qu'il était temps de mettre fin à cette comédie et que son rôle de roi était terminé. Il reprit dès ce moment l'allure rampante d'un courtisan, et parut se préparer aux épreuves auxquelles sa fierté allait être soumise. » En effet, le roi étant arrivé à Windsor au commencement de Septembre, Bacon sollicita vainement une audience de S. M. et fut refusé. S'étant ensuite présenté chez Buckingham, ce seigneur lui fit faire antichambre deux jours de suite. Il passa tout ce temps confondu avec les valets et assis sur un vieux coffre, à côté de son sac et de ses sceaux.

---

1. Weldon avait accompagné le roi en Écosse, en qualité d'huissier de la garde-robe (*as one of the clerks of the green cloth*).

« Je voulus, dit toujours Weldon, faire observer à un domestique qu'il était indécent de faire attendre ainsi un garde-des-sceaux, ne fût-ce que par respect pour le sceau du roi. Il me répondit qu'il ne faisait qu'exécuter les ordres de son maître. Enfin Bacon fut introduit; il se jeta aux pieds du comte et les baisa, protestant qu'il ne se lèverait pas avant d'avoir obtenu son pardon. Buckingham le releva en lui disant que c'était le roi qu'il devait conjurer à genoux de ne pas l'accabler d'une disgrâce publique. »

Quoi qu'il en soit de l'exactitude de ce récit, il est certain que Bacon s'était conduit avec beaucoup d'arrogance. Il raconte lui-même, dans ses apophtegmes, une anecdote qui ne permet pas d'en douter. Un jour qu'il se promenait avec sir Walter Rawleigh sur la terrasse de Gray'sinn, on vint lui annoncer le comte d'Exeter : il n'interrompit pas pour cela sa promenade, de sorte que le comte fut obligé de venir jusqu'à lui. « Mylord, lui dit celui-ci, je viens de mettre les jambes d'un goutteux à une rude épreuve en montant jusqu'ici. »—« Et moi, répondit Bacon, j'ai mis votre patience à une épreuve plus rude encore. » Il avait surtout indisposé contre lui le secrétaire d'État Windwood, qu'il avait maltraité de paroles dans le conseil privé, et menacé d'un *præmunire;* M. Chamberlain, dans une lettre du 11 Octobre, rapporte que la reine, s'étant aperçu de la mésintelligence qui régnait entre eux, avait demandé au garde-des-sceaux quels si grands griefs il avait donc contre Windwood, pour se conduire envers lui avec tant de violence; et que sa seigneurie avait répondu : « Madame, la seule raison que je puisse vous en donner, c'est qu'il est un orgueilleux et que j'en suis un autre. »

Le mécontentement du roi et de son favori avait une autre cause que la conduite de Bacon pendant leur absence. Sir John Villiers, frère aîné de Buckingham, avait demandé en mariage une fille d'Éd. Coke, qui, pendant sa faveur, avait rejeté cette alliance avec dédain. Depuis qu'il était tombé en disgrâce, Coke recherchait ce même Villiers qu'il avait rebuté l'année précédente. Le 16 Juin, Windwood avait écrit à Buckingham que Coke, étant venu le voir pour quelque affaire, s'était plaint du malheur qu'il avait eu d'encourir la disgrâce du roi; avait dit qu'il souhaitait ardemment recouvrer sa faveur, sans laquelle il ne pouvait vivre; avait reconnu qu'il avait manqué de respect envers sa seigneurie, en refusant la plus jeune de ses filles à sir John Villiers; avait manifesté le désir que cette affaire se pût renouer, et avait déclaré qu'il était disposé à faire pour cela toutes les concessions que l'on voudrait. Mais Windwood avait ajouté que mistriss Halton, femme de Coke, n'entrait pas dans les vues de son mari, avec qui elle ne vivait pas en très-bonne intelligence, soit que ce mariage en lui-même lui déplût, soit qu'elle ne le voulût pas, parce que l'idée n'en venait pas d'elle, de qui miss Coke avait des biens considérables à attendre.

La jeune personne était riche et belle; John Villiers avait repris ses vues, et mistriss Compton, sa mère, l'avait recommandé au comte de Buckingham, son second fils. Bacon, toujours jaloux de Coke, toujours aux prises avec lui, avait été alarmé de la tournure que prenait cette affaire; il redoutait de voir son rival entrer dans une famille puissante, et prévoyait tous les dangers dont cette alliance menaçait sa fortune. Il ne pouvait oublier que naguères il avait traité Coke sans ménagement et que celui-ci était offensé. Il avait donc formé le projet de faire manquer le mariage. Mistriss Halton, secrètement encouragée par lui, avait envoyé sa fille chez sir Edmond Whitipole près Oatlands, à l'insu de son mari, et avait provoqué une enquête contre ce dernier, dont les richesses rendaient l'intégrité suspecte. Une poursuite pour cause de malversation dans ses fonctions de juge avait été entamée; mais ce magistrat était sorti glorieusement de cette épreuve, et avait supplié Buckingham, et par lui le roi, d'ordonner au conseil privé de mander à leur tour mistriss Halton et les complices de l'enlèvement de sa fille, afin de lui faire rendre cette dernière : il avait fait plus; ayant appris où l'on avait mené celle-ci, il s'était fait accompagner de douze hommes armés, ses fils et ses domestiques, était allé forcer la maison de sir Edmond, et avait repris sa fille. Mistriss Halton s'était plaint de cette violence au conseil privé : Coke, de son côté, avait prétendu la justifier la loi à la main ; mais le garde-des-sceaux l'avait accusé d'avoir troublé la paix publique, et avait enjoint à Yelverton, son successeur dans la place d'attorney général, de le poursuivre devant la chambre étoilée. Il avait ensuite écrit [1] à Buckingham, le 12 Juillet, pour lui persuader que son honneur et le bien public s'opposaient à l'alliance de son frère avec miss Coke. Cependant cette dernière était restée sous la garde d'Yelverton, dont l'intention était seulement de gagner du temps et de réconcilier les époux. Cette réconciliation avait eu lieu, leur fille leur avait été remise, et le procès suspendu jusqu'à ce qu'on sût la volonté du roi. Inquiet de l'effet que sa lettre avait produit sur Buckingham, Bacon avait écrit de nouveau [2] à celui-ci, le 25 Juillet : « Je suis extrêmement impatient d'apprendre ce que votre seigneurie pense de ma dernière lettre, où je vous dis mon sentiment sur le mariage de votre frère. J'y témoigne que je le désapprouve, mais je désapprouve pour le moins autant ce que l'on a fait ici pour le conclure. Que votre seigneurie ne croie pas que

---

1. *Bacon's Works*, tom. III, pag. 346.
2. *Ibid.*, pag. 349.

c'est la passion ou l'intérêt qui me fait agir. Dieu connaît ma sincérité : devant tout à votre seigneurie et rien à vos parens, j'ai dû m'occuper avant tout de votre gloire, sans m'embarrasser de leurs désirs. C'est ainsi que je ne cesserai de donner à vous et à mon maître des conseils dont le temps justifiera la sagesse. » Le même jour il avait écrit au roi[1] pour l'inviter à ne pas donner son assentiment au mariage projeté, et sa lettre, comme la précédente, se sentait de l'embarras et des perplexités d'un homme alarmé, qui, pour cacher le véritable sujet de ses craintes, affecte de parler comme par hasard de ce qui l'intéresse le plus, et se rejette sur les considérations qu'il croit les plus propres à faire impression à ceux qu'il veut persuader, en paraissant n'avoir en vue que de les servir. Mais cette tentative de Bacon n'avait eu d'autre effet que de lui attirer de la part du roi[2] et de Buckingham[3] une réponse désagréable. Celle de ce dernier surtout était fort dure, et avait dû lui rappeler que la main qui l'avait élevé au poste qu'il occupait, pouvait l'en faire descendre. « Je sais, lui avait répondu Buckingham, que vous vous êtes comporté dans cette affaire avec beaucoup d'indifférence et de mépris pour mes amis

---

1. *Bacon's Works*, tom. III, pag. 525.
2. *Ibid.*, pag. 527.
3. *Ibid.*, pag. 529.

et pour moi-même; et, si cela est vrai, ce n'est pas vous que je blâme, mais moi qui fus jadis votre sincère ami. »

Bacon avait été atterré de cette réponse, d'autant que lady Compton, informée de ses manœuvres, avait donné l'essor à sa langue avec toute la malignité propre aux personnes de son sexe, quand on contrarie leurs projets ou qu'on les traverse dans quelques-unes de leurs passions favorites. Ainsi Bacon, en voulant prévenir un danger incertain et éloigné, s'était attiré des chagrins très-réels et très-vifs. Pour se racheter dans l'esprit de Buckingham et du roi, il n'avait pas rougi de changer brusquement de conduite, et avait mis à conclure le mariage de John Villiers avec miss Coke, toute l'ardeur qu'il avait auparavant montrée pour l'empêcher. Il s'était même concerté avec Yelverton pour vaincre la répugnance de mistriss Halton, et obtenir au futur des conditions plus avantageuses. Il avait ensuite écrit à Buckingham le 23 Août[1], pour lui faire part de tout ce qu'il venait de faire et de ce qu'il ferait encore, afin de réparer la faute qu'il avait commise; mais il avait laissé pénétrer les motifs de sa conduite précédente dans ces mots échappés à sa plume : « Je fais ce que vous désirez, mais je prévois toujours que cette alliance pourra me faire perdre l'a-

---

1. *Bacon's Works*, tom. III, pag. 359.

mitié de votre seigneurie qui m'est si précieuse, et c'est par ce seul motif que mon intérêt personnel m'a fait agir comme je l'ai fait, jusqu'à ce que je connusse vos intentions. Toutefois je me repose encore sur votre constance et votre caractère, et sur l'attachement que je vous porte, comme sur le zèle qui nous est commun pour le service du roi. »

Le ressentiment de Jacques et de Buckingham n'était point encore calmé à leur retour d'Écosse : ainsi s'explique le mauvais accueil qu'ils firent à Bacon et à quelques autres membres du conseil qui avaient imité sa conduite. Enfin, ses génuflexions et son humeur servile lui obtinrent grâce auprès du comte. Une réconciliation générale s'ensuivit. Le 15 Septembre Coke rentra dans le conseil privé, et John Villiers épousa l'opulente héritière, qui l'épousait à regret. Bacon crut devoir des remercîmens à Buckingham pour avoir apaisé le roi; il lui écrivit le 22 Septembre [1] : « Dans le tableau que la plume ou plutôt le pinceau de votre seigneurie a tracé, vous avez mis, par rapport à moi, tant de grandeur d'ame, de noblesse et de véritable bonté, qu'il me semble y voir le portrait de quelque vertu antique plutôt que celui d'une vertu contemporaine : ce n'est pas dans une lettre que je puis vous exprimer toute ma reconnaissance; à peine ma vie en-

---

1. *Bacon's Works*, tom. III, pag. 352 et 533.

tière y suffira-t-elle. Si je ne vous la consacre, que Dieu m'abandonne et me rende aussi malheureux que je m'estime heureux d'avoir recouvré la faveur de S. M., grâce à sa clémence et à votre généreuse et incomparable bonté. »

Rentré en grâce, Bacon se renferma dans les attributions de sa charge, dont la principale était la surintendance des dépenses de la maison du roi, ou l'administration de ce qu'on appelle aujourd'hui la liste civile. Sa correspondance à cette époque offre plusieurs lettres qu'il écrivit au roi et à Buckingham sur ce sujet, et sur d'autres d'une égale importance; nous n'en citerons qu'une, qu'il écrivit le 2 Janvier 1619, pour donner un exemple de l'élévation d'esprit qu'il portait dans les matières les plus arides.[1]

« Sous le bon plaisir de votre très-excellente majesté, je récapitule parfois en moi-même pour ma propre satisfaction et pour me délasser de mes autres travaux, les faveurs signalées dont Dieu, par une bienveillance toute particulière, a comblé en tous points V. M., et je vois que rien ne manquerait à votre bonheur, si l'état de vos revenus était une fois réglé et bien ordonné; en effet, votre peuple est belliqueux et soumis, prêt à la guerre et accoutumé à la paix; votre église est éclairée par

---

1. *Bacon's Works*, tom. III, pag. 370.

de bons prédicateurs, comme le ciel l'est par les étoiles; vos juges sont instruits et apprennent de vous à être justes, justes à votre exemple; votre noblesse est à une distance convenable entre la couronne et le peuple, n'opprimant pas le peuple et ne portant pas ombrage à la couronne; votre conseil est rempli d'hommes zélés, loyaux et sincères; vos intendans et vos magistrats, disposés à accommoder vos volontés royales aux besoins de chaque comté, sont néanmoins prêts à obéir; vos serviteurs sont pleins de respect pour votre sagesse et de confiance en votre bonté; les campagnes, grâce aux progrès de l'agriculture, se transforment chaque jour de déserts en jardins; la capitale se construit en briques au lieu de bois; vos ports, le *pomœrium* de votre île, sont bien gardés et bien entretenus; vos commerçans embrassent le monde entier, Est, Ouest, Nord et Sud; les circonstances sont favorables à la paix et vous offrent néanmoins l'occasion d'exercer votre influence au dehors. Enfin, votre auguste et royale lignée est prête à transmettre à nos descendans les faveurs et les bienfaits du Ciel. Il ne vous reste donc plus rien à souhaiter, puisque Dieu a tant fait pour vous, et vous pour nous, sinon d'accomplir à votre satisfaction l'œuvre que vous avez commencée, en portant l'ordre et la réforme dans vos revenus, seule branche de l'administration encore imparfaite; *hoc rebus defuit unum.* C'est pourquoi moi, que mon zèle seul et mon dévouement à V. M. et à votre auguste dynastie ont rendu financier, je me propose de vous présenter un registre exact de vos revenus, afin de mettre sous vos yeux en un fidèle tableau l'état de vos finances. Mais je supplie V. M. de croire que, si je n'ai pas aussi bien réussi que je l'aurais voulu dans un emploi auquel je suis impropre, je réparerai ce tort envers V. M. dans quelque autre partie qui me sera plus familière. Dieu vous garde, etc. 2 Janvier 1619. »

On trouve aussi, dans sa correspondance, la preuve que, s'il scella sans opposition, sinon sans difficulté, plusieurs patentes et autres actes vexatoires arrachés à la faiblesse de Jacques par l'importunité de son favori, il osa quelquefois remontrer qu'ils étaient contraires aux lois et au bien public; mais ses représentations, trop faibles et trop timides, étaient toujours accompagnées de ménagemens pour la cour, qui les rendirent sans effet. Au milieu de la multitude d'affaires dont il était accablé, il ne perdait pas de vue l'administration de la justice. Ainsi, pendant l'absence du roi, il avait prononcé dans la chambre étoilée, avant les tournées d'été (*summer circuits*), un discours[1], où il avait retracé les devoirs des juges et des tribunaux. On a aussi conservé celui qu'il adressa à sir William Jone[2], nommé

---

1. *Bacon's Works*, tom. II, pag. 624.
2. *Ibid.*, pag. 627.

grand juge d'Irlande, et un autre adressé à sir John Denham¹, nommé lord de l'échiquier. Mais le plus remarquable, quoique le plus court, est celui qu'il adressa à Hutton², nommé membre de la cour des communs-plaids. Tous les devoirs d'un juge y sont résumés en peu de mots : « Que vos mains, lui dit-il entre autres choses, et les mains de vos mains, c'est-à-dire les personnes qui vous entourent, soient pures et incorruptibles. » Que n'observait-il lui-même un si sage précepte ? A peu près dans le même temps on lui dut l'institution de deux rapporteurs ou *arrêtistes officiels*, à 100 liv. st. d'appointemens, qui furent chargés de recueillir les décisions rendues à Westminster-Hall.³

Vers la fin de cette année Bacon courut le danger de perdre la vie par la main d'un furieux. Lord Gervaise Clifton déclara publiquement qu'il regrettait de ne l'avoir pas poignardé sur son siége le jour où il avait rendu contre lui un décret en chancellerie. Ce Clifton fut enfermé pour cela à la Tour, où il se suicida.

1618 L'humble repentir que Bacon avait montré au roi et à Buckingham ne resta pas sans récompense : le 4 Janvier il fut nommé lord grand-chancelier,

---

1. *Bacon's Works*, tom. II, pag. 629.
2. *Ibid.*, pag. 631.
3. *Rymer's fœd.*, tom. XVII, pag. 27.

être depuis long-temps l'objet de ses ardentes poursuites, et le roi ajouta aux émolumens de cette charge, qui étaient de 2790 liv. st., une pension de 1200 autres livres.

Vers ce temps, Buckingham fut élevé à la dignité de marquis, promotion qui fut en quelque sorte le présage de la nouvelle faveur que Jacques accorda au protégé de son favori. En effet, le 12 Juillet Bacon reçut le titre de baron de Verulam, en récompense, disent les lettres-patentes, de ses services tant en la cour de la chancellerie que dans le conseil privé. Les circonstances qui accompagnèrent sa réception en rehaussèrent l'éclat. Lorsqu'on lui conféra cette espèce de chevalerie, Charles, prince de Galles, le duc de Lenox, le marquis de Buckingham, le marquis Hamilton, le comte de Pembrocke, celui d'Arundel et de Surrey, et plusieurs autres personnages de la première noblesse voulurent lui servir de témoins.

Dans le même temps la réputation que Bacon s'était faite par ses ouvrages s'étendait au loin, et, jusqu'à un certain point, l'on peut dire qu'elle était portée plus haut en pays étranger que dans sa patrie même. Ses Essais, traduits cette même année en italien par son ami Toby Matthew, avaient eu le plus grand succès; aussi écrivait-on à lord Cavendish [1]

---

[1]. William Cavendish, second fils de sir William Caven-

du fond de l'Italie, qu'à cette occasion Rawley appelle la terre classique de la politique[1], qu'on attendait avec impatience de nouveaux essais du chancelier Bacon, ainsi que l'histoire et les autres ouvrages qu'il avait entrepris. « Je compte surtout, ajoutait l'auteur de cette lettre, trouver dans son histoire un ouvrage parfait et achevé, singulièrement en ce qui concerne le règne de Henri VII, dont la vie fournira à ce divin talent de quoi s'exercer. La réputation de sa seigneurie s'étend de jour en jour davantage, et ses productions sont goûtées de plus en plus dans ce pays-ci. Tout ce qu'il y a d'hommes éclairés le range au nombre des plus vastes et plus sublimes génies du siècle. »

Ce n'est pas que les conceptions de Bacon ne rencontrassent parfois des critiques rigoureux dans des hommes capables de les juger. Par exemple, il n'eut pas plus tôt donné, vers le temps où nous nous trouvons, ses *Pensées sur la nature des choses*[2], au milieu desquelles se rencontre une dissertation latine *sur le flux et le reflux de la mer*, que Galilée réfuta cette dissertation, ainsi que l'at-

---

dish, nommé baron de Hardwich le 4 Mai 1605, fut nommé comte de Devonshire le 12 Juillet 1618, en même temps que Bacon baron de Verulam : il mourut le 3 Mars 1626.

1. *Bacon's Works*, tom. IV, *vita autoris*.
2. *Ibid.*, pag. 78 et 90.

teste une lettre de Toby Matthew à Bacon [1] (Bruxelles, 14 Avril 1619). « Mylord, lui dit-il, je me suis trouvé aujourd'hui avec un M. Richard White, qui a séjourné quelque temps à Florence et qui vient de partir pour l'Angleterre; il m'a dit que Galilée avait fait une réponse à votre dissertation sur le flux et le reflux de la mer, et qu'il devait me l'envoyer : il lui a fait observer que sa réponse était fondée sur une fausse supposition, savoir que dans l'Océan la marée n'a lieu qu'une fois toutes les vingt-quatre heures; mais je reviendrai plus tard sur Galilée. Je veux en ce moment vous parler de M. White, c'est un gentleman discret et plein de moyens, quoiqu'il paraisse un peu léger, pour ne pas dire frivole. Il a en sa possession tous les ouvrages de Galilée, soit imprimés soit manuscrits. Parmi ces derniers se trouvent ses écrits *sur le flux et le reflux de la mer et sur l'alliage des métaux*, et parmi les ouvrages imprimés sont le *Sydereus nuntius*, les *Macchie solari*, et le traité *Delle cose che stanno su l'acqua*, qui a été composé à l'occasion d'une question agitée par les savans de Florence, au sujet du Traité d'Aristote, *De insidentibus humido*.

« Je crois que votre seigneurie ne sera pas fâchée de faire connaissance avec cet auteur; c'est pour-

---

[1]. *Bacon's Works*, tom. III, pag. 562.

quoi, pensant faire quelque chose qui vous serait agréable, j'ai donné à M. White une lettre pour vous; mais j'espère que vous recevrez la présente auparavant. M. White n'a rien à vous demander et n'en sera pas moins disposé à vous rendre toutes sortes de services. Je vous prie de le bien recevoir et vous serai personnellement obligé du bon accueil que vous lui ferez. [1] »

Malheureusement Bacon n'était pas toujours jugé par des hommes supérieurs, et souvent l'envie lui faisait expier ses succès en empoisonnant ses actions. C'est ainsi qu'elle lui reprocha de mettre obstacle à la dotation d'un hôpital, qu'à cette époque un comédien célèbre, M. Édouard Alleyn [2], venait de fonder à Dulwich en Surrey, à deux lieues de Londres. Mais ce reproche n'était pas plus fondé que celui qu'on lui avait fait quelques années auparavant, au sujet du legs de Sutton. En effet, il se

---

1. Voici les divers passages où Bacon, dans ses ouvrages, parle de Galilée : dans son *Globe intellectuel*, tom. V, p. 135; dans son *Système du ciel*, tom. V, pag. 152 et 158; dans son *De augmentis*, t. IV, p. 95 et 105; dans son *Novum organum*, tom. IV, pag. 345; dans sa *Sylva sylvarum*, tom. I.er, p. 296.

2. Cet Alleyn, né à Londres le 1.er Septembre 1566, était un excellent acteur dans la tragédie et la comédie, au rapport de Ben-Johnson, qui a fait quelques vers en son honneur, où il le compare à Roscius et à Ésope. Son hôpital lui coûta, dit-on, 10,000 liv. st. Il voulut en être le premier pauvre, et y mourut le 25 Novembre 1626.

contenta de demander que la dotation de 800 liv. st. de rentes qu'Alleyn avait assignée à son hôpital, fût réduite à 500, et que le surplus fût affecté à deux universités, qu'il jugeait plus utiles.

Ainsi rien d'important ne se faisait dans et hors le royaume que le chancelier n'y prît une part plus ou moins directe. Malheureusement cette part ne fut pas toujours honorable. Tantôt sa complaisante faiblesse pour Buckingham lui faisait oublier cette impartialité qui est la première qualité d'un juge. John Wentworth, depuis lord Strafford, ayant un procès à la chancellerie, lui fut recommandé par le favori, dont il était une créature, et il eut égard à cette recommandation [1]. Tantôt sa servilité coupable auprès du roi lui fit trahir les droits de l'infortune et de l'humanité. Jacques ayant résolu de sacrifier l'illustre Walter Rawleigh [2] à la politique

---

1. *Bacon's Works*, tom. III, pag. 561.
2. Ce grand homme, qu'il avait dépouillé en 1609 pour enrichir Robert Carr, était sorti de la Tour en 1616, sans être pour cela relevé de la condamnation qui pesait sur lui depuis treize ans. L'année suivante il avait été commissionné comme commandant d'une expédition de douze vaisseaux pour la Guyane, et avait profité des forces qui lui avaient été confiées, pour faire sur les possessions espagnoles une entreprise qui avait échoué. A son retour il avait été arrêté sur la plainte de Gondomar, ambassadeur espagnol, qu'il avait personnellement insulté.

C'était un homme d'un caractère vigoureusement trempé, et

de l'Espagne et aux ressentimens de l'ambassadeur de cette puissance, non moins qu'au désir de faire épouser l'infante au prince de Galles, Bacon eut le malheur d'être consulté sur la procédure à suivre contre un homme condamné depuis quinze ans à la peine capitale, mais qui pendant cet intervalle avait commandé en chef des flottes anglaises. Il ne

---

sa mort ne fit que confirmer la haute idée qu'avaient conçue de lui ses contemporains. La nuit qui précéda son exécution, il fit les vers suivans, qu'on trouva dans sa Bible : « O temps, qu'es-tu ? tu prends en dépôt notre jeunesse, nos joies et tout ce que nous possédons, et ne nous le rends point. Tu enfermes dans l'ombre et le silence du tombeau l'histoire de notre vie au moment où nous perdons celle-ci..... Mais, je n'en doute point, un jour, le Seigneur me relèvera de cette poussière et ouvrira mon tombeau. »

Il monta sur l'échafaud d'un air serein, salua les seigneurs et les autres personnes de sa connaissance qu'il aperçut, puis les pria, s'ils remarquaient quelque altération dans sa physionomie, de ne l'imputer à aucune faiblesse de cœur, mais à la fièvre, dont il avait eu la veille un violent accès. « Je vous conjure, ajouta-t-il, de prier avec moi et pour moi le Dieu du ciel que j'ai grièvement offensé, étant tout rempli de vanité et ayant vécu criminellement dans les professions où il est le plus difficile de s'en garantir; car j'ai été soldat, marin et courtisan, tous gens, comme on sait, fort enclins à l'iniquité. Priez donc Dieu de me pardonner dans sa miséricorde, de me séparer de mes pensées et de me recevoir dans sa gloire éternelle. Je vous quitte pour aller vers lui » — On publia ensuite que tout le monde eût à se retirer de dessus l'échafaud. Alors Rawleigh se prépara à mourir. Il donna son chapeau, sa calotte et son argent aux sergens d'armes qui le gardaient, pria lord Arundel

rougit pas d'établir que la condamnation de ce grand homme n'était pas purgée par le commandement dont il avait été revêtu, et qu'elle avait frappé de mort civile un général qui, pendant si long-temps et singulièrement depuis deux ans, avait, en vertu d'une délégation expresse du roi, exercé sur son bord le pouvoir souverain envers des citoyens anglais. L'avis

---

de supplier le roi de ne pas permettre qu'après sa mort on publiât aucun libelle contre sa mémoire, puis prit congé de tout le monde, en disant : « Je prends congé de vous en homme qui a un long voyage à faire. » Enfin, il ôta sa robe de chambre et son pourpoint et demanda à voir la hache. Le bourreau ne se pressant pas de la lui montrer, il lui dit : « Penses-tu donc que j'en aie peur? » Il en examina le tranchant et dit au shé-riff : « Voilà un remède bien amer, mais il guérit de tous maux. » Il invita de nouveau les assistans à supplier Dieu de le fortifier; puis, l'exécuteur s'étant mis à genoux et l'ayant prié de lui pardonner, Rawleigh lui pardonna et l'aida à se relever. Celui-ci lui demanda alors de quel côté du billot il voulait se mettre, mais il répondit : « Quand le cœur est d'aplomb, qu'importe où se place la tête. » Puis il la posa sur le billot, le visage tourné vers l'Orient et le corps alongé sur le sol que l'exécuteur avait recouvert de son propre manteau. Après une courte pause, Rawleigh leva la main pour donner le signal, et sa tête fut abattue en deux coups sans que son corps remuât. L'exécuteur montra la tête de Rawleigh des deux côtés de l'échafaud, puis elle fut mise dans un sac de cuir rouge qu'on couvrit de sa robe de velours. Elle fut portée de cette manière dans un carrosse de deuil à sa veuve, qui la conserva dans une boîte jusqu'à sa mort, qui n'arriva que vingt-neuf ans après. Elle passa ensuite à son fils Carrew Rawleigh, avec qui elle fut enterrée. (*Prince's Worthies of Devon*, p. 539 et 540. *Bacon's Works*, t. III, p. 554.)

de Verulam fut adopté et l'ancienne procédure seulement révisée, après quoi l'infortuné Rawleigh eût la tête tranchée le 28 Octobre. Ainsi fut vengé l'ambassadeur Gondomar, qui avait été personnellement insulté par cette illustre victime. On ne peut se défendre d'un sentiment pénible, quand on se rappelle que ce même Rawleigh avait été le plus ardent persécuteur du malheureux comte d'Essex, dont il était même allé, dit-on, voir couler le sang. Plût à Dieu que les hommes d'État apprissent des tristes retours des choses de ce monde à modérer leurs aversions, et à prêter à leurs adversaires une pitié dont ils sont quelquefois bien près d'avoir besoin pour eux-mêmes!

D'autres fois cependant Bacon savait concilier sa condescendance pour le pouvoir avec le vœu public. Ainsi des marchands hollandais ayant, en dépit de l'acte *ne exeant regno*, exporté une énorme quantité d'or et d'argent en monnaie, vaisselle plate et lingots, depuis le commencement du règne de Jacques, et étant poursuivis, au nombre de cent huit, par l'attorney général, qui avait d'abord informé contre les plus riches et les plus considérables d'entre eux, puis contre ceux qui l'étaient moins, et les avait tous fait condamner à de fortes amendes, le chancelier, sur la réclamation de sir Noël Caron, ministre des Provinces-Unies, qui avait su intéresser Buckingham en sa faveur, désira être et fut un des commissaires chargés de traiter avec les Hollandais. Les amendes furent réduites, et Bacon trouva le moyen de plaire à Buckingham et de satisfaire tout le monde.

C'est à la fin de cette année que John Selden, un des premiers publicistes qu'ait eus l'Angleterre, adressa à Bacon sa curieuse dissertation [1] sur la charge de lord grand-chancelier du royaume.

Le 14 Février 1613, Fréderic V, comte palatin du Rhin, avait épousé Élisabeth, fille de Jacques I.er Dévoré d'ambition, il ne rêvait depuis cette époque que projets de conquêtes, dont l'exécution exigeait l'appui de son beau-père. Pour se le ménager, il saisissait toutes les occasions de se faire des partisans à la cour parmi les personnages les plus influens. Il paraît que Bacon fut un de ceux dont il caressa l'amour-propre, ainsi qu'on en peut juger par la lettre que celui-ci lui adressa le 13 Mai 1619. Nous la rapporterons par le seul motif qu'elle est écrite en français, et qu'elle prouve que Bacon n'avait pas oublié cette langue, depuis son voyage en France.

1619

« Monseigneur [2],

« Je me tiens à grand honneur qu'il plaise à vostre

---

1. Londres, 1671, in-folio. On y a joint le catalogue que Dugdale a fait des chanceliers et gardes-des-sceaux depuis Guillaume le conquérant.

2. *Bacon's Works*, tom. III, pag. 564.

« altesse de me cognoistre pour tel que je suis, ou
« pour le moins voudrois estre envers vous et vostre
« service : et m'estimeray heureux, si par mes con-
« seils auprès du roy, ou autre devoir, je pourroy
« contribuer à Vostre Grandeur, dont il semble que
« Dieu vous a basti de belles occasions, ayant en
« contemplation votre très-illustre personne, non-
« seulement comme très-cher allié de mon maistre,
« mais aussi comme le meilleur appui, après les
« rois de Grande-Bretagne, de la plus saine partie
« de la chrestieneté.

« Je ne puis aussi passer sous silence la grande
« raison que Votre altesse fait à votre propre hon-
« neur, en choisissant tels conseillers et ministres
« d'Estat, comme se monstre très-bien estre mon-
« sieur le Baron de Dhona et monsieur de Plessen,
« estants personnages si graves, discretes et habiles;
« en quoy vostre jugement reluict assez.

« Vostre altesse, de vostre grace, excusera la faulte
« de mon language françois, ayant esté tant versé
« es-vielles loix de Normandie. Mais le cœur sup-
« pléra la plume, en priant Dieu de vous tenir en
« sa digne et saincte garde. »

Monseigneur,

de votre altesse

Le plus humble
et plus affectionné serviteur.

L'affaire des marchands hollandais n'était pas encore terminée, lorsqu'il en survint une autre, à laquelle le chancelier prit une grande part. Thomas Howard, comte de Suffolk, lord grand-trésorier, soupçonné de s'être laissé corrompre, ayant été destitué, une information fut entamée contre lui dans la chambre étoilée par une commission nommée à cet effet. Selon les écrivains contemporains, ce seigneur était un homme honnête et loyal, mais il avait une femme d'un caractère avide, fourbe et brouillon, qui, par l'intermédiaire de sir John Bringley, officier de sa maison, avait passé plusieurs marchés scandaleux, qui servirent de base à la poursuite rigoureuse qui fut dirigée contre son mari et le firent mettre en jugement le 19 Novembre. Sir Éd. Coke étala sa vaste érudition dans le jugement qu'il prononça comme grand-juge, en parcourant tous les exemples de poursuites dirigées antérieurement contre des lords grands-trésoriers pour des causes analogues. Le comte et la comtesse de Suffolk furent condamnés à une amende de 30,000 liv. st. et à être enfermés à la Tour, et sir John Bringley à une amende de 2000 liv. st. et à être enfermé à *la flotte*. Mais le comte et la comtesse, grâce à l'intervention de Buckingham, sortirent bientôt de prison, et obtinrent la réduction de leur amende à 7000 liv. st., qu'ils payèrent. La correspondance de Bacon nous apprend que ce fut lui qui découvrit les fraudes et les corruptions qui se pratiquaient dans l'administration du trésor et qui dirigea le procès, quoique ce soit à lui qu'appartienne le mérite de la modération dont on usa depuis envers les accusés. C'est lui qui suggéra au roi les sentimens de clémence et de pitié que ce prince montra après le jugement, et l'intérêt que Buckingham prit aux condamnés. Les deux affaires précédentes sont les seules de quelque importance auxquelles Bacon prit part dans les deux années de 1618 et 1619. Il faut cependant y joindre le procès de la comtesse d'Exeter, qui fut accusée calomnieusement devant la chambre étoilée (au mois de Mai), d'insulte et de plusieurs autres crimes par lady Lake, femme du secrétaire Thomas Lake, et par leur fille, lady Roos [1]. A la même époque enfin, se réfère un discours [2] que le chancelier prononça au parlement, en réponse à l'orateur de la chambre basse, et les ordonnances réglementaires [3] qu'il fit pour la cour de la chancellerie.

C'est aussi à peu près dans ce temps qu'il se fit donner par le roi la ferme du bureau des aliénations, qui était d'un grand rapport et qui fut sa principale ressource quand il tomba dans la disgrâce. Il était loin de prévoir que ce moyen d'existence dût lui devenir sitôt nécessaire. Il ne trouvait

---

1. *Bacon's Works*, tom. III, pag. 571 et 572.
2. *Ibid.*, tom. II, pag. 241.
3. *Ibid.*; pag. 633.

partout que louanges et qu'empressement à lui complaire. Déjà même les poètes le chantaient; mais à
ce qu'ils vantaient en lui, il était facile de voir que
pour eux le philosophe avait disparu sous le grand
seigneur. On peut en juger par les vers [1] que Ben-
Johnson composa en son honneur pour le 22 Jan- 1620.
vier 1620, jour anniversaire de sa naissance, qui
fut célébré à l'hôtel d'York avec beaucoup de pompe
et de magnificence. Ces vers sont une espèce d'inau-
guration de cette maison que venait d'acheter Bacon, qui l'affectionnait beaucoup, parce qu'il y était
né et que son père l'avait habitée tout le temps qu'il
avait été garde du grand-sceau. Le poète s'adresse
au génie de cette antique demeure, et s'étonne d'y
voir tout dans le mouvement et la joie, comme s'il
s'agissait de célébrer quelque fête solennelle. « Mais,
pardonne, reprend-il, je lis dans tes yeux et sur ton
visage de quoi il s'agit; c'est le jour pour le retour
duquel chacun fait des vœux, ainsi que moi. C'est
aujourd'hui que commence la soixantième année
depuis celle où Bacon vit la lumière, et où naquit
un fils au sage garde-des-sceaux qui fut la gloire
et l'appui de l'Angleterre. Ce que le père était alors,
le fils l'est maintenant sous un titre plus relevé. Le
siége de celui-là est le berceau dans lequel celui-ci
fut prédestiné à la charge de grand-chancelier, siége

---

1. *B. Johnson's Works*, tom. II, pag. 222.

que les destins se plurent à composer de leur laine la plus fine et la plus choisie[1] !

« Quel sujet de joie ! qu'elle éclate partout ! donnez un verre, que je boive à cet heureux jour et que je chante la sagesse de mon roi ; car elle se montre dans les honneurs auxquels il a élevé mylord. »

Malgré que Bacon affectionnât beaucoup cet hôtel d'York, c'est à Verulam, où il avait fait bâtir une maison, qu'il se retirait, lorsqu'il avait à s'occuper de quelque affaire qui demandait du recueillement. Il raconte à ce sujet, dans ses apophtegmes[2], que du vivant de son père on était dans l'usage de placer, dans chacune des chambres de la maison qu'il possédait à Gorhambury, un tonneau rempli d'eau puisée dans une citerne qui se trouvait à un mille de distance ; mais cette citerne tarit du temps d'Antoine Bacon, dont il hérita ; et lorsqu'il devint chancelier, voyant qu'il ne pouvait se procurer de l'eau qu'à grands frais, il fit bâtir une autre maison à Verulam ; c'est pourquoi, quelqu'un lui ayant demandé ce qui l'avait engagé à choisir ce lieu, il répondit : puisque je ne pouvais plus faire porter de l'eau à ma maison, il fallait bien que je fisse porter ma maison où il y a de l'eau.

---

1. Allusion au ballot de laine sur lequel s'asseoit le grand-chancelier d'Angleterre.

2. *Bacon's Works*, tom. I, pag. 541, apopht. 101.

Un des événemens les plus remarquables de cette année, fut la poursuite dirigée contre l'attorney général Yelverton[1], poursuite dans laquelle la cité de Londres fut elle-même compromise. Le grief reproché à ce magistrat, était d'avoir excédé ses pouvoirs dans la rédaction d'une charte pour la capitale. Ce gentleman, ayant mis obstacle à la délivrance de quelques-unes de ces licences dont les traitans de cette époque étaient avides, avait encouru la disgrâce de Buckingham, leur protecteur, non moins ardent dans ses inimitiés que dans ses affections, de sorte qu'il était en butte à toute la malveillance de ce seigneur. Quoique Bacon eût de l'estime pour Yelverton, son ancien condisciple et son confrère dans la société de Gray'sinn, il n'eut pas la force de résister au marquis et lui prêta son ministère; les fâcheuses dispositions du favori parurent même s'être communiquées au chancelier. Nous voyons, par une lettre de ce dernier[2], qu'il conseilla au roi de ne pas avoir égard au repentir de l'attorney et de le faire mettre en jugement, sauf à lui pardonner ensuite s'il y avait lieu. En conséquence il fut informé dans la chambre étoilée contre Yelverton et le lord-maire de Londres (27 Juin), et tous deux furent condamnés à la prison. Mais depuis Buckingham se

---

1. Sir Henri Yelverton, né le 29 Juin 1566, avait succédé à Bacon dans la charge d'attorney général.
2. *Bacon's Works*, tom. III, pag. 587.

laissa fléchir et fit même nommer dans la suite Yelverton juge des communs-plaids.

L'intérêt du service du roi, qui semblait avoir réconcilié Verulam avec sir Éd. Coke, n'avait en apparence laissé aucun ennemi au chancelier, lorsqu'un fâcheux incident, qui fut en quelque sorte le prélude de ses malheurs, vint troubler cette douce sécurité. Un certain Whrenam, contre lequel il avait rendu un décret, s'imaginant avoir été mal jugé, adressa au roi une pétition dans laquelle il se plaignait du chancelier. Une information s'ensuivit, et prouva que la plainte était calomnieuse, et que Whrenam avait gratuitement insulté le chef de la magistrature. Cet homme fut condamné par la chambre étoilée à une détention perpétuelle, à deux expositions publiques, à avoir les deux oreilles coupées, et à payer 1000 liv. st. d'amende. Plût à Dieu que les imputations qui succédèrent bientôt à celle-ci n'eussent pas été plus fondées.

En attendant, Bacon jouissait du plus grand crédit à la cour; on l'y écoutait comme un oracle, et son jugement sur les hommes et les choses, rendu plus piquant par la forme dont il le revêtait, devenait souvent la mesure de l'estime de ceux qui le consultaient. En voici un exemple que rapporte Howel et qui se réfère à cette époque. « Il est venu ici depuis peu, dit-il[1], un ambassadeur français fort

---

1. Lett., sect. 2, tom. I, pag. 65.

pimpant, dont la mission se borne, à ce que je crois, à faire un compliment; c'est M. de Cadenet[1], que le roi de France, se trouvant à Calais à la vue de l'Angleterre, a envoyé pour saluer de sa part notre monarque. Il eut audience deux jours après son arrivée, avec sa suite de gentilshommes à longs cheveux, et il se conduisit avec tant d'étourderie, que le roi demanda à mylord Bacon après l'audience, ce qu'il pensait de cet homme. Celui-ci répondit qu'il était grand et bien fait; mais, reprit le roi, que pensez-vous de sa tête? la croyez-vous fort propre à une ambassade? Sire, répliqua Bacon, les gens d'une riche taille ressemblent aux maisons qui ont quatre ou cinq étages : l'étage le plus élevé est ordinairement le moins bien meublé. »

Bacon n'était pas vu avec moins de faveur dans le parlement; les chambres lui avaient donné une preuve de leur estime dans cette dernière session. Ayant à faire au roi des demandes qui intéressaient la religion, ce fut lui qu'elles avaient chargé de les présenter.

Cependant Bacon ne perdait pas de vue la philosophie, à laquelle il avait voué une espèce de culte. Il se rappelait que jadis il n'avait désiré quelque poste un peu important dans l'État qu'à cause des ressources qu'il y trouverait pour exécuter ce qu'il

---

1. Frère du connétable de Luynes.

avait conçu. Fidèle à cet engagement pris avec lui-même, depuis qu'il était chancelier toutes ses vues s'étaient tournées vers le perfectionnement des arts et la restauration universelle des sciences. Dans ce but, il avait eu l'idée d'une société d'hommes dévoués à la recherche de la vérité, et cette idée, qu'il a développée dans une fiction qu'il intitula la Nouvelle Atlantide[1], titre emprunté à Platon, est le patron des académies que nous voyons aujourd'hui en Europe. Son plan embrasse toutes les parties des connaissances humaines. Une foule d'observateurs parcourent sans cesse le globe pour connaître les animaux qui l'habitent, les végétaux qu'il nourrit, les substances répandues sur sa surface, et celles qu'il renferme dans son sein, pour en étudier la forme extérieure et l'organisation. Ils cherchent à reconnaître les monumens et les preuves des anciens bouleversemens de la terre, à saisir les traces de ces révolutions paisibles dont la main lente du temps conduit la marche insensible; d'autres hommes, fixés dans les diverses régions, y suivent avec une exactitude journalière les phénomènes du ciel

---

1. *Bacon's Works*, t. I, p. 347. Platon, dans son Timée, prête à un pontife égyptien un discours où il déclara qu'au-delà des colonnes d'Hercule il y avait une île qu'il appelle Atlantide, et qu'il suppose avoir été submergée par l'Océan. Cette île était, suivant lui, aussi grande que l'Asie et l'Afrique prises ensemble.

et ceux de l'atmosphère terrestre, de vastes édifices sont consacrés à ces expériences qui, forçant la nature à nous montrer ce que le cours de ses opérations ordinaires cacherait à nos regards, lui arrachent le secret de ses lois. On ne se borne point aux essais dont quelques heures ou quelques mois peuvent constater la réussite; on sait employer le moyen si puissant que la nature semblait s'être réservé à elle seule, le temps, et des résultats qui ne doivent éclore que pour des générations éloignées, se préparent en silence; on y embrasse et tout ce qui doit éclairer l'homme, et tout ce qui peut le conserver ou le servir. Là, tous les appareils, tous les instrumens, toutes les machines par lesquelles nous avons su ajouter à nos sens ou à notre industrie, accroître nos forces ou multiplier nos moyens d'observer, de connaître ou de produire, se réunissent pour l'instruction du philosophe comme pour celle de l'artiste. La science y obtient des honneurs que le sacrifice des passions communes a rendus dignes d'elle; et les nations éclairées, connaissant tout ce que la vérité peut pour le bonheur de l'espèce humaine, y prodiguent au génie les moyens de déployer son activité et ses forces.

« Voilà, dit Condorcet [1], ce qu'un esprit créateur a osé concevoir dans un siècle couvert encore des

---

[1]. Fragment sur l'Atlantide.

ténèbres d'une superstitieuse ignorance, ce qui n'a paru long-temps qu'un rêve philosophique, ce que les progrès rapides et des sociétés et des lumières donnent aujourd'hui l'espoir de voir réaliser par les générations prochaines et peut-être commencer par nous-mêmes. »

Bacon ne termina point cette fiction[1], il jugea qu'il serait plus utile en mettant lui-même la main à l'œuvre, et en ouvrant la route expérimentale à ses successeurs en philosophie. Après y avoir donné le plan d'une vaste institution qu'il appelle *maison de Salomon* ou *collége de l'œuvre des six jours*, il s'était proposé de tracer un plan de gouvernement; mais prévoyant que cela le mènerait trop loin et le détournerait d'études plus positives, il y renonça; il sentait qu'en vain, après avoir exposé le triste état du monde intellectuel, il donnerait la méthode à suivre pour le restaurer, si l'on manquait de matériaux auxquels on pût appliquer cette méthode. Or, les anciennes histoires naturelles en fournissaient très-peu, renfermant trop de raisonnemens prématurés et pas assez de faits, et posant, comme il le dit très-bien, les thèses avant les hypothèses. Il entreprit donc de composer un vaste répertoire de faits, d'observations et d'expériences,

---

1. Cowley a tâché de l'imiter dans son Plan d'une société philosophique.

qu'il appela *Sylva sylvarum* [1] (la forêt des forêts, ou plutôt la pépinière des pépinières), auquel il travailla jusqu'à la fin de la vie. En même temps et depuis long-temps il se livrait à diverses recherches partielles, également destinées à lui fournir les élémens d'une histoire qui, dans son universalité, devait comprendre toute la nature et servir à fonder la vraie philosophie. Telle fut l'origine de ses *Recherches*, 1.° *sur le son et l'ouïe* [2]; 2.° *sur les minéraux;* 3.° *sur l'aimant;* 4.° *sur les changemens, transmutations, multiplications et formations des corps;* 5.° *sur la lumière et les corps lumineux;* 6.° *sur le mouvement* [3], toutes écrites en latin et qui paraissent l'avoir été antérieurement

---

1. *Bacon's Works*, tom. I.ᵉʳ, pag. 134.

2. Il y traite de l'essence du son et de sa marche cachée, et y indique dix-sept objets de recherches relatifs au son. Il traite ensuite quatorze de ces objets; il ne dit rien des trois autres, tom. V, p. 45. Il est remarquable que ce précieux morceau, quoique plus substantiel que ceux qui le suivent, est celui où Bacon s'est le plus affranchi de toutes les formalités qu'il prescrit dans son *Novum organum*.

3. Ce morceau est un catalogue de tables à dresser. Il est précédé d'un avis au lecteur, où Bacon répète toutes les critiques qu'il a faites partout de l'ancienne manière de philosopher, et suivi d'une apologie de la science, qu'il termine en disant que, pour compléter l'histoire de la nature, il faudrait composer douze collections de tables pareilles à celles qu'il vient d'indiquer relativement au mouvement.

à 1620, sans qu'on puisse indiquer de date précise.[1]

Dans l'intervalle écoulé depuis la lettre à Henri Savile jusqu'au temps où nous sommes arrivés, se placent encore la *Description du globe intellectuel*, le *Système du ciel*, le *Traité de la philosophie de Parménide, de Télésio*[2], et surtout *de Démocrite, considérée dans la fable de Cupidon et du ciel*, et l'invention d'une machine[3] dans laquelle Bacon avait figuré tout le système céleste tel qu'il le concevait. C'était des fils d'archal qui représentaient les mouvemens des planètes sans le secours de cercles, et qui se mouvaient en spirale, tantôt en avant, tantôt en arrière, tantôt vers le Nord, tantôt vers le Midi,

---

1. Il faut observer pourtant que ses *Recherches sur les changemens, transmutations, multiplications et formations des corps* le sont aussi en anglais (tom. I, p. 419).

2. Bernardinus Télésio, né en 1508 dans le royaume de Naples, et mort en 1588. Ce philosophe, moins connu qu'il ne le mérite, fut le restaurateur de la philosophie de Parménide et l'un des adversaires les plus redoutables des péripatéticiens. Descartes paraît lui avoir emprunté plusieurs idées de sa théorie des tourbillons. Bacon expose au long le système de Télésius, et ce qu'il a de conforme avec ceux de Démocrite et de Parménide, puis le réfute avec sa supériorité ordinaire. Aussi Télésius est-il moins à louer de l'édifice qu'il a bâti que du succès avec lequel il a attaqué celui qui subsistait de son temps.

3. Bacon parle de cette machine dans son *Novum organum*, liv. II, aphor. XXXV. Tennison en parle aussi dans son *Baconiana*.

décrivant des cercles tantôt plus grands et plus élevés, tantôt plus petits et plus bas.

Cependant la seconde partie, la partie capitale de la Grande Instauration, était terminée. Nous avons vu que dès 1576 il avait formé l'audacieux projet de refaire l'entendement humain et de restaurer de fond en comble l'univers intellectuel; que ce projet n'avait depuis cessé d'être sa pensée constante; que rien n'avait pu l'en distraire, ni les perplexités de l'ambition, ni les faveurs de la fortune, ni les travaux importans et multipliés que lui imposèrent de hautes fonctions; tous les ouvrages philosophiques qu'il avait composés avaient tendu au même but, et leur succession non interrompue dans la même voie, prouve à quel point l'idée première et fondamentale l'avait fortement saisi. Il est bien évident, par exemple, que dans la composition de ces divers ouvrages, Bacon avait eu en vue trois objets distincts; 1.° d'exposer l'état déplorable dans lequel il trouvait les sciences, et de prouver la nécessité d'y porter la réforme; 2.° de classer les sciences qu'il se proposait de restaurer; 3.° de donner la méthode qu'il fallait suivre pour en opérer la restauration. En effet, il est facile de rattacher à ces trois vues de son esprit la plupart des écrits dont nous avons eu occasion de parler jusqu'ici. Ainsi nous rattacherons à toutes trois ensemble *La plus grande production du temps;* à la première, l'*Éloge de la science*, le premier livre du *Traité de l'avancement des sciences*, qui traite aussi de leur utilité; à la seconde, le *deuxième livre de l'avancement des sciences*, qui traite de leur classification; la description du *Globe intellectuel*, dont les quatre premiers chapitres contiennent aussi une ébauche assez imparfaite de la division des sciences; le *Système du ciel*, qui, ainsi que les trois derniers chapitres du *Globe intellectuel*, traite des moyens de perfectionner le système des corps célestes, et le *Traité de la philosophie de Parménide, de Télésius et de Démocrite*, où l'auteur se propose de considérer d'abord les connaissances en possession desquelles sont les hommes, de travailler à les améliorer, et de frayer ensuite la route à des découvertes nouvelles : à la troisième, enfin, le fil du *labyrinthe* ou *méthode de recherches*, les *quatre essais d'instauration*, les *vraies directions pour l'interprétation de la nature*, le *plan et sommaire de la seconde partie de la grande instauration*, les *pensées et vues*, et la *lettre à Henri Savile*, ouvrages qui traitent tous de l'art de bien conduire sa raison dans la recherche de la vérité.

Le *Novum Organum*[1], qui succéda à ces diverses ébauches plus ou moins imparfaites, se rattache à ce dernier objet. Là se trouve tout le système de

---

1. *Bacon's Works*, tom. IV, pag. 266.

Bacon sur l'*art d'inventer*, c'est-à-dire, d'extraire de l'expérience et de l'observation les principes, et de déduire de ces principes des observations et des expériences nouvelles; art qu'il a seul entrepris de traiter complétement. Dans le premier livre il prouve, 1.º que l'ancienne logique est tout-à-fait inutile pour la recherche de la vérité, puisque d'une part le syllogisme n'est pas propre à constater la justesse des principes généraux dont il se borne à tirer des conséquences, et que de l'autre l'on a toujours extrait ces principes généraux de quelques faits particuliers avec trop de précipitation et sans examen suffisant; 2.º que par ces moyens on n'a que des notions incertaines ou fausses, et non de vraies connaissances; 3.º qu'il faut refaire ces notions et tout recommencer, en examinant avec soin les choses elles-mêmes. Ensuite il nous montre les diverses sources de nos erreurs, les causes et les preuves du peu de progrès des sciences, et enfin tout ce que nous devons espérer de l'usage de la méthode, dont il nous donne une idée sommaire.

Dans le second livre, qui est vraiment l'essentiel, il établit d'abord que le but de la science est d'augmenter la puissance de l'homme; que cette puissance consiste à pouvoir donner aux êtres de nouvelles qualités ou manières d'être; et que, pour y parvenir, il faut connaître *les formes*, les *causes formelles ou essentielles* de ces qualités ou manières d'être, c'est-à-dire, les causes qui déterminent leur essence et qui font qu'elles sont ce qu'elles sont.

Suit la marche à tenir pour arriver à ce but : c'est de bien extraire de l'expérience ou des faits les axiomes ; puis de déduire des axiomes des expériences nouvelles ou des faits nouveaux.

Le premier de ces deux objets est le seul qui soit traité. L'auteur nous conseille d'examiner l'une après l'autre, toutes les propriétés générales des corps, le chaud, le froid, le sec, l'humide, le dense, le rare, etc. ; de dresser pour chacune de ces qualités une première table de tous les exemples ou de tous les cas où cette même qualité se trouve ; ensuite une autre table de tous les exemples ou de tous les cas où cette même qualité ne se trouve pas dans des êtres ressemblant d'ailleurs aux premiers ; et, enfin, une troisième table de tous les cas où cette qualité varie en plus ou en moins dans les mêmes êtres.

Ces tables ont pour objet de mettre à même de procéder par voie d'exclusion, et de rejeter, comme ne pouvant être la forme de la qualité en question, 1.° toutes les qualités qui ne se trouvent pas dans tous les exemples où elle se trouve ; 2.° toutes celles qui se trouvent dans quelques-uns de ceux où elle ne se trouve pas ; 3.° toutes celles qui varient en plus quand elle varie en moins, et *vice versa*, et de ne conserver que celle ou celles qui lui sont toujours unies et qui subissent constamment les mêmes altérations qu'elle.

Suit un exemple de cette manière de procéder dans la recherche de la cause formelle de la qualité du chaud.

Après ce premier essai, pour ainsi dire provisoire, Bacon annonce qu'il va donner des conseils détaillés pour faire la même opération avec plus de rectitude et de précision. Ces conseils doivent porter sur neuf points principaux, dont le premier est le choix des faits les plus intéressans à faire entrer dans les tables.

L'auteur traite ensuite longuement de ce premier article. Il distingue jusqu'à vingt-sept ordres de faits d'après leurs degrés d'importance, et donne ses idées sur les moyens de se les procurer, quand ils ne se présentent pas d'eux-mêmes, et sur les conséquences qu'on en peut tirer. Il dit ensuite qu'il lui reste à parler de huit objets, ce qu'il ne fait pas.

Il est évident que l'ouvrage est incomplet; Bacon lui-même avait annoncé trois livres et n'en a terminé que deux. Il faut convenir avec M. de Tracy, à qui nous devons cette analyse, que le *Novum organum* enseigne une mauvaise manière de procéder dans la recherche des lois de la nature; qu'il ne fait point connaître les caractères de la vérité et de l'erreur, ce que doit faire toute bonne logique, et qu'il n'a de réellement utile que cette maxime, qu'il faut tout tirer, même les principes, de l'observation et de l'expérience. Mais le mouvement que cette maxime a imprimé aux sciences, aux arts et à la philosophie, dont on peut dire qu'elle a changé la face, suffirait pour prouver quelle influence peut avoir une seule idée capitale proclamée par un homme de génie. Le *Novum organum* d'ailleurs ne nous apprend rien sur les propriétés de nos facultés intellectuelles, ni sur leurs opérations; il nous a seulement mis sur la voie de la vérité en nous ramenant à l'étude des faits. Qu'on juge combien il faut qu'un ouvrage aussi imparfait, et obscurci d'ailleurs par une technologie barbare, contienne d'aperçus profonds, de pensées élevées et de beautés de style pour justifier sa haute réputation. Or, tel est le degré de ces divers mérites, qu'on ne peut leur refuser encore aujourd'hui la plus sincère et la plus vive admiration.

Le *Novum organum* porta d'abord à lui seul le titre de *Grande instauration*, comme étant la plus excellente partie de ce grand ouvrage, et quoique, dans le plan dès long-temps conçu par Bacon, il n'en formât que la seconde. L'auteur, qui le regardait comme ce qu'il avait écrit de mieux, le dédia au roi, et son épître dédicatoire est un exemple de l'élévation de style qu'un beau sujet peut prêter même à l'adulation.[1]

« Peut-être, dit-il, V. M. m'accusera-t-elle de vol pour avoir dérobé à ses affaires tout le temps qu'a

---

1. *Bacon's Works*, tom. IV, pag. 261.

exigé cet ouvrage, et je n'aurai rien à répondre; car le temps n'est pas chose qu'on puisse restituer. Toutefois il en serait autrement, si celui que j'ai soustrait à votre service actuel pouvait ajouter dans l'avenir à la durée de votre nom et à la gloire de votre siècle, chose qui arrivera si mon livre a quelque mérite. Au moins est-il sûr qu'il a, sous tous les rapports, celui de la nouveauté, et pourtant il a été copié dans un bien vieux manuscrit, savoir : l'univers et la nature des choses et de l'esprit humain. A ne vous rien cacher, je puis dire, en ce qui me concerne, que s'il m'arrive parfois de priser cet ouvrage, c'est plutôt sous le rapport de l'époque qui l'a vu naître, que sous celui du génie qu'il a fallu pour le produire. La seule chose qui doive étonner, c'est que l'idée ait pu en venir à quelqu'un et que des opinions accréditées aient pu devenir à tel point suspectes à ses yeux. Le reste n'est qu'une conséquence obligée. Sans doute le hasard, pour parler le langage vulgaire, ou quelque chose qui tient du hasard, a part aux pensées des hommes, aussi bien qu'à leurs paroles et à leurs actions, aussi veux-je dire que c'est à l'immensité de la grâce et de la bonté divines, et à la félicité de votre règne, que j'attribue ce que cet ouvrage peut avoir de bon.

« Après vous avoir servi toute ma vie avec une affection qui ne se sera jamais démentie, peut-être quand je ne serai plus, aurai-je assez bien fait pour que la lumière de ce flambeau, allumé tout à l'heure au milieu des ténèbres de la philosophie, éclaire encore la postérité. Oui, c'est au siècle du plus sage et du plus savant des rois qu'il appartient de voir la régénération et la complète restauration des sciences.

« Il me reste à faire à V. M. une demande qui n'est pas indigne d'elle, et dont le succès contribuerait puissamment au but que je me propose, c'est que vous qui, en tant de choses, nous retracez Salomon par la gravité de vos jugemens, la sérénité de votre règne, l'élévation de vos sentimens et l'étonnante variété des livres que vous avez composés[1], vous daigniez, afin d'avoir avec lui un trait de ressemblance de plus, donner des ordres pour que l'on choisisse et rassemble les matériaux d'une histoire naturelle et expérimentale vraie, sévère, dépouillée de tout luxe de style, uniquement destinée à servir de base à la philosophie, et telle que nous

---

1. Jacques était réellement l'un des plus savans hommes de son temps, mais de cette science qui n'empêche pas d'être un sot. Molière a dit :

« Un sot savant est sot plus qu'un sot ignorant. »

Il ne faut pas s'en étonner, la science met à sa disposition plus de moyens pour dire et faire des sottises. « Il faut s'enquérir, dit Montaigne, non quel est le plus, mais quel est le mieux savant. »

la décrirons en son lieu, si bien qu'après tant de siècles la philosophie et les sciences, cessant de porter sur le vide et d'être pour ainsi dire aériennes, posent enfin sur le solide fondement d'expériences bien constatées en tous genres. J'ai fourni l'instrument, mais c'est à la nature qu'il faut demander les matériaux. »

Bacon substitua ensuite à l'introduction et au sommaire qu'il avait composés en 1606, et que nous avons fait connaître, une introduction [1] et une préface,[2] plus courtes, mais que les éditeurs ont placées avec raison, ainsi que l'épître dédicatoire qu'on vient de lire, à la tête de la Grande instauration, à l'ensemble de laquelle elles s'appliquent beaucoup mieux qu'à l'une de ses parties.

Nous croyons devoir placer ici cette dernière introduction, pour montrer que la haute portée, je dirais presque l'exaltation d'idées qui avait présidé à la première conception de Bacon, ne s'était pas affaiblie avec le temps. On y retrouve en partie les mêmes pensées souvent revêtues des mêmes expressions que dans les premiers fruits de sa plume.

« Voici ce que François de Verulam a conçu; et tel est le but qu'il s'est proposé, qu'il croit ses contemporains et la postérité intéressés à le connaître.

---

1. *Bacon's Works*, tom IV, pag. 19.
2. *Ibid.*, pag. 1.

« Convaincu que l'esprit humain se crée à lui-même des embarras, et ne fait pas un usage discret et convenable des vrais auxiliaires qui sont à sa disposition, et que de là vient l'ignorance de beaucoup de choses, et de cette ignorance une infinité de maux, il a jugé qu'il devait réunir tous ses efforts pour s'assurer s'il n'y aurait pas un moyen, sinon de rétablir entièrement, au moins de renouer entre la nature et la pensée ce commerce qui n'a presque rien de comparable sur la terre, au moins parmi les choses terrestres; car il était loin d'espérer que les erreurs qui se sont accréditées et celles qui s'accréditeront jusqu'à la fin des siècles, pussent être réformées par l'esprit humain abandonné à lui-même, à ses propres forces, aux secours et aux adminicules de la dialectique.

« En effet, ces premières notions des choses que l'esprit reçoit sans peine et comme en dormant, qu'il serre et qu'il entasse, et d'où dérivent toutes les autres opinions, sont vicieuses, confuses et dues à des abstractions hasardées. Il ne règne pas moins de caprice et d'inconstance dans les conséquences qu'il en tire; d'où il arrive que toute cette science humaine dont nous nous servons pour l'investigation de la nature, mal composée et mal construite, ressemble à une masse imposante sans fondemens; aussi, pendant que les hommes admirent et vantent les forces imaginaires de l'esprit, ils oublient et perdent les forces réelles qu'il aurait, si on ne lui refusait pas les auxiliaires dont il a besoin, et si son impuissance, au lieu d'insulter à la nature, en subissait le joug.

« L'unique remède était de tout refaire à l'aide d'une meilleure méthode, de manière à opérer l'entière restauration des sciences, des arts et de toutes les connaissances humaines, en reprenant l'édifice par les fondemens.

« Peut-être une telle entreprise paraîtra-t-elle avoir quelque chose d'illimité qui surpasse des forces mortelles, et pourtant l'exécution prouvera qu'elle est plus raisonnable et plus modeste que tout ce qu'on a fait jusqu'ici.

« En effet, elle a du moins une issue quelconque, tandis que dans les divagations actuelles des sciences il n'y a qu'agitation perpétuelle; c'est un cercle qui tourne constamment sur lui-même. Verulam ne s'est pas dissimulé dans quel isolement se trouve quiconque forme une si vaste entreprise, quels obstacles et quelle incrédulité il faut qu'il surmonte pour se concilier la confiance; néanmoins il n'a pas cru devoir renoncer à son dessein, ni s'abandonner lui-même, avant d'avoir trouvé la seule route ouverte à l'esprit humain et d'y avoir fait les premiers pas; car il vaut mieux commencer une chose qui peut avoir une fin, que de s'embarrasser avec une ardeur et des efforts continuels dans un travail qui n'en saurait avoir aucune. Les voies de la philosophie contemplative ressemblent assez aux deux voies de la philosophie pratique si souvent citées : l'une, escarpée et difficile au commencement, aboutit à une plaine; l'autre, au contraire, présente à son entrée une pente douce et unie, mais conduit à des lieux inaccessibles et à des précipices.

« Verulam, incertain si jamais une telle entreprise viendra à la pensée de quelque autre, et déterminé surtout par cette réflexion qu'il n'a trouvé jusqu'ici personne qui ait arrêté son attention sur des idées pareilles, s'est décidé à publier de ses premiers travaux tout ce qu'il a pu achever. Ce n'est point l'ambition qui le fait se hâter ainsi, mais l'inquiétude; il veut, s'il lui survient quelques-uns de ces accidens auxquels l'humaine nature est sujette, laisser après lui quelques linéamens qui indiquent le plan et le but de l'entreprise qu'il a conçue, et qui restent aussi comme un monument de ses louables intentions et de son zèle pour les vrais intérêts du genre humain. Il est convaincu qu'aucune autre gloire n'est comparable à celle de l'entreprise qu'il a formée; car, ou cette entreprise n'est absolument rien, ou elle est quelque chose de si grand, que son auteur doit se contenter de l'honneur qu'elle lui fait, et ne pas chercher ailleurs sa récompense. »

Si Bacon n'avait pas terminé son *Novum organum*, c'est qu'il avait obéi à l'impatience qu'il éprouvait de commencer l'*Histoire naturelle et expérimentale*, qui devait former la troisième partie de sa Grande instauration, et servir de base à tout l'édifice. Aussi voyons-nous qu'il publia à la suite du *Novum organum* des *Préliminaires*, dans lesquels il donna le plan et le dessin de cette histoire avec plus de soin et de détail qu'il ne venait de le faire dans le *Novum organum* lui-même. Enfin il joignit à cet opuscule, qu'il dédia au prince de Galles, un catalogue des histoires particulières à faire, au nombre de cent trente.[1]

Cependant il désirait obtenir un témoignage de l'opinion que le roi s'était faite sur son livre. En conséquence il lui écrivit une lettre particulière, ainsi conçue[2] :

« Sous le bon plaisir de V. M., autre chose est de parler ou d'écrire publiquement, surtout à un roi; autre chose de parler ou d'écrire en secret à un seul individu. Aussi, quoique je vous aie dédié mon ouvrage, ou plutôt la partie de mon ouvrage que j'ai terminée, dans une épître que j'ai rendue publique, ai-je jugé convenable de l'adresser moins à votre personne qu'à votre jugement dans une lettre particulière.

« Mon livre n'est au fond qu'une nouvelle logi-

---

1. *Bacon's Works*, tom. IV, pag. 387.
2. *Ibid.*, tom. III, pag. 583.

que, ou l'art de faire des découvertes et de juger des choses par la voie de l'induction; le syllogisme ne me paraissant pas convenir à l'étude des sciences naturelles, je m'y suis proposé de rendre la philosophie et les sciences à la fois plus vraies et plus actives.

« Sans doute, un ouvrage qui a pour objet d'étendre les limites de la raison et d'accroître la puissance intellectuelle de l'homme, n'était pas indigne d'être offert à vous qui êtes un si grand maître en fait de raison et de choses utiles.

« Deux membres de votre conseil, dont l'un est un illustre prélat, savent que je travaille depuis près de trente ans à cet ouvrage. Vous voyez que j'ai pris mon temps; et si je le publie aujourd'hui malgré l'état d'imperfection dans lequel il est encore, c'est que je compte mes jours et désire en prévenir le terme. Je me propose un autre objet en le publiant, qui est de m'assurer s'il ne serait pas possible de me faire aider dans le travail qui me reste à faire, savoir, dans la composition d'une histoire naturelle et expérimentale, fondement indispensable de toute vraie philosophie.

« Cet ouvrage n'est encore qu'une figure d'argile, mais la protection de V. M. peut y souffler la vie, et pour vous dire tout ce que je pense, je tiens que votre faveur lui vaudrait autant que cent ans de corrections de ma part. Je ne doute même pas que les siècles futurs ne mesurent l'estime qu'ils en feront sur celle que vous-même en aurez faite. Aussi est-ce moins pour moi, que pour le bonheur et l'utilité du genre humain que je désire mériter votre suffrage. Il est pourtant, je l'avoue, une chose que j'ambitionne et ose espérer, c'est qu'un temps viendra où les hommes recevront plus de lumières des plumes chrétiennes que oncques ils n'en reçurent des païens. J'en juge par mon premier ouvrage sur l'avancement des sciences, qui, m'assure-t-on, a été généralement goûté dans nos universités et colléges. Celui-ci a le même objet, seulement la matière y est plus approfondie. »

Sur ce, etc.

12 Octobre 1620.

Le roi répondit[1] de sa propre main à cette lettre :

« Mylord, j'ai reçu et votre lettre et votre livre; vous ne pouviez me faire un présent qui me fût plus agréable, et je ne puis mieux vous en témoigner ma reconnaissance qu'en vous déclarant la ferme résolution où je suis, de le lire avec attention et de dérober pour cela quelques heures à mon sommeil; car, vous le savez, je n'ai pas plus de loisir pour lire que vous n'en avez pour composer. Au reste, j'en agirai avec la liberté d'un véritable ami, c'est-à-dire que je ne vous épargnerai pas les ques-

---

1. *Bacon's Works*, tom. III, pag. 384.

tions sur les endroits qui me paraîtront offrir quelque difficulté : c'est à l'auteur d'un ouvrage d'en donner l'explication : *Ejus est explicare cujus est condere.* Je me propose aussi de vous faire connaître les parties de votre ouvrage qui m'auront plu davantage. En attendant je puis vous rassurer sur un point, c'est que vous ne pouviez faire choix d'un sujet mieux assorti à vos vues et plus propre à faire ressortir la rectitude de votre esprit et l'universalité de vos connaissances. Une observation que j'ai faite sur une première lecture, c'est que vous vous efforcez, comme moi, de garder le milieu entre les extrêmes. J'ai également remarqué que plusieurs de vos manières de voir particulières sont d'accord avec les miennes. Aussi je prie Dieu qu'il donne à votre ouvrage un succès tel que votre cœur le désire et que votre travail le mérite.

« Adieu de tout mon cœur. »

Jacques, roi.

16 Octobre 1620.

A cette lettre Bacon répliqua par celle-ci [1] :

« Sous le bon plaisir de V. M., je ne puis assez vous exprimer la joie que m'a causée la dernière lettre que j'ai reçue de votre royale main. Vous êtes à mes yeux comme une étoile qui exerce une bienveillante et gracieuse influence sur tout ce qui a trait au bien de l'humanité.

---

1. *Bacon's Works*, tom. III, pag. 586.

Daphni quid antiquos signorum suspicis ortus?
Ecce Dionœi processit cœsaris astrum;
Astrum, quo segetes gauderent frugibus, et quo
Duceret apricis in collibus uva colorem.

(Virg., *Eclog. IX*, vers 46 — 50.)

Et moi, je m'écrie : « Puisse cet ouvrage, destiné à rendre meilleur le pain et le vin, nourriture des hommes et emblème des bénédictions temporelles et spirituelles, être mûri par l'étoile de César. »

« Je supplie V. M. de m'indiquer ce qui aura blessé son goût dans mon livre; il y gagnera, et je recevrai vos observations comme une faveur. Car bien que ce traité, par sa nature et à raison des principes sur lesquels il repose, se refuse à toute autre épreuve qu'à celle de l'expérience, et de l'expérience bien dirigée, la pénétration et la profondeur du jugement de V. M. font exception à la règle générale, et vos questions, remarques et conseils pourront m'être d'une utilité infinie.

« La manière dont vous avez accueilli mon livre m'encourage à porter encore plus haut mes espérances, et à vous prier de charger des personnes choisies de m'aider dans la composition d'une histoire naturelle et expérimentale, qui est *basis totius negotii* et une chose qui, je vous l'assure, serait une excellente récréation pour vous, dont l'admirable esprit trouve son plaisir dans la lumière. Je ne doute pas qu'il n'en résultât de votre vivant plusieurs inventions utiles; car qui peut dire jusqu'où l'on ira quand une fois la voie sera ouverte? Qui sait ce qu'il y a au-dessus et au-dessous. Mais je ne veux pas vous importuner davantage. Dieu conserve Votre Majesté et la rende heureuse. »

19 Octobre 1620.

M. Chamberlain, dans une lettre du 3 Février 1621, remarque que le roi, en lisant le *Novum organum*, ne pouvait s'empêcher de dire de temps en temps : « Ce livre est comme la paix de Dieu, qui passe toutes les intelligences. »

L'université de Cambridge fut la première après le roi à qui Bacon fit hommage du *Novum organum*, et dans des termes qui prouvent la reconnaissance qu'il conservait à cette institutrice de son enfance.[1]

« A ma nourrice, l'université de Cambridge.

« Comme votre fils et votre nourrisson, j'ai du plaisir à déposer dans votre sein mon dernier ouvrage; je croirais aventurer son sort, si je le portais ailleurs. Ne vous effrayez pas de ce que la voie que j'ai suivie est nouvelle; le cours des âges et des siècles doit nécessairement amener du nouveau. Il est une gloire qui sera toujours propre aux anciens, c'est celle du génie; mais foi n'est due qu'à la parole de Dieu et à l'expérience. Or, s'il n'est pas possible de ramener les sciences, telles qu'on les a faites, à

---

[1]. *Bacon's Works*, tom. V, pag. 534.

l'expérience, il est au moins possible, quoique difficile, de refaire les sciences elles-mêmes par l'expérience. »

3 Oct. 1620, de l'hôtel d'Yorck.

Fr. Verulam, chancelier.

Bacon envoya ensuite son ouvrage aux personnages les plus distingués de l'Angleterre. Wotton[1], à qui il en adressa trois exemplaires, et qui se faisait gloire d'avoir avec lui une certaine conformité de goût et d'études, lui répondit[2] :

« Votre seigneurie a rendu un service immortel à ceux qui étudient la nature dans ses œuvres et dans son immensité ; jamais cette nature n'eut de plus noble et de plus fidèle interprète, ni de secrétaire, comme j'aime à vous nommer, mieux initié à ses mystères. Une autre fois je vous entretiendrai plus au long de votre ouvrage, qui ne m'est parvenu que cette semaine. Je n'ai encore lu que le premier livre et quelques aphorismes du second. Les mets que vous y servez ne sont pas de ces friandises que l'on se contente de goûter du bout des lèvres, sauf à mettre en poche ce que l'on ne mange pas; c'est une nourriture substantielle qui veut être

---

1. Alors ambassadeur à Vienne, où il travaillait à prévenir les suites de la nomination de l'électeur palatin au trône de Bohême.

2. *Wotton's Remains.*

mâchée convenablement et dans son entier. Aussi je me propose, lorsque j'en aurai achevé moi-même la lecture, de me le faire relire chez-moi, pièce à pièce et à mon aise, comme j'en use à l'égard des anciens. D'ailleurs n'êtes-vous pas un ancien? Il y a déjà quelque temps que je me suis aperçu que nous nous trompions dans notre manière de supputer l'antiquité, et que nous avions tort de la chercher dans les siècles passés, ces premiers temps étant nécessairement les plus neufs, surtout en fait de découvertes et d'expériences. »

Toutefois le *Novum organum* ne fut pas aussi bien reçu d'Éd. Coke, à qui Bacon crut devoir en envoyer aussi un exemplaire, que l'on voyait encore à Holkham, comté de Norfolk, dans la bibliothèque du dernier comte de Leicester, un des descendans du célèbre jurisconsulte. On lisait sur la première page, au-dessus du titre, ces mots: *Edw. C. ex dono autoris*, et au-dessous l'épigramme suivante, écrite de la main de Coke:

Autori consilium.
Instaurare paras veterum documenta sophorum;
instaura leges justitiamque priùs.

Sir Éd. Coke avait encore écrit au-dessus de la gravure, qui représente un vaisseau franchissant les colonnes d'Hercule, ces deux vers anglais:

It desserveth not to be read in schooles,
But to be freighted in the ship of fools.

« Voilà qui mérite non d'être lu dans les écoles, mais d'être chargé sur le vaisseau des fous.[1] »

Mais on doit peu s'étonner qu'un ouvrage de la nature de celui de Bacon ait été peu goûté par un homme que tous ses contemporains nous représentent comme un esprit tout positif, exclusivement adonné à la jurisprudence et totalement étranger aux sciences et aux lettres.

---

1. Allusion à un livre fameux de Sébastien Brand, né à Strasbourg en 1460. Cet ouvrage, écrit en vers latins et allemands, fut traduit en anglais, en 1508, par Alex. Brakley, et imprimé in-folio l'année suivante à Londres, par Richard Pinson, imprimeur de Henri VII et de Henri VIII, sous ce titre : *Vaisseau des fous de ce monde.*

FIN DU PREMIER VOLUME.

www.ingramcontent.com/pod-product-compliance
Lightning Source LLC
Chambersburg PA
CBHW060353170426
43199CB00013B/1852